고수의
역량평가
대처법

고수의 역량평가 대처법

지은이 박종필

1판 1쇄 발행 2019년 2월 15일
1판 8쇄 발행 2024년 8월 25일

발행처 (주)옥당북스
발행인 신은영

등록번호 제2018-000080호
등록일자 2018년 5월 4일

주소 경기도 고양시 일산동구 위시티1로 7, 507-303
전화 (070)8224-5900 팩스 (031)8010-1066

값은 표지에 있습니다.
ISBN 979-11-964128-6-9 13320

이메일 coolsey2@naver.com
블로그 blog.naver.com/coolsey2

이 도서의 국립중앙도서관 출판시도서목록(CIP)은 서지정보유통지원시스템 홈페이지(http://seoji.nl.go.kr)와
국가자료공동목록시스템(http://www.nl.go.kr/kolisnet)에서 이용하실 수 있습니다.
(CIP제어번호: CIP2019002909)

회사가 원하는 **역량 발휘의 기술**

고수의
역량평가
대처법

박종필 지음

옥당

4년 전 《고수의 보고법》을 출간했다. 과분하게도 많은 사람의 격려가 있었다. "현직에서 기획보고서를 직접 쓰는 사람이 써서 실감이 나요."라는 말을 많이 들었다. 그리고 "그다음 책은 언제 나와요?"라는 질문이 이어졌다. '다음 책이라? 글쎄? 무엇을 쓰지?' 시간이 흘러갔다. 그러던 어느 날 메일을 한 통 받았다. K 주무관이라고 본인을 밝히고 있었다.

"저를 기억하시는지요? 이번에 역량평가를 보았는데 갑자기 일정이 정해져서 짧은 시간에 준비하게 되어 어려웠습니다. 그러던 중 《고수의 보고법》을 보게 되었는데, 평가를 떠나 '생각 정리하기-생각 풀어내기-생각 보여주기-생각 전달하기'로 제시되는 보고서 작성법을 읽고 크게 감명받았습니다. 평가 준비를 하면서도, 특히 '생각 정리하기' 부분은 다섯 번 이상 읽었고 시험장에서도 평가 들어가기 직전까지 읽으면서 의미를 새겼습니다. 덕분에 (사무관 승진) 내정자에 들었습니다. 크게 도움이 되었고 감사한 마음에 글을 드리게 되었습니다."

반가운 마음에 전화를 걸었다. 당시 고용노동부 사무관 승진 때 특별승진을 한 직원이었다. 승진대상자 130명 중 근무평정 서열은 110번이었지만, 역량평가에서 4등을 한 덕분이란다. 내 책이 그렇게 도움이 되었다니 무척 기뻤다. 그러면서 '언젠가 더 도움이 되는 책'을 써야겠다는 생각이 들었다.

필자는 '보고서 클리닉'이란 인터넷 카페를 운영한다. 여기에 올라오는 사연은 짧지만 간절함이 가득하다. 주말이면 사무관 승진 스터디 그룹이 직접 찾아오기도 한다. 승진해서 고맙다고 전화하는 사람도 있고, 본인은 이제 그만두지만 그간 모은 자료를 보내 주며 좋은 책을 써달라고 하는 이도 있다. 그들과 이야기하다 보면 누구나 가슴 속에 간절함 하나씩은 품고 있구나 하는 생각이 든다.

간절함. 직장인에게 가장 간절한 것이 무엇일까? 역시 승진이다. 요즘은 대개가 역량평가로 승진이 결정되다 보니 요즘 직장인의 간절함은 역량평가 공략에 있다고 해도 과언이 아니다. 국가공무원은 과장급 이상 승진에서 의무화되었다. 취업준비생에게도 절실하다. 국가공무원 공채시험에서는 모든 직급에서 '역량면접'을 실시하고, 공공기관도 'NCS(국가직무능력표준) 기반 채용'과 '블라인드 면접'을 본다. 모두 역량평가의 다른 이름이다. 많은 사람이 역량평가를 어떻게 치러야 할지 걱정한다. 그렇다면 그들은 역량평가를 어떻게 대비하고 있을까? 직원들에게 물어보았다.

"주로 기출문제, 합격자 후기 같은 것으로 해요. 많이 있거든요. 그런데 기본과 원리에 대한 자료가 없으니까 답답해요."

"스터디에서 보고서 연습을 하는데 서로 말로만 코멘트를 하니까 답답해요. 누가 옆에서 고쳐주면 좋겠어요. 그런 책이 없을까요?"

"학원에 다녀요. 도움이 되느냐는 나중 문제이고 남들이 다 하니까 해요. 지방에는 학원이 없으니까 팀별로 수도권 강사를 초빙도 하고요."

"요즘은 공무원 공채도 역량평가처럼 면접하는데 3분의 1은 떨어져요. 그래서 필기에 붙어도 다들 또 면접 학원에 다녀요."

2015년 7월부터 2017년 2월까지 필자는 경북지방노동위원회 위원장으로 재직했다. 부당해고나 노동쟁의 등 노사 간 분쟁에 대한 심판·화해·조정을 하는 것이 주 업무였다. 당시 필자의 일상이다.

신청서가 접수되어 회의 일정이 잡히면 며칠 전 조사보고서를 검토·수정한다(보고서 작성). 출근하면 심판회의 등 그날 업무의 우선순위, 쟁점, 처리방법 등을 정리한다(현안업무처리). 심판회의가 열리면 필자는 의장이 된다. 법률적 쟁점과 사실관계가 명확히 밝혀지고 일방에 편향되지 않도록 매끄럽게 회의를 진행해야 한다(구두 발표). 심판회의가 끝나면 위원들 간 토론을 통해 인용·기각 등 판정을 한다(집단토론). 화해나 조정에서는 노사 간 상반된 입장이 일치하도록 양측을 개별적으로 만나 직접 설득해야 한다(역할연기).

사건을 처리하는 과정은 설득의 연속이었다. 1년 7개월간 469건의 사건을 처리했다. 한 건마다 위원장은 조사관 1명, 다른 위원 4명, 당사자 2명 등 최소한 7명을 설득해야 한다. 469건이니까 약 3,000번이 넘는 설득을 했다. 그들은 무엇으로 설득되었을까? 법 규정과 논리의 설명으로? 아니다. 사실관계의 확인으로? 아니다. 그것들을 넘어서는 플러스알파, 즉 법과 논리, 사실관계를 묶어 내는 스토리 때문이었다.

신기하다. 내 일상이 바로 '역량평가'였다니. 필자만 그럴까? 아니다. 방법과 정도가 다를 뿐 모든 직장인의 일상이 그렇다. 이것이 많은 기관이 역량평가를 도입하는 이유이기도 하다. 일상에서 하듯 역량평가 때도 평가자를 설득하면 된다. 내 입장에서 한 설명은 의미가 없다. 내 생각을, 상대방의 눈으로, 나만의 스토리로, 남과 다른 무언가로 엮어야 한다(필자는 이것을 '플러스알파'라고 칭한다). 이 책의 주제다. 보고할 때와 마찬가지로 역량평가도 내 생각을 표현하는 것이 아닌가? 그 핵심 원리는 같다.

이 원리를 바탕으로 이 책의 1부에서는 역량평가가 무엇인지 이해하고 내가 가진 역량을 발휘하려면 어떻게 해야 하는지 그 방법을 찾아본다. 역량에 대한 오해와 편견에서 벗어나 생각의 기초체력을 키운다. 기본 관점 정립이 중요하므로 프롤로그부터 빼놓지 말고 꼼꼼히 읽기를 권한다. 그러다 보면 고득점 포인트까지 알게 된다.

2부에서는 평가기법별로 공략법을 알아본다. 기법의 특성을 모르면 오이밭에 가서 당근 찾는 격이 된다. 단순한 기출문제와 모범답안을 제시하는 것이 아니라 박 팀장이 평가를 받는 실제상황처럼 구성했다. 생각정리 방법에 따라 박 팀장이 하수가 되기도, 고수가 되기도 한다. 평가자가 볼 때 나는 어떻게 보일지 생각해보자.

책의 마지막에 특강을 준비했다. 일상에서 역량평가를 준비하는 방법을 담았다. 평가일(D day)을 기점으로 D-1년, D-1분기, D-1월, D-1일, D-1분까지 나누어 시점에 따라 준비할 일을 정리했다. 여러분의 상황은 어떤지, 얼마나 준비되어 있는지 챙겨보자.

이 책은 많은 사람의 간절함에 대한 필자의 공감이다. 그리고 그 공감이 그들의 현실에 도움이 되기를 바라는 필자의 간절함을 담았다. 영감을 불러일으켜 주신 그분들에게 감사드린다. 인터넷 카페를 오롯이 진지함과 열정의 공간으로 가꾸어 주신 회원들께도 고마운 마음 가득하다. 우리 부의 선후배와 동료들, 옥당 출판사 대표님과 직원들, 그리고 양가 부모님과 가족이 항상 부족한 필자의 생각을 채워 주셨다. 마음을 담아 이 책을 드린다.

박 종 필

내가 가진 역량, 어떻게 보여줄까?

도대체 역량평가가 뭐지?

큰일 났다! 드디어 한국섬세공사에서도 국장 승진에 역량평가를
도입한단다. 우리의 박 팀장, 승진평가에 역량평가제가 도입된다
는 공지가 뜬 후 며칠간 입맛도 없고 그 좋아하는 술도 안 당긴
다. 낮에는 안절부절, 밤이면 오만가지 생각에 잠들지 못한다.

'하필이면 내가 승진할 타이밍에⋯. 공무원도 아닌데 공무원이
한다고 따라 할 필요까지 있나? 과목도 많네. 집단토론이라⋯, 회
의겠지 뭐. 역할연기? 연극인가보다. 초등학생 이후 무대에 서 본
적이 없는데 이걸 어쩌지? 오랄 프레젠테이션Oral Presentation?
아, 이건 말발 테스트인가보다. 내가 글발보다는 말발이 좀 되지.
다행이다. 그런데 인바스켓In-basket은 또 뭐야? 우리말로는 서

류함 기법이라고? 아, 여기, 다른 말로는 현안업무처리라고 부른 다네. 현안이 아닌 업무도 있나? 아무튼, 그나저나 이걸 어떻게 준비하지?'

필자는 공무원이다. 그런데 가만히 보면 필자가 속한 고용노동 부는 물론 다른 기관에도 역량평가를 준비하는 공무원이 많아졌다. 그만큼 역량평가가 일반화되었다는 말이다. 그런데 그들이 가장 많 이 하는 말이 '역량평가가 뭔지는 알겠는데, 막상 준비하려니까 감 이 잘 안 잡힌다'는 얘기다. 왜 그럴까? 다년간의 행정 경험으로 감 잡기라면 고수를 넘어 입신의 경지에 오른 이들이다. 그런데 유독 역량평가에서는 왜 감을 못 잡을까? 혹시 너무 어려운 단어로 설명 하기 때문인가? 개념부터 알아보자.

역량이란? 현재 우리나라 국가공무원 역량평가를 시행하는 유일한 공식 기관은 국가공무원 인재개발원이다(www.nhi.go.kr/cad/index. do). 여기에서는 역량을 다음과 같이 정의한다.

> 역량이란 우수 성과자의 행동특성을 의미한다. 역량은 개인과 조 직의 성공적인 성과달성에 있어 핵심이 되면서 관찰, 측정 가능 한 행위로 표현되는 내재적 특성이다.

역량의 개념을 아주 정확하게 설명하고 있다. 그런데 이 문장을 보고 역량의 본질을 한 번에 이해할 수 있을까? 꽤 어려운 단어들이다. 설명하는 입장에서는 정확하다 하더라도 준비하는 입장에서는 이해하기 쉽지 않다.

역량평가 제도와 방향설정 등의 정책은 공무원 인사제도를 총괄하는 인사혁신처(www.mpm.go.kr)에서 담당한다. 여기에서는 역량을 이렇게 설명한다.

역량이란 조직의 목표 달성과 연계하여 뛰어난 직무수행을 보이는 고성과자의 차별화된 행동특성과 태도다.

개념을 보면 인재개발원의 정의와 비슷한 것 같은데 같지 않다. 어렵다. 정작 역량의 본질이 무엇인지 한 번에 알기는 쉽지 않다. 도대체 역량이 무엇일까? 필자는 다음과 같이 정의한다.

- **역량이란 (특정 분야의) 지식이나 기술이 아니라 어떤 일이나 문제를 해결하는 힘이다.**

- **역량평가란 회사(조직)에서 자주 일어나는 상황을 모의과제로 설정하고, 그 해결 과정에서 개인이 드러내는 역량을 여러 사람이 평가하는 것이다.**

쉽다. 쉽게 설명해서 쉬운 것이 아니라 원래 역량의 정의가 쉽기 때문이다.

말 잘하는 그가 승진시험에서
탈락한 이유

필자가 고용노동부의 인사를 총괄하는 운영지원과장을 할 때였다. 6급에서 5급 사무관 승진을 위한 역량평가를 했다. 평가 후 평가위원들과 간담회를 하는데 어떤 위원이 이런 말을 했다.

"A는 정말 말을 잘하지 못하는 사람인데, 참 잘하던데요? 해야 할 말은 다 했어요."

A는 필자가 평소 보기에도 말을 잘 못 하는 사람이다. 웅얼거리며 말해서 잘 알아듣기 어렵고, 사투리도 심하다. 느릿느릿하고, '에, 그, 거시기' 등 불필요한 추임새(?)도 많다. 스피치나 역량평가 학원에서 반드시 고쳐야 하는 예로 들 법한 발표 스타일이다. 그런데 매우 좋은 성적으로 합격했다.

한편 B는 반대였다. 당시 B는 소속 기관에서 민원 해결사로 불리는 사람이었다. 아무리 막무가내인 민원인도 B가 응대하면 5분 만에 고맙다며 돌아간다는 전설의 인물. 모든 직원이 그는 역량평가를 하기만 하면 무조건 특별 승진할 거로 생각했다. 그런데 그는 그해 떨어졌다.

도대체 무슨 일이 있었을까? A는 어눌해 보였지만 과제를 해결하기 위한 정보들을 덩어리로 잘 정리했고, 더듬거렸지만 그 덩어리들의 의미를 제대로 말했다. B는 빠릿빠릿해 보였지만 생각을 정리하지 못했고, 유창했지만 주어진 정보들을 나열만 했다. A는 머리로 생각을 했고, B는 입으로 말을 했다. A는 무슨 '힘'을 가졌기에 평가위원들이 그것을 높게 평가한 것일까?

역량이 '어떤 일이나 문제를 해결하는 힘'이라면 가장 필요한 것은 무엇일까? 전문지식과 기술도 필요하다. 제대로 표현하는 능력도 필요하다. 그러나 '그 문제가 왜 중요하고 왜 시급한지, 문제의 원인은 무엇인지, 그 원인을 해결하려면 무엇을 어떻게 해야 하는지'를 알아야 한다. 즉, 논리적으로 생각을 정리할 수 있어야 지식과 기술을 제대로 활용하고 말도 할 수 있다. A는 바로 그 '생각을 정리하는 힘'이 있었던 것이다.

회사는 나의 어떤 점을 볼까?

역량은 개인이 가지고 있지만, 평가는 조직이 한다. 따라서 평가를 잘 받으려면 조직의 눈으로 보아야 한다. 조직은 개인의 무엇을 볼까? 여기서 현재 여러분의 회사로 잠시 들어가 보자. 회사는 어떤 요소를 중시하고 여러분은 어떻게 승진을 할까?

뭐니 뭐니 해도 '경험'이라면? 회사는 경력평정으로 승진시킨다. 따라서 연공서열, 즉 고참이 되면 자동으로 승진한다. 다만 후배들은 기다리다 지치고, 지치면 일을 안 하거나 조직을 떠난다. 다만 불만을 나타내지 않을 뿐이다.

전문성, 즉 '지식'을 중시한다면? 시험, 즉 '노동법 객관식 100문제' 등을 치르게 한다. 2~3년간 시험 준비만 하면 된다. 누구나 결과에 승복하고 깔끔하다. 그런데 지식이 조직의 전부인가? 지식만 많으면 그 직원이 상사로서, 중간관리자로서 자격이 충분한가?

'자질', 즉 평소의 근무태도가 조직인의 기본이라면? 당연히 근무평정을 우선한다. 여러분은 인사고과에 목숨을 걸어야 한다. 상사의 평가는 조직 운영의 뿌리이자 꽃이다. 그런데 겉으로는 인정하지만, 속으로는 승복이 안된다. '나는 열심히 하는데 이 양반과 궁합이 안 맞아. 저 친구는 실력도 나보다 별로인데 왜 좋은 평가를 받지? 역시 잘 모시고 아부해야 해!'라고 생각한다. 상사가 언제나 객관적인가?

아무리 그래도 '실적'이 최고라면? 최근 3년간 '업무실적 기술서'를 꾸미는 데 열과 성을 다한다. 내 실적은 내 것이고 팀 실적도 당연히 내가 주도한 것이다. 그러면서 '솔직히 저 친구 실적은 "운발" 아니야? 나도 그 자리 있었으면 폼 나게 했겠다'라고 생각한다. 공공분야에서 객관적인 실적평가가 가능할까?

그런데 '문제해결 능력'이 우선이라면? 어렵다. 위에서 본 전통적 평가방법으로는 여러분이 문제해결 능력, 즉 역량이 있는지 판단하기 어렵다. 그런데 조직은 끊임없이 그런 역량이 있는 직원을 찾는다. 왜 그럴까?

조직이 역량에 주목하는 이유

조직이 구성원에 대한 전통적인 평가요소들에서 벗어나 '역량'에 주목하는 이유를 생각해 보자. 평가를 준비하는 데 대단히 중요한 시사점을 얻을 수 있다.

생각정리 능력

역량은 생각을 정리하는 능력을 보여주기 때문이다. 전통적 평가요소들, 즉 경험, 지식, 자질, 실적 등의 공통점은 과거의 축적, 즉 성과적 측면이다. 성과는 중요하다. 제대로 평가되어야 조직이 산다. 그러나 과거에 잘했다고 미래의 성공을 담보하는 것은 아니다. 만약 직원이 과거의 실적은 어떻든간에 앞으로 어떤 문제가 발생했을 때 잘 해결할 수 있다면 조직에 필요한 인재가 아니겠는가? 채용하거나 승진시킬 이유가 충분하다. 이것이 역량이다. '미래의 문제해결 능력'이다.

그런데 이 미래의 문제해결 능력을 지금 어떻게 확인할 수 있을까? 가장 효과적인 것이 생각을 정리하는 능력을 평가하는 것이다. '문제해결'을 한 번 더 생각해 보자. 문제를 해결하려면 무엇을 해야할까? 문제의 원인을 찾아야 한다. 즉 '인과관계'를 생각해야 한다. 원인을 찾으려면 실태를 속속들이 나누어 보기, 즉 '분석'을 해야 한다.

이렇게 인과관계를 파악하거나 문제를 분석하려면 생각을 일목요연하게 정리할 수 있어야 한다. 지금 저 직원에게 생각을 정리하는 능력이 있다면 미래에 어떤 문제가 발생해도 실태를 분석해서 원인을 찾아내고, 합리적 대안을 낼 수 있지 않겠는가? 평가기법은 다양하지만 모든 기법이 생각정리 능력을 중시하는 이유다.

소통 능력

역량은 조직 내 커뮤니케이션 능력을 정확히 보여준다. 커뮤니케이션의 핵심은 '이해'와 '표현'이다. 상대방이 표현한 생각을 제대로 이해하는 것과 내 생각을 상대방이 이해할 수 있도록 표현하는 것이 중요하다.

역량평가의 실전을 보면 명확하다. 어떤 방법에서든 모두 자료의 이해와 생각의 표현이 기본이다. 그러니까 고수는 자료가 주어지면 먼저 이해하고 그 바탕에서 본인 생각을 논리적으로 표현한다. 하수는 그런 바탕 없이 자기의 경험칙과 감으로 표현한다. 그래서 잘 안 된다. 그 바탕이 없다는 것은 자료를 제대로 이해하지 못했거나 오해한 것이다. 그러면 표현은 2할도 못하고 합격 가능성은 5할도 안 된다.

그런데 여러분은 경험, 지식, 자질, 실적만으로 이해와 표현 능력을 평가할 수 있는가? 경험이 많다고 이해도가 높을까? 지식이 많으면 이해도가 높을 수 있겠지만, 표현력까지 높을까? 피터 드러커 Peter F. Drucker는 《프로페셔널의 조건》에서 조직에서 나오는 문제의 60%가 잘못된 커뮤니케이션에서 비롯된다고 지적했다. 조직이 이해와 표현이라는 소통 능력에 주목하는 이유다.

플러스알파 능력

역량은 플러스알파를 만들어내는 능력을 보여준다. '플러스알파'가 무엇일까? 스토리텔링이다. 기존의 정보를 단순히 나열하지 않고 덩어리로 묶어서, 새로운 의미, 즉 스토리를 만드는 능력이야말로 가장 중요한 역량이다.

조직에는 항상 문제가 있다. 기존 지식만으로 해결하기에는 언제나 부족하고, 모든 지식을 습득할 수도 없다. 그렇다면 조직은 구성원에게 무엇을 요구할까? 요즘 같은 첨단 시대에 정보 그 자체는 큰 의미가 없다. 의미를 찾아내고 만들어야 문제를 해결할 수 있다. 그렇다면 역량은 그 자체에 이미 플러스알파 능력을 내포하는 개념인 것이다. 지식의 양이 아니라 의미를 부여하는 능력이다. 부분의 정보획득이 아니라 전체의 판단 능력이다. 그래서 문제를 해결하려는 조직은 플러스알파 능력에 주목한다.

고수의 역량발휘법 3단계

조직이 역량에 주목하는 이유를 보았다. 그러면 구성원이 생각을 정리하기 위해서, 소통을 잘하기 위해서, 플러스알파를 만들어 내기 위해서 필요한 것은 무엇일까? 고수의 역량발휘법 3단계다.

① 생각정리 능력 – 문제의 본질 파악하기

생각정리 능력의 핵심은 문제의 본질 파악에 있다. 정리는 흐트러진 것을 가지런히 하고, 불필요한 것과 필요한 것을 구분하는 것이다. 그러려면 기준이 필요하고, 기준은 본질을 알아야 세울 수 있지 않은가? 즉, 문제의 본질이 무엇인지 생각을 정리하는 것이 역량이고, 역량평가의 기본이 된다. 만약 이번 평가는 참가에만 의미를 둔다면? 생각나는 대로 그냥 하면 된다. 잘해야 남들과 같거나 더 못 할 수밖에 없다. 생각을 정리해야 남과 달라진다. 시작부터 이렇게 생각을 바꿔야 준비 전략도 바뀌고, 평가결과도 바뀐다. 이 부분을 제1장에서 가장 먼저 다루는 이유다.

② 소통 능력 – 평가자의 눈으로 보기

소통 능력의 핵심은 상대방 입장에서 섬세하게 생각 정리하기다. 실제 업무에서의 상대방은 상사·동료·부하지만 역량평가에서는 그들이 아니다. 평가자들이다. 이번 평가에서 반드시 합격하려면? 본질을 이해해야 한다. 그런데 본질은 내 눈이 아니라 상대방의 눈으로 봐야 보인다. 이 정도는 되어야 합격할 수준이 된다. 최소한 평가자가 무엇을 평가하는지 그리고 무엇을 우선시 하는지 알아야 합격을 말할 수 있다. 그래서 제2장에서는 '평가자의 눈으로 보라'고 강조한다.

③ 플러스알파 능력 – 스토리 더하기

플러스알파 능력은 주어진 정보에 의미를 더하는 것이다. 내가 아는 정보는 다른 사람들도 대부분 안다. 이번 평가에서 고득점으로 특별승진하려면 남과 달라야 한다. 다르려면 뭐든 더해야 한다. 고수는 의미, 즉 스토리를 더한다. 고득점 받는 사람은 남과 차이가 있고 그 차이가 잘 보이게 표현한다. 그래서 제3장에서는 고득점을 받는 스토리텔링 방법을 알려준다. 그리고 2부에서는 6개 기법별로 분석하고 소통하며 남과 다른 스토리를 만드는 훈련을 한다.

지금부터 생각을 정리하고, 소통하고, 플러스알파를 만들어 내는 힘을 어떻게 키워서 어떻게 보여줄 것인지에 집중하자. 평가 날까지 시일이 촉박해서, 업무가 바빠서 시간을 내기 어렵다면? 그럴수록 더 역량발휘법 3단계를 연습하자.

1부

고수의
역량발휘법

1장

문제의 본질 파악하기

"크아~! 역시 스트레스에는 소맥이야."

박 팀장이 오랜만에 입사 동기이자 친구인 유연한 팀장과 한잔하고 있다.

"유 팀장, 난 요즘 역량평가 때문에 머리가 하얘진다."

"'하얘진다'의 주어인 '머리'가 머릿속이야? 머리카락이야? 머릿속이면 생각이 없어지는 것이고, 머리카락이면 백발이 되는 거잖아. 분명히 표현해야 자네 생각을 이해할 수 있지."

"갑자기 왜 그래? 아무 생각 없이 한 말인데 왜 이렇게 까칠하게 분석하고 난리야? 지금이 집단토론 시간이냐?"

"그렇게 아무 생각 없이 대충 말하니까 생각이 정리가 안 되고, 듣는 사람이 헷갈리잖아? 그렇게 해서 평소에 연습이 되겠어?"

"헐, 연습? 자네 뭐 하지? 나한테 딱 걸렸다. 솔직히 말해봐. 어느 학원이야? 얼마야? 오늘 내가 쏜다. 다만 3만 원 미만으로.”

앞에서 역량을 '조직에서 일어나는 문제를 해결하는 힘'이라고
했다. 역량의 중요성도 설명했다. 더는 길게 설명할 것도 없고 그럴
필요도 없다. 본질은 단순하기 때문이다. 여기서는 이제 '문제'가
무엇인지 살펴보자.

문제가 문제다!

어젯밤 3차까지 갔지만 유 팀장은 묵묵부답이었다.
'치사한 자식. 나도 경쟁자라 이거지? 싫으면 관둬라. 다른 기관
들 하는 것 보면 대충 알겠지.'
박 팀장은 역량평가를 도입했다는 5개 기관의 자료를 모았다.
'전부 역량을 미리 제시하는구나. 어라? 그런데 기관마다 모두
다르네? 이름도 헷갈리고. 아 참,《고수의 보고법》에서는 이럴 땐
기준을 세워서 덩어리로 묶으라고 했지. 법대로 해보자!'
박 팀장은 5개 기관의 역량을 가지고 〈표 1-1〉을 만들었다. 비슷
한 것끼리 묶었더니 I, II, III, IV 4종류가 나왔다.
'역시 묶으니까 뭔가 의미가 보이네. 우선 같은 종류별로 볼까?'

'문제'는 현재와 목표의 차이, 즉 조직에서 중요하지만 현재 부족

기관명		직급	역량의 종류			
			I	II	III	IV
A	인사혁신처 (국가공무원)	과장급 ⇨ 고위공무원	(사고) 문제 인식 전략적 사고	(업무) 성과지향 변화관리	(관계) 조정통합	고객만족
B	인사혁신처 (국가공무원)	4.5급 ⇨ 과장급	(사고) 정책기획	(업무) 성과관리 조직관리	(관계) 이해관계 조정 의사소통	동기부여
C	○○부 (국가공무원)	6급 ⇨ 5급	(문제해결) 상황·문제 인식 대안 제시	(기획력) 정보 수집·분석 계획수립	(의사소통, 조정통합) 의견수렴·조율 의사전달·표현	(리더십) 목표관리 관계형성
D	○○시 (지방공무원)	6급 ⇨ 5급	정책 기획	성과지향 변화관리	협의·조정 의사소통	
E	○○시 교육청 (지방공무원)	6급 ⇨ 5급	교육정책 기획	변화관리·전파 조직·업무관리		고객지향

한 부분이다. 먼저 문제를 정확히 알아야 해결이 쉽다. 그런데 이상하다. '문제'를 본다면서 위에서는 왜 '역량의 종류'를 언급했을까?

〈표1-1〉을 보자. D시는 '정책기획' 역량을 평가한다. 이는 '정책기획'이 필요한데 현재 미흡하다는 뜻이다. '의사소통'을 평가한다면 의사소통에 문제가 생길 수 있다는 말이다. 이렇게 조직이 평가하는 역량을 유형화해보면 공통적인 문제가 무엇인지 눈에 보인다.

정말 그런지 하나씩 보자.

역량 I) 문제 인식, 전략적 사고, 상황·문제 인식, 대안 제시? 명칭들이 분명히 다르다. 그런데 그 차이를 쉽게 구별할 수 있을까?

역량 II) 성과지향, 변화관리, 성과관리, 조직·업무관리? 이건 진짜 모르겠다. 명칭이 다르면 이유가 있을 텐데 여하튼 헷갈린다. 혀가 꼬이고 머리는 빙빙 돈다. 점점 미궁을 헤매는 느낌이다.

역량 III) 조정통합, 이해관계 조정, 의견수렴·조율, 의사소통? 조정과 소통의 대상이 내부고객(직원)인가 외부고객인가? 둘 다인가? 헷갈린다.

역량 IV) 고객만족, 동기부여, 목표관리, 관계형성? 비슷한 종류로 묶다보니 남은 것들이다. 공통된 특성을 찾기가 어렵다.

비슷하게 보이는 것끼리의 묶음으로 보았으니 헷갈릴 수도 있다. 그러면 횡으로 즉, 각 기관의 사례별로 보자.

기관 A, B 기본적인 역량의 군群으로 '사고·업무·관계'를 제시한다. '사고'는 생각한다는 뜻인데 '업무'와 '관계'는 생각을 안 해도 되나? 과연 '사고·업무·관계'를 횡으로 각각 독립된 종류라고 할 수 있을까?

기관 C '문제해결'과 '기획력'이 별도로 구별되어 있다. 그런데 기획력은 문제해결에 필요한 것 아닌가? 또 대안 제시가 '기획력'이 아니라 '문제해결'에 들어 가 있다. 그러면 대안 제시는 기획력이 아니라는 뜻인가? 대안 없는 기획은 황태 없는 황태해장국이다. 논리적으로 생각하려 할수록 점점 생각이 꼬인다.

이상하다. 어떤 요소들이 다른 종류라면 한눈에 쉽게 구별되고, 서로 중복되지 않아야 한다. 그런데 〈표 1-1〉의 역량 중 최소한 I과 II, III과 IV는 각각 중복된다. 더 쉽게 설명하기 위해 직관적으로 보자. 여러분이 지금 역량평가를 받고 있다고 치자.

'구두 발표' 시간이다. 평가 전 주어지는 검토시간에 '이 부분은 정책기획이고, 요 부분은 성과관리야. 그리고 저것은 조직관리이고. 이렇게 맞추어 써야지'라고 생각할 수 있을까? 못 한다.

'집단토론' 시간이다. 역시 '이것은 의견 수렴·조율이고, 요것은 의사전달·표현이지. 목표관리는 저렇게 해결해야 해. 참 관계형성은 이렇게 해야지!'라고 생각할 수 있을까? 못 한다. 머리만 빙빙 돌 뿐이다.

고수가 아니라 신神도 못 한다. 여러분과 필자가 못해서 못 하는 것이 아니라 애초에 안 되기 때문이다. 왜 못 할까? 역량은 본질적으로 두 개밖에 없는데 비슷한 역량의 종류들을 동시에 너무 많이 제시하기 때문이다. 그런데 역량이 두 개뿐이라고? 그러면 문제도 두 개뿐이라는 말인가?

문제의 본질은 '일'과 '사람'에 있다

'허~헉…'

악몽이었다. 스트레스가 쌓였는지 평가를 망치는 꿈이다. 정신을 차린 박 팀장은 생각을 가다듬었다.

'암기일도 하사불성暗記一到 何事不成이라, 역량평가가 어렵다 하되 외우고 또 외우면 못 통과할 리 없건만은~. 무릇 시험은 암기가 기본이라, 기본으로 돌아가자.'

회사에서 제시한 4개 기본역량과 8개 세부역량을 외우기 시작했다. (한국섬세공사는 주무부처인 〈표 1-1〉의 기관 C와 같다.)

그런데 잘 안 외워진다. 비슷한 말들이라 그런가? 하다 못한 박 팀장은 결국 학창시절의 추억을 살려 비장의 무기를 꺼냈다.

'문기의리/상대정계/의의목관'이라…

'문제는 기법이 아니라 의리다. 상대가 정계의 고수이니 이(의)의를 달지 말고 목숨 걸고 관철하라'

일명 앞머리 따기 신공! 4개 기본역량 8개 세부역량의 앞머리 글자를 외우는 것이다. 그런데 조금 창피하다.

'안 외우는 방법은 없을까?'

있다. 단순화시켜보자. '조직에서 일어나는 문제를 해결하는 힘'이라는 역량의 정의를 다시 보자. 조직의 본질은 '일'과 '사람'이다. 따라서 문제의 본질도 일과 사람에서 나온다. 그렇다면 문제를 일으키는 근본이 '일'인지 '사람'인지, 만약 '일'이라면 그 일의 어떤 측면인지 등을 정리해야 하지 않을까? 역량은 바로 이것부터 시작된다.

일을 처리하려면 지식, 경험, 정보, 성실성, 체력 등 많은 것이 필요하다. 그러나 '잘' 처리하려면 여기저기 흩어져 있는 이것들을 잘 묶어야 한다. 그러려면 촘촘하고 튼튼한 씨줄과 날줄, 즉 치밀하고 강철 같은 논리가 필요하다. 그래야 전체 맥락과 인과 관계를 찾을 수 있다. 즉, 일에 관한 문제의 본질은 논리다. 따라서 일을 논리적으로 처리하는 역량이 필요하며, 필자는 이를 기획력이라고 부른다. 〈표 1-1〉의 I, II에 속하는 역량들을 보자. 명칭은 다르지만, 모두 주로 일을 논리적으로 기획하는 것과 연관된다. 즉, 일에 관한 문제 = 논리 = 기획력이다.

사람을 설득하려면 치밀한 논리와 풍부한 지식이 필요하다. 유창한 말솜씨에 사근사근한 성격, 게다가 우리나라에서는 술 실력도 중요하다. 그런데 우리는 진정 무엇으로 설득되는가? 상대방의 기획력과 정보에 내 머리는 이해가 된다. 소주 몇 잔 기울이면 내 마음은 다가갈 수 있다. 그런데 내 생각이 설득되려면? 상대방의 생각에 공감할 수 있어야 한다. 즉, 사람에 관한 문제의 본질은 공감이다. 따라서 상대방을 공감시키는 역량이 필요하며, 필자는 이를 조정력이라고 부른다. 〈표 1-1〉의 역량 III, IV를 가만히 보자. 명칭은 달라도 모두 사람들의 공감을 끌어내기 위해 생각을 다듬는 내용이다. 즉, 사람에 관한 문제 = 공감 = 조정력인 것이다.

역량은 기획력과 조정력이 핵심이다

　문제의 본질이 일과 사람이므로, 그것을 해결하기 위한 역량도 기획력과 조정력이란 두가지 본질적 역량으로 수렴된다. 현실적으로 생각해보자. 8개는 많다. 그러니 일단 외우기 어렵다. 박 팀장이 머리가 나빠서가 아니다. 이 책을 쓰면서 필자도 몇 번을 보았지만, 아직도 못 외운다. 더구나 시간에 쫓겨 정신이 혼미해지는 실전에서 8개가 생각날 리 없다. 그런데 2개를 못 외우는 사람은 없다. 실전에서 아무리 마음이 바빠도 2개는 생각난다. 할 수 없는 것을 하지 말고, 할 수 있는 것에 집중하자.

　다만, 본질적 역량이 2개라고 해도 개별 역량에 관한 각각의 정의를 무시하라는 것은 절대 아니다. 예를 들어 어떤 지방자치단체는 '변화관리' 역량을 '조직 내·외부의 행정환경변화 적극적 수용, 필요한 업무개선사항 제시, 구성원들의 참여 분위기 조성'이라고 정의한다. 분명히 '구성원들의 참여'라는 내용을 중시한다는 말이므로 이쪽의 내용도 포함시켜야 한다. 이런 개별 정의는 당연히 챙겨야 한다. 다만, 그 본질이 '기획력'이라는 것을 이해하는 것이 더 중요하다는 뜻이다. 이런 역량에 대한 개별적 정의는 시행하는 기관별로 다르므로 이 책에서는 다루지 않는다. 이 책은 어느 특정 기관을 위한 수험서가 아니기 때문이다.

결론 ①: 역량은 다양하다. 그러나 본질적 역량은 두 가지다.

그런데 여기서 주의할 것이 있다. 기획력과 조정력이란 두 본질적 역량이 칼로 무 자르듯이 구별되는 것은 아니라는 점이다. 조정력이라고 해서 기획력의 요소가 전혀 없는 것은 아니라는 뜻이다.

업무분장을 놓고 예산팀장과 법무팀장 사이에 갈등이 생겼다. 감정이 상할 정도다. 박 팀장은 선임(기획팀장)으로서 갈등을 조정해야 한다. 두 '사람' 간의 싸움이니까 경청 능력과 친화력으로 공감만 끌어내면 설득이 될까? (가만히 보면 이 상황은 역할연기의 단골 메뉴다. 역량평가는 현실의 연장이고 일상의 압축이기 때문이다.)

갈등상황에서는 핏대를 올리며 대립하는 양측이 있다. '사람'을 설득하려면 공감을 끌어내는 '조정력'이 필요하다. 그러나 이 싸움은 사적인 것이 아니라 '일'을 둘러싼 갈등이다. 일이 무조건 풀리기만 하면 끝인가? 아니다. 원칙대로 풀려야 한다. 여러분이 회사의 조직운영 원칙에 맞게 두 사람의 싸움을 말리려면 논리를 만드는 '기획력'도 필요한 것이다.

기획력과 조정력은 각각 특징이 있지만 섞여 있다. 다만, 상황과 속성에 따라 문제해결에 더 효과적인 역량이 부각되는 것이다. '역량은 문제를 해결하는 힘'이기 때문이다. 따라서 문제해결력은 기획력·조정력과 횡으로 구별되는 별도의 역량이 아니라 그 상위 개념이다. 그리고 그 문제해결의 본질이 '생각 정리하기'다.

> **결론 ②: 두 본질적 역량은 섞여 있다. 그리고 그 본질은 생각 정리다.**

이상의 두 가지 결론을 정리해서 표로 나타낸 것이 〈표 1-2〉 '문

〈표 1-2〉 문제와 역량의 본질

	역량 I	역량 II	역량 III	역량 IV
기관 A	:	:	:	:
기관 B	:	:	:	:
기관 C	:	:	:	:
기관 D	:	:	:	:
기관 E	:	:	:	:
〉	:	:	:	:

본 질	일에 관한 문제 + 사람에 관한 문제 논리 + 공감 기획력 + 조정력

↓

문제해결

↓

생각 정리

제와 역량의 본질'이다. 이미 예로 든 A, B, C, D, E 기관 외에 더 많은 사례를 알고 있지만 굳이 더 소개할 필요가 없었다. 어떤 이름의 역량도 기획력과 조정력에 포함할 수 있기 때문이다. 실제 여러분의 조직에서 평가하는 역량들을 이 두 종류에 포함시켜 보자. 다 포함된다.

〈표 1-2〉는 두 본질적 역량이 섞여 있는 개념임을 보여준다. +++ 부분을 보면 실선이 아니라 점선이다. 또한 '역량 - 문제해결 - 생각 정리'의 관계를 보여준다. 이 표에서 여러분이 이해할 수 없을 정도로 어려운 부분이 있을까? 없다. 원래 역량의 본질은 단순하기 때문

이다. 여러분이 이 체계도를 이해하고 공감했다면 이 책의 본질을 90% 이상 꿰뚫은 것이나 다름없다.

이탈리아의 조각가 미켈란젤로가 어떤 조각상을 완성했을 때 누군가 물었다.

"어떻게 단순한 돌로 그렇게 멋진 작품을 만들 수 있었습니까?"

그의 답은 간단했다.

"그 모습은 처음부터 돌 속에 있었지요. 나는 단지 불필요한 부분만 깎아 냈을 뿐입니다."

본질은 존재하고 그것은 아름답다. 다만 그 주변을 깎아 내는 방법을 모르거나 깎지 않을 뿐이다.

평가기법별로 본질 찾아보기

지난번엔 유 팀장이 잘 버텼지만, 오늘은 결국 무너졌다. 달랑 모둠회 한 접시에 수십 발의 소맥 폭탄이 투하된 끝에 결국 유 팀장 입에서 키워드가 나왔다.

"끄~윽, 보고서 클리닉… 꺼~억 … 카페…."

박 팀장은 잊어버릴세라 집에 오자마자 검색을 한다.

'오오오, 〈섬세 특강 - 보고서 클리닉〉. 나왔다! 이 친구가 의리는 있어.'

바로 가입을 하고 글을 보기 시작했다. 그런데 이상하다.

'전부 보고서와 신문사설뿐인데? 아, 보고서 첨삭 지도 하는 카페구나. 다른 기관은 모르겠지만 우리는 보고서 평가는 안 하잖아? 우리 회사 역량평가에는 큰 도움이 안 될 것 같아. 그리고 코멘트에 "생각 정리"라는 말만 있네? 생각을 안 하는 사람도 있나? 포인트가 빗나갔어. 아니야. 이 친구가 날 놀렸어!'

앞에서 역량의 종류는 많지만, 본질적 역량은 2가지로 수렴된다고 했다. 그렇다면 평가방법에도 같은 논리를 적용해보자.

그간 대표적인 평가방법은 크게 네 종류였다. 구두 발표Oral Presentation, 현안업무처리In-basket, 집단토론Group Discussion, 역할연기Role Play다(각각 OP, IB, GD, RP라고 약칭한다)가 그것이다. 그런데 최근에는 점점 공공에서 민간으로, 고위직에서 중간관리자로, 중앙부처에서 지방자치단체로, 승진에서 채용으로 그 사용이 확산되면서 보고서 작성Paper Writing과 역량/NCS 기반 면접Competency Interview 등도 활용된다.

제2부에서 상세히 설명하므로 여기서는 우선 개념만 〈표 1-3〉으로 정리했다. 많은 기관에서 이 6가지 방법 외에도 역량평가라는 이름으로 실적평가, 현장평가, 청렴평가, 다면평가 등을 실시한다. 그러나 이들은 진정한 의미에서의 역량평가는 아니므로 이 책에서는 다루지 않는다.

〈표 1-3〉을 보면 필자는 I과 II의 두 그룹으로 묶었다. 어떤 기준으로 묶었을까?

먼저 I 그룹, 즉 보고서 작성, 구두 발표, 현안업무처리의 특징 설

평가방법의 종류		특 징
I	A. 보고서 작성 Paper Writing	• 혼자서 보고서를 작성, 평가자가 글을 평가 • 현황·문제 분석, 정책 대안 제시, 세부 실행 계획 등이 포함된 정책보고서(다양한 종류)를 작성하여 논리적 기획력 확인
	B. 구두 발표 Oral Presentation	• 혼자서 요약 보고서 또는 메모를 작성, 평가자에게 발표하고 질문에 응답 • 상사, 대중, 이해관계자 등 앞에서 자신의 견해를 명확히 전달하고 설득하는 역량 확인
	C. 현안업무처리 In-Basket	• 혼자서 여러 과제를 동시에 처리하는 메모 작성, 평가자의 질문에 응답 • 정해진 시간 내에 여러 가지 문제를 처리해야 하며, 그 처리 과정·결과에 대한 검토 및 질의응답을 통해 역량을 확인
II	D. 집단토론 Group Discussion	• 여러 명의 피평가자가 참여하여 회의, 평가자는 회의 관찰 • 특정 사안에 대해 서로 다른 의견을 가진 참가자들이 토론을 통해 합의하는 과정에서 보여주는 역량을 평가
	E. 역할연기 Role Play	• 피평가자는 평가자와 1:1 또는 1:2로 역할 수행, 평가자는 역할연기의 상대방으로 참여 • 부하직원, 이해관계자, 고객 등과 상호 대면하면서 대화로 상대방을 설득하는 역량을 평가
	F. 역량면접/ NCS 기반 면접 Competency Interview	• 집단토론, 구두 발표, 집단·개별 면접 등 다양한 방법 활용, 평가자는 관찰자, 참여자, 질문자 등 다양한 역할 • 인성 면접이 아니라 실질적으로 업무를 잘하기 위해 필요한 자질과 역량 위주로 평가

* 인사혁신처(www.mpm.go.kr) 참고

명에서 공통된 단어를 찾아보자. '혼자서'가 보인다. 피평가자 1명이 혼자서 과제를 처리한다. 보고서는 혼자 쓴다. 구두 발표도 혼자 메모하고 혼자 발표한다. 현안업무처리도 과제는 여러 개지만 혼자 처리하고 혼자 인터뷰한다.

그러면 II 그룹에서도 역시 사람의 수와 관련한 단어가 공통 단어일까? 맞다. '참여'가 보인다. 여러 사람이 같이 엮여 있는 상황이다. 집단토론은 여러 명의 피평가자가 토론한다. 역할연기의 경우 피평가자는 혼자이지만 평가자가 연기자로 참여해서 서로 연기한다. 역량면접 또는 NCS 기반 면접은 다양한 형태이지만 집단토론이나 집단면접은 거의 필수라서 편의상 II 그룹에 포함했다.

여기서 어떤 분은 '도대체 혼자 하든지 여럿이 하든지 뭐가 중요해? 과제만 잘 풀면 되지'라고 생각할 수 있다. 그런데 과제를 잘 풀려면 알아야 한다. 이것에 따라 필요한 역량이 달라지기 때문이다.

갑자기 이사장이 내년 중점사업으로 '중소기업 섬세지원사업'을 대폭 확대하란다. 박 팀장이 김 대리의 초안을 보니 도저히 펜으로 첨삭이 안 된다. 한마디 한다.

"고생했다. 그런데 파일 보냇!!!"

고쳐야 하는데 낮에는 집중이 안 되고, 결국 혼자서 야근하며 끝내기로 했다. 저녁도 안 먹고 커피 한 잔 마시며 자료에 집중하니 문제의 원인이 보인다. 대안이 쑥 나오고 계획이 딱 세워진다.

'음… 역시 연애편지든 보고서든 밤에 혼자 써야 글발이 살아.'

다음날 박 팀장은 그 초안을 가지고 다른 팀장들을 참여시켜 토론을 했다. 그런데 말은 토론이지만 분위기는 비판의 십자포화다. 속이 부글부글 끓는다.

과제를 '혼자서 처리'한다는 것은 대인 관계보다는 일 자체에 방점이 있다는 뜻이다. 분석하고 해결방안을 만들고 추진계획을 세우는 '기획력' 위주로 평가할 수밖에 없다. 생각해보라! 나 혼자 보고서를 쓰고 발표하는데 다른 사람과의 관계형성 능력이 핵심이라고 할 수는 없지 않은가?

반면에 '사람들과 같이 처리'한다면 당연히 다른 사람들의 공감 획득 능력, 즉 '조정력'을 중시할 수밖에 없다. 지금 사람들의 다양한 입장을 조율하고 있다고 하자. 그런데 나 혼자 멋진 해결방안을 내놓고 내 의견만 맞는다고 우기면 아무리 그것이 논리적이라도 다른 사람이 수용할 수 없다. 오히려 전체를 보지 못하는 비합리적인 사람으로 보일 뿐이다. 참석자 의견 중 합리적인 부분은 수용하고 내 아이디어를 보완해야 한다. 그것이 조직에서 토론하는 이유가 아닌가?

결국 평가방법은 여러 가지이지만 〈표 1-4〉에서 보듯이 '혼자서 처리'와 '사람들과 같이 처리'라는 두 본질적 방법으로 정리된다. 그리고 그 방법들은 각각 기획력(I 그룹)과 조정력(II 그룹)을 위주로 평가할 수밖에 없다.

> **결론 ③: 평가방법은 수없이 많다. 그러나 그 본질은 역시 두 종류다.**

〈표 1-4〉 평가방법과 역량의 관계

	평가방법의 종류	공통점	역량		
I	A. 보고서 작성 Paper Writing	혼자서 처리 ≒	일 = 논 리 = 기 획 력 + + + 사 람 = 공 감 = 조 정 력	문제 해결 →	생각 정리
	B. 구두 발표 Oral Presentation				
	C. 현안업무 처리 In-Basket				
II	D. 집단토론 Group Discussion	사람들과 같이 처리 ≒			
	E. 역할연기 Role Play				
	F. 역량면접/ NCS 기반 면접 Competency Interview				

물론 여기서도 주의할 점이 있다. 'I 그룹=기획력 평가, II 그룹=조정력 평가'가 아니라, 'I 그룹≒주로 기획력 평가, II 그룹≒주로 조정력 평가'라는 점이다. 이유는 본질적 역량이 섞여 있다는 설명과 같으므로 생략한다.

> 결론 ④: 두 본질적 방법은 각각 두 본질적 역량을 위주로 평가한다.

〈표 1-5〉 모 부처의 평가방법별 진단 역량

본질적 역량	역량	하위역량	구두 발표	현안업무 처리	집단 토론	역할 연기
기 획 력 +++ 조 정 력	기획력	정보 수집 및 분석	○	○		
		계획수립	○	○		
	문제해결	상황 및 문제 인식	○	○	○	○
		대안 제시	○	○	○	○
	의사소통 조정통합	의견 수렴 및 조율			○	○
		의사 전달 및 표현	○		○	○
	리더십	목표관리		○		○
		관계형성			○	○

　너무 논리적으로만 설명하니까 살짝 지루하다. 사례를 보자. 〈표 1-5〉는 모 부처의 사무관 승진평가에서 평가방법별 진단 역량을 정리한 것이다. 가운데 두꺼운 십자형 실선을 그어 보았다. 무엇이 보이는가?

　하수라면? 역량들의 명칭이 보인다. 바로 앞머리 따기 신공에 돌입한다. '구두 발표는 정계상대의, 현안업무처리는 정계상대목, 집단토론은 상대의의관, 역할연기는 상대의의목관' 달인의 수준이다. 입으로 술술 외워질수록 머리는 솔솔 비워진다. 이렇게 외워서 실전에 가면 급한 마음에 생각이 안 난다. 혀가 꼬이면서 생각이 풀려버린다.

고수라면? 의미가 보인다. 구두 발표와 현안업무처리는 ○ 표시가 조정력에도 있지만, 기획력에 집중되어 있다. 집단토론과 역할연기는 반대다. 점수로 보자. 역할연기에서 '문제해결'을 잘해서 만점을 받았다. 그래도 ○ 표시는 6개 중 2개밖에 안 되니까 전체로 보면 33점일 뿐이다. 바꿔 말하면 여기에서는 조정력에 최소한 역량의 2/3를 써야 한다. 구두 발표는? 반대로 기획력이 80%이니까(○ 표시 5개 중 4개) 이쪽에 집중하면 된다. 한눈에 결론이 보인다.

실제 몇 %인지 계산하라는 것이 아니다. '이 방법은 어떤 역량 위주로 평가하는지'를 생각해야 답이 쉽게 나온다는 뜻이다. 최근 모 부처에서는 기존의 4가지 방법을 현안업무처리와 역할연기라는 2가지로 줄였다. 그룹 I, II에서 각각 하나씩 선정한 것이다. 2가지 방법만 쓰는 다른 기관들도 많지만, 모두 그룹 I, II에서 각각 하나씩 사용한다. 본질적 역량이 2개라는 필자 생각을 그 기관들이 알아서가 아니다. 누구나 생각해보면 당연히 그렇기 때문이다.

중앙부처라서 그런 것일까? 아니다. 〈표 1-6〉은 모 지방자치단체에서 제시한 사례다. 여기는 〈표 1-5〉의 모 부처보다 더 명확하다. 기획력과 조정력 분야가 서로 겹치지 않고 정확히 구별된다.

실시 기관과 역량의 종류를 떠나 모든 평가방법은 기획력과 조정력이란 두 가지의 본질적 역량을 평가한다. 그것들이 앞으로 우

〈표 1-6〉 모 지방자치단체의 평가방법별 진단 역량

본질적 역량	역량	서류함기법 (현안업무처리)	역할연기
기획력	변화관리	○	
	정책기획	○	
+++	성과지향	○	
조정력	협의·조정		○
	의사소통	○	○

리 조직에서 일어날 문제를 해결할 수 있는 기본이고, 그러기 위해 생각을 정리할 수 있는 기본이기 때문이다. 그래서 역량평가는 생각평가다. 이것을 이해해야 제대로 역량평가의 문 안에 들어갈 수 있다. 입문도 생각과 전략이 필요하다.

2장

평가자의 눈으로 보기

박 팀장은 홧김에 유 팀장에게 항의할까 하다가 본 김에 카페의 글들을 다시 보기 시작했다.

'뭐 회사에서 보고서 쓰는 데 도움이 될 수도 있으니까.'

보다 보니까 "상대방 입장에서 생각을 정리"하라는 코멘트가 자주 나온다.

'당연해. 읽는 사람 입장에서 써야지. 그런데 역량평가의 상대방은 누구지? 집단토론에서는 당연히 다른 토론자일 테고…'

아니다. 평가자가 상대방이다. 필자가 일했던 지방노동위원회에서는 심판회의가 거의 매일 열렸다. 근로자의 부당해고 구제신청에 대해 근로자 측과 사용자 측 진술을 듣고 3명의 공익위원이 판정한다. 누가 양측의 상대방일까? 판정하는 '공익위원'이다. 그런데 대부분 반대편을 나의 상대방이라고 생각한다. 양측의 당사자든 대리인(노무사·변호사)이든 공익위원이 이해하도록 설명하기보다 반대편을 공격하는 데 집중한다. 그러니까 본인이 할 얘기만 계속하고 공익위원들이 이해했는지는 별 관심이 없다. 심지어는 공익위원들이 질문해도 자기가 하고 싶은 얘기만 한다.

역량평가도 마찬가지다. 평가자가 상대방이다. 그런데 대부분의 피평가자들은 평가자는 개의치 않고 자기 입장에서 글을 쓰고 말을 한다. 집단토론에서는 다른 토론자들을 이기려고만 든다. 구두 발표에서는 자기가 파악한 내용만 나열한다. 그러니까 평가자들은 피평가자의 생각을 제대로 이해하지 못하고, 피평가자들은 자기 생각만큼 평가점수를 받지 못한다.

200여 년 전 칸트는 〈순수이성비판〉에서 본인의 인식론을 '코페르니쿠스적 전환'이라고 표현했다. 천동설을 넘어선 코페르니쿠스의 지동설에 비견될 만큼 혁명적 전환이라는 뜻이다. 칸트는 인식에 따라 대상의 속성이 달라진다고 하며 과학적 인식의 토대를 '객관'에서 '주관'으로 전환시켰다. 즉, 관점을 바꾸면 상황도 바뀐다는 것이다.

역량평가도 마찬가지다. 내가 아니라 상대방 관점으로 바꾸면 상황이 달라진다. 누구나 자기중심적 관점에서 본다. 그래서 태양이 돈다고 생각하고, 나는 잘 설명했다고 생각한다. 반대로 평가자 입장에서 보라. 그러면 지구가 돈다고 생각하고, 평가자가 이해했는지를 생각하게 된다.

제1장에서 '생각 정리'의 중요성을 배웠다. 그래서 하수는 면했

지만 합격하려면 조금 더 도약해야 한다. 그러려면 나보다 평가자의 입장이라는 생각 정리의 '방향'이 더 중요하다. 평가자의 눈으로 보는 방법을 생각해 보자. 생각보다 쉽다.

무엇을 평가할까? - 스킬보다 역량

박 팀장은 보고서 클리닉 카페를 보다가 갑자기 무릎을 탁 쳤다. '맞아. 역량평가가 확산되고 있으니까 준비하는 사람들이 많겠지. 분명히 그 사람들만의 카페가 있을 거야. 보고서 위주인 여기보다 거기가 더 역량평가에 직접 필요한 정보가 많지 않겠어?'

인터넷 검색을 하자마자 카페 몇 개가 주르륵 달린다. 그중 괜찮아 보이는 카페에 가입하고 훑기 시작했다. 대부분 '~준비요령, ~평가 스킬, ~고득점 기술, ~정면 돌파' 같은 제목들이다.

'음… 역시 생각대로야. 굳이 생각 정리니 상대방 입장이니 변죽만 울리는 것보다는 역량평가를 정면으로 다룬 것들이 백번 낫지. 난 본질에 집중할래!'

정면으로 다룬 것은 맞다. 그런데 다룬 '대상'이 틀렸다. 본질이 아니라 주변을 정면으로 다루었는데 박 팀장은 그만 '정면'이란 단어에 홀린 것이다. 필자는 그동안 교육, 면담, 전화, 메일, 카페 등을 통해 많은 피평가자들과 의견을 나눌 수 있었다. 그러다 보니 몇 가지 공통점이 보였다. 대부분 무조건 답답해하고, 부담스러워하고, 준비가 복잡할 거라고 지레짐작하고 오해한다. 그러다가 박 팀장처럼 '잘못된 정면'을 돌파하려 한다. 왜 그럴까? 앞서 말한 '역량평가는 생각평가'라는 본질을 제대로 배운 적이 없기 때문이다.

그렇다면 피평가자들이 하는 오해는 무엇인지 하나씩 살펴보자. 우선 스킬, 즉 '글과 말을 잘하는 기법'을 평가받는다고 생각하고 그렇게 준비한다. 첫 번째 오해다. 생각 정리하기는 거의 생각하지도 않는다. 정확히 말하면 생각정리를 하기는 하는데 아무 생각없이 정리한다. 무슨 말일까?

'보고서 작성'이나 '구두발표'를 준비하는 분들은 대부분 모범답안과 샘플 목차에 집중한다. 거의 대부분 'I. 검토배경, II. 현황과 문제점, III. 개선 방안, IV. 향후 추진계획, V. 장애요인 및 극복방안, VI. 기대효과'다. '기획의 6대 목차'라고 하는 이 목차를 신줏단지 모시듯 그대로 외운다. '집단토론'에서는 족보로 돌아다니는 시나리오에 열중한다. '① 토론방식 정리 ② 모두발언 ③ 쟁점 정리 ④ 대안 제시 ⑤ 협의조정 ⑥ 결론도출'이라는 이른바 '토론의 6단계'다. 대부분 이것을 합격의 주문처럼 외우고 있었다. 물론 형식은 생각을 정리하는 기본 틀이므로 필요하다. 문제는 이것에 매몰되면 위험하다는 것이다(기획의 6대 목차, 토론의 6단계 등에 대한 필자의 입장은 '2부 평가기법별 공략법'의 해당 부분에서 자세히 설명한다).

아는 직원이었다. 첫 번째 역량평가에서 많은 준비를 못 했는데도 거의 특별승진 할 점수에 근접할 정도로 성적이 좋았다. 상당히 고무된 그는 스터디팀 활동까지 하면서 열심히 준비했다. 그런데 다음번엔 성적이 오히려 떨어졌다. 필자는 "평가이니까 그럴 수도 있어!"라고 위로했다. 아뿔싸! 그다음엔 더 떨어졌다. 그래서 이번엔 분석을 해보라고 조언했다. 돌아온 답은 "너무 많이 준비했더니 생각이 굳어버린 것 같아요"였다. 왜 철저한 준비가 나쁜 결과를 가져왔을까?

이유는 두 가지다. 잘해보려고 너무 스킬에 치중해 순발력이 떨어진 것이다. 예년과 다른 유형의 과제, 유별난 성격의 파트너를 만났더니 열심히 외웠던 형식은 도움이 안 되고 유연한 사고에 방해가 되었다. 준비한 형식이 안 통하니까 머릿속이 텅 비고 하얘진 것이다. 그리고 남과 차별화가 안 된 것이다. 웬만큼 준비한 사람들이라면 내가 아는 형식과 스킬쯤은 다 안다. 토론을 시작하자마자 먼저 진행자가 되려고 모두 다 "저요, 저요" 하고 손드는 꼴이다. 보고서 평가에서 모두가 동일한 '6대 목차'를 쓰는 셈이다. 평가자의 눈으로 보면 얼마나 웃길까? 남과 달라질 수 있는 생각이 닫혀버린다. 과락은 면하겠지만 합격은 난망이다. 그러면 평가자들은 무엇을 평가할까? 6대 목차 등 스킬이 아니라 역량이다.

여러분이 평가자가 되어보자. 예를 들어 한국섬세공사에서 역량 있는 신입사원을 채용하기 위해 NCS 기반 채용방법을 도입하고, 인적사항 등 기초 자료가 전혀 없는 블라인드 면접을 한다고 하자. 무엇을 평가해야 할까? 두 가지다.

'주어진 문제를 해결하기 위해 머릿속에서 얼마나 논리적으로 정리했는가(A)?' 그리고 '이미 해결된 문제를 얼마나 유창하게 글과 말로 표현할 수 있는가(B)?'이다.

〈표 2-1〉 평가자 코멘트 1: 스킬보다 역량이다!

부족한 점 평가	잘된 점 평가
• 자기방어는 잘하고 있으나 대안 제시 능력이 부족	• 인과관계가 분명하고 보고서 흐름이 논리적임
• 언어전달은 유창하나 대안의 제시가 논리적이지 못함	• 대안 제시가 구체적이며 추진계획이 현실적으로 집행 가능함
• 다각적인 현황분석이 미흡, 문제의 원인 분석이 누락	• 다른 참여자들의 의견을 수렴해서 수용 가능한 조정안을 제시
• 문제해결 대안이 원론적이고 추상적	
• 자신이 적극적으로 대안을 마련해서 목표를 달성할 필요 있음	

〈표 2-2〉 관점의 차이 1: 스킬 vs. 역량

나의 입장	평가자의 눈
• 글과 말을 잘하는 기법(스킬)	• 생각을 잘 정리하는 역량(+스킬)
• 덩어리, 형식	• 스토리, 내용(+덩어리, 형식)
• 빨리 쓰고 말하는 근육의 힘	• 문제를 해결하는 머리의 힘
– 이미 해결된 문제를	– 앞으로 문제를 해결하기 위해서
– 얼마나 많은 단어로 유창하게	– 얼마나 논리적으로 생각의 덩어리를
– 손으로 쓰고 입으로 말하는가?	– 머릿속에서 정리하는가?
• 모든 평가방법에서 내 입장만 설명	• 평가방법별 역량에 따라 평가자 설득
• 순발력 ↓, 차별화 ×	• 순발력 ↑, 차별화 ○

A는 역량이고 내용이다. B는 스킬이고 형식이다. 누구라도 평가자가 되면 A를 우선 평가하고 나서 B를 본다. 그것이 상식이다. 글과 말은 이미 머릿속에서 해결된 문제를 표현하는 수단이기 때문이

다. 평가자들도 진짜 그렇게 평가할까? 평가자들의 코멘트를 보자. 〈표 2-1〉은 실제 평가 후 그들이 해준 피드백 내용을 정리한 것이다. 부족한 점이든 잘된 점이든 상관없다. 스킬과 역량, 형식과 내용 중 무엇을 평가하는지 쉽게 보인다.

〈표 2-2〉를 보면 스킬과 역량 간 관점의 차이가 명확히 보인다. 이 책에서는 스킬에 대해서는 거의 언급하지 않는다. 대신 앞으로 집요할 정도로 생각을 정리하는 구체적이고 현실적인 방법을 소개한다. 이 책은 맛보기가 아니라 진짜 맛 내기를 보여주기 때문이다.

무엇을 먼저 볼까? - 표현보다 이해

박 팀장은 열심히 '앞머리 따기 신공'을 발휘하며 '잘못된 정면' 돌파에 충실했다. 그러다가 어느 날 술에 취해 치과 클리닉 검색을 하다가 잘못 클릭해서 보고서 클리닉에 들어갔다.

'오랜만이네. 역시 생각을 정리하라는 코멘트는 그대로군. 경험자 얘기를 들어보면 생각할 시간이 거의 없다던데. 자료를 받자마자 대충 훑어보고 바로 써야 한다잖아? 이 박 고수라는 사람은 실전도 모르면서 공자 말씀만 써놓은 거 아니야? 그런데 코멘트를 보면 이 사람은 야전 경험이 풍부한 재야의 고수 같기는 해. 도대체 뭐가 진실이지? 나 참. 또 헷갈리네.'

헷갈릴 만하다. 피평가자들이 또 많이 하는 오해가 '무턱대고 표현하기'이기 때문이다. 어느 직원의 말이다.

"역량평가의 본질에 대한 국장님 설명은 공감이 가고 이해가 돼요. 그런데 문제는 읽기예요. 자료를 읽는데 잘 읽히지 않아요. 일단 두꺼운 양에 질리고, 끝까지 다 읽어야 하는지 대충 읽어야 하는지도 모르겠고요. 읽어도 기억이 안 나요. 생각 정리는커녕 읽기가 안 되니까 대충 하게 돼요."

사실 '읽기'가 아니라 '이해'가 안 되는 것이다. 많은 사람이 말은 안 해도 이런 고충을 겪고 있다.

역량평가는 모의 상황이므로 기본 자료가 제시된다. 그런데 분량이 많아서 정해진 시간 내 읽고 이해하기가 쉽지 않다. 게다가 심적인 부담 때문에 더 그렇다. 또는 자료 이해를 아예 등한시하는 경우도 있다. 즉, '잘 몰라도 대충 입으로 때우면 되겠지!' 또는 '시간이 없는데 우선 말할 준비가 중요하잖아!'라는 생각들이다. 역량평가를 말발 테스트라고 생각해서 그렇다. 그래서 제대로 읽지 못하고 또는 읽지 않고 표현을 준비한다. 비극의 준비다.

평가자들은 무엇을 우선해서 볼까? '표현'보다 '이해'다. 남의 글과 말을 이해할 수 있어야 내 생각을 정리해서 남에게 표현할 수 있다. 순서를 생각해보면 당연하다. 기본 자료를 파악도 못 했는데 기본 점수를 줄까? 실제 평가자들의 코멘트를 보자. 〈표 2-3〉의 코멘트를 보면 숙지·파악·활용·이해력 등의 단어들이 보인다. 표현보다 이해가 먼저라는 명확한 증거다.

평가자들은 고수이다. 각 분야의 전문가들이지만 역량평가에서도 집중 교육과 경험을 쌓은 전문가들이다. 보면 안다. 피평가자가

〈표 2-3〉 평가자 코멘트 2: 표현보다 이해다!

부족한 점 평가	잘된 점 평가
• 기본적으로 자료의 정보와 내용을 숙지하지 못함 • 문제의 핵심을 제대로 파악하는 역량이 부족함 • 주어진 자료 활용이 미흡, 정보를 피상적으로 파악하는 데 그침	• 복잡하게 얽힌 문제를 전체의 틀로 구조화해서 파악함 • 과제해결에 필요한 추가정보를 구체적으로 제시, 높은 이해력을 보임 • 자신의 견해를 근거자료를 활용하여 논리적으로 제시함 • 세부 자료를 활용하여 논의를 주도함

〈표 2-4〉 관점의 차이 2: 표현 vs. 이해

나의 입장	평가자의 눈
• 표현부터 → 무턱대고 표현하기 • 생각 없이 암기식 읽기 　– 평가되는 역량을 생각하지 × 　– 자료 읽기와 대응 전략을 구별	• 이해부터 → 이해하고 표현하기 • 전략적 읽기 　– 평가방법 특성에 맞추기 　– 뒤의 대응 전략 생각하기

내용을 아는지 모르는지, 머리로 정리를 했는지 입으로 때우려 하는지. 그렇다면 '빨리' 읽으면서도 '쏙쏙' 이해가 되도록 할 수 있을까? 혹시 '나이가 50이 넘었는데 가능해? 20년간 일선에서 실무만 했는데 지금 한다고 갑자기 독해력이 좋아지나? 속독학원에라도 다닐까?(다니는 분들도 있다)'라고 낙담할 수도 있다. 그러면 어떻게 해야 할까? 무작정 읽지 말고, 생각하며 읽으면 된다.

'빨리 쏙쏙' 이해하려면 전략적 읽기가 필요하다. 평가방법의 특징, 즉 그 방법이 평가하는 역량과 과제 상황 등에 맞추어 적합한 해결전략을 생각하며 읽는 것이다. '구두 발표'라면? 기획력 위주로 평가하니까 문제의 '원인 분석'에 집중하며 읽자. 그러면 정책대안, 실행계획 등 나의 문제해결 전략들이 자동으로 연결된다. '집단토론'이라면? 여러 대안을 조정해야 하고, 한정된 자원을 나누어야 한다. 따라서 조정력이 핵심이므로 '배분의 기준'이 전략의 핵심이다. 그러면 어떤 합리적 기준을 세울까를 생각하며 읽어야 한다. 즉, 평가방법에 '맞추어' 나의 대응전략을 '생각하며' 읽는 것이다. 이렇게 '맞추어 생각하며 읽기'를 하면 주어진 자료에서 곁가지와 본질이 구별된다. 쉽게 읽히고 필요한 것이 기억된다.

표현만 생각하면 내 관점에 매몰된다. 상대방 입장에서 생각하려면 이해가 우선이다. 기원전 아리스토텔레스의 수사학부터 현대의 커뮤니케이션 이론들까지 그 방향은 모두 '화자(Speaker)에서 청취자(Receiver)로'였다. 2,000년이 지났지만 화자 위주의 관점은 그대로다. 바꿔야 보인다. '청취자 → 화자'로 보아야 소통이 된다. 그것이 평가자의 눈이다.

무엇이 정답일까? - 결과보다 과정

지난번 의견수렴 후 '중소기업 섬세지원사업 활성화 방안'의 초안을 수정했다. 추진 전략을 구체화하기 위해 경영전략실 내 팀장들과 회의를 하는데 1시간이 지나도 계속이다. 예산이 없다는 말만 하는 예산팀장, 무조건 법적 근거가 우선이라는 법무팀장. 지시를 받은 박 팀장은 친화력이 주특기이지만 답답하다 못해 드디어 폭발한다.

"다들 너무하는 거 아니야? 사업 활성화의 필요성은 모두 인정한다면서 반대만 하면 어떻게 해? 나는 뭐 하고 싶어서 하냐?"

동기인 예산팀장도 발끈한다.

"솔직히 말해서 무리한 사업 아냐? 진짜 안 되면 때려치우자. 되지도 않는 사업을 어떻게 한다는 거야? 보고서 한 장 써서 못한다 하자. 이사장님께 들어가서 보고 드려. 네가."

법무팀장도 거든다.

"뭐 하러 그래요? 아무런 대책도 없이 시작하면 어떻게 해요? 나중에 감사에 걸리면 엄청나게 골치 아플텐데! 다음에 승진하시려면 정말 조심해야 한다니까요."

어려운 상황이다. 각자의 말은 맞는데 회의의 결론은 안 난다. 이 난국을 헤쳐나가려면 무엇이 필요할까? 이사장 지시사항을 그대로 이행하는 것이 정답일까? 대부분의 피평가자는 과제마다 평가자가 생각하는 정답이 있다고 생각한다. 그리고 그 정답을 맞혀야 한다고 생각한다. 세 번째 오해다.

오해가 커지면 준비도 어려워진다. 어떤 분들은 과제별로 관련된 해당 부처나 기관의 보고서와 자료를 열심히 입수해서 정답을 미리 만들어놓기도 한다. 예를 들면 교육 분야는 ① 교과 프로그램 ② 학교·시설 등 인프라 ③ 인식 측면으로, 안전 분야는 ① 규제 강화 ②

인센티브 제공 ③ 홍보 활성화 등으로 구성하는 식이다. 이렇게 하려면 결국 외워야 한다. 수십 개의 과제와 정답을 외웠는데 만약 다른 것이 나오면? 다른 생각이 안 난다. 준비한 분야가 나오기는 했는데 검토 자료의 내용과 정보는 전혀 다른 차원이라면? 미리 외운 프레임에 끼워 넣다 보니 논리가 비약하고 좌표가 비틀어진다.

이사장의 생각을 정확히 맞히면 좋다. 그런데 과연 정답이 있는가? 조직의 의사결정은 하나의 생각을 집행하는 것이 아니다. 여러 의견들이 수렴되는 동태적 과정이고, 그 결과는 상황과 논리에 따라 얼마든지 바뀔 수 있다. 설사 이사장의 생각이 완벽해도 그것이 정답은 아니다. 조직에서 그 사람만 완벽한 건 아니지 않은가?

그래서 평가자들은 과정을 평가한다. 다양한 논리들을 수렴해서 합리적 의사결정을 하는 과정을 보면서 역량을 확인한다. 즉, 박 팀장이 '활성화 방안'을 이사장 생각대로 수립하는지 여부가 아니라 그 취지가 실현되도록 다른 팀장들의 의견을 모으는 과정을 보는 것이다.

평가자들이 각 과제에 대하여 본인이 생각하는 바람직한 결과를 상정하고 있을까? 그럴 수도 있고 아닐 수도 있다. 그러나 그것이 크게 중요하지는 않다. '그래도 ○○이라는 평가자 생각을 맞히면 더 좋은 것 아니야?'라고 생각할 수 있다. 아니다. 왜냐하면 평가자 개인적으로는 '○○ 하는 것이 맞는데…'라고 생각할 수 있지만, 그들의 평가 목록에는 '~활성화 방안의 내용이 ○○인지 여부' 같은 요소가 없기 때문이다.

〈표 2-5〉의 평가자들의 코멘트를 보자. 그냥 '목표를 달성하지

부족한 점 평가	잘된 점 평가
• 상대와 함께 목표를 달성하지 못함 • 일방적으로 자기 의견만 전달, 너무 행정적 설명만 해서 설득에 한계 • 자기 입장의 대안 제시에 치우치고 경청의 자세가 부족	• 상호 보완적인 결론 도출에 노력함 • 상대의 상황과 요구를 명확히 이해함 • 상대의 말을 경청하고 논리적으로 설명함으로써 상대방의 공감을 유도

〈표 2-6〉 관점의 차이 3: 결과 vs. 과정

나의 입장	평가자의 눈
• 개인의 정답을 맞히는 시험 • 과제별 정답을 미리 준비 • 암기력 • 정답의 설명 • 생각 없이 암기식 읽기	• 조직의 의사결정을 이끄는 과정 평가 • 과제별 문제해결 능력 향상 • 이해도와 표현력 • 과정에서 설득 • 보완적 읽기

못함'이 아니라 '상대와 함께'라는 말이 붙어 있다. 그냥 '결론을 도출했음'이 아니라 '상호 보완적인 ~ 도출에 노력함'이다. 목표달성, 결론도출이라는 정답이 아니라 그 과정을 말하고 있다.

　시험에는 정답이 있다. 만약 '역량시험'이었다면 정답이 있었을 것이다. '역량평가'이므로 정답이 아니라 논리를 제시하는 과정을 평가한다. 정답은 설명하면 되지만 설득은 과정에서 이루어지기 때문이다. 설명은 '내 입장'에서 말하기이지만, 설득은 '상대방 입장'에서 말하기이다. 예산팀장과 법무팀장이 안 되는 이유만 100가지를 설명할 때, 박 팀장은 되는 방법 10가지를 들어 설득하면 된다. 그것이 고수의 역량평가 대처법이다.

어떻게 해야 고수가 될 수 있을까? 무엇보다 보완적 읽기가 되어야 한다. 실전이든 연습이든 상관없다. 어떤 자료를 읽을 때 1개의 대안이 보인다면 그것을 보완하는 대안 2~3개도 같이 생각해보자. 예를 들어 박 팀장이 섬세지원사업 관련 자료를 읽다 보니 '섬세촉진지원금의 지원액 전면 인상'이 대안으로 보인다. 그러면 '지원액은 인상하되 부정수급 적발 강화', '지원액은 인상하되 인상률은 업종별로 차등화' 등도 같이 생각하는 것이다. 즉, 지원정책과 규제정책을 균형감 있게 보완하거나, 지원의 정도를 단계적으로 보완하는 것이다. 일명 '하되 하기식 읽기'다. 이것의 장점은 무한한 확장 가능성이다. 절대적으로 옳은 것은 없다. 그러나 '~하되, ~하기'처럼 상대적으로 바람직한 것은 얼마든지 확대될 수 있다. 이런 탄력적·상대적인 생각이 역량평가에서는 매우 중요하다. '보완적 읽기'를 충분히 연습하자. 실전에서 연습량보다 훨씬 큰 효과를 본다.

무엇을 좋게 볼까? - 나열보다 관계

우여곡절 끝에 박 팀장은 보고서를 완성해서 보고했다. 이사장 반응이 시큰둥하다.

"백화점이군. 사업들을 모아는 놓았는데 글쎄…, 차라리 전문가

회의를 열어서 자문을 받아보지. 발표는 자네가 하고.”

‘음, 점점 일이 커지네. 느낌이 별론데.’

여하튼 프레젠테이션을 위해 파워포인트를 시작했다. 그런데 잘 안 된다.

‘이상하네. 왜 파워포인트로 보니까 덩어리들이 제각각이지? 전문가들 앞에서 망신 당하면 안 되는데…. 더구나 승진도 앞에 있는데.’

갑자기 “백화점이군.”이라는 이사장 반응이 떠오른다.

‘보고서가 문제인가? 아무리 봐도 잘 안 보이던데, 옆에 물어보기도 좀 그렇고. 그 카페는 무료던데 올려볼까?’

고민 끝에 클리닉을 신청했다.

‘도움이 되면 좋고 아니면 말고. 돈 드는 것도 아니니까….’

앞에서 피평가자들의 세 가지 오해, 즉 **스킬·표현·결과**를 중시하는 관점을 설명했다. 이런 오해의 공통점을 곰곰이 생각해보자. 스킬은 기법, 즉 내 정보를 잘 보여주는 재주와 방법이다. 표현은 내 정보를 글과 말을 가지고 겉으로 나타내는 것 아닌가? 결과는 그것이 만들어낸 가시적인 성과다. 모두 ‘겉으로 보여주기’라는 속성이 있다.

평가니까 보여주기는 당연히 필요하다. 그런데 보여주기 위주로 생각하면 있는 것을 나열하게 된다. 이것이 문제다. 각각의 정보는 ‘개별적 의미’도 있지만, ‘전체 속에서의 연관성’도 있다. 그런데 나열한다는 것은 그 연관성을 놓친다는 뜻이다. 아무리 잘해도 50점

뿐이다. 나머지 연관성 분야의 50점이 그냥 날아가는 셈이다. 나열하기가 네 번째이자 가장 큰 오해다.

그러면 평가자들의 눈, 즉 역량·이해·과정의 공통점은 무엇일까? 역량은 문제를 해결하는 힘이니까 문제의 원인을 분석해야 한다. 이해는 정보의 뜻을 이치에 맞게 푸는 것이다. 과정은 결과를 도출하는 길이다. 즉, 모두 논리를 세우기 위해 '내용 분석하기'라는 특징이 보인다.

분석은 '복잡한 현상을 단순하게 나누어 의미를 명료하게 한다'는 뜻이 있다(국립국어원 표준국어대사전). 의미를 명료하게 하려면 개별적 요소도 중요하지만, 그것들의 관계도 찾아야 한다. 그래야 맥락을 가지고 전체를 구조화할 수 있고, '나열'만 해서 놓쳤던 숨겨진 50점을 보탤 수 있다. 나열은 아무 생각을 안 해도 되니까 누구나 다 할 수 있다. 그러나 관계는 생각해야만 찾을 수 있고 누구나 못한다. 그래서 평가자들은 '관계'를 높이 평가한다.

실제 평가자들의 '눈'을 보자. 〈표 2-7〉을 보면 '체계성, 종합적 시각, 서로 연계, 다각적' 등의 단어들이 보인다. 굳이 이런 단어들로 피평가자들에게 피드백 해준 이유를 생각해보자. 나열만 해서는 50점밖에 되지 않고 '관계, 전체, 맥락'까지 보아야 100점이라는 뜻이다. 개별 대안들이 아무리 좋아도 단순히 나열만 되어 있으면 의미 없고 체계적으로 연계되는 것이 중요하다는 뜻이다.

'그래 말은 좋아. 그런데 말처럼 쉽지 않은걸? 관계는 전후좌우, 사방팔방으로 걸쳐 있어. 이것을 어떻게 해야 파악할 수 있는데? 이런 건 상위 1%의 초절정 고수들만 하는 거 아니야?'라고 생각하는

<표 2-7> 평가자 코멘트 4: 나열보다 관계다!

부족한 점 평가	잘된 점 평가
• 문제 해결방안들을 제시했지만, 나열되고 있어 체계성이 부족 • 대안을 전체적으로 접근하는 종합적 시각 부족	• 이슈별로 정책대안들이 서로 연계되어 있고, 다각적으로 제시됨 • 정책대안들이 행정의 주체별로 정리되어 있어 체계적임

<표 2-8> 관점의 차이 4: 나열 vs. 관계

나의 입장	평가자의 눈

• 겉으로 보여주기
• 정보를 읽기
• 생각 없이 암기식 읽기
  – 시간적 선후를 분석 ×
  – 전체 속의 위치를 파악 ×
	• 내용을 분석하기
	• 정보 간의 관계 찾기
	• 맥락적 읽기
	  – 인과관계(시간적 흐름)
	  – 좌표확인(공간적 위치)

가? 아니다. 누구나 할 수 있다. 다만 생각을 안 하고 연습을 안 하니까 안 될 뿐이다.

맥락적 읽기를 해보자. 자료 간 전후좌우 관계를 생각하며 읽는 것이다. 10가지 자료가 제시되었다고 치자. 그것들이 제시된 순서는 무작위로 나열되었다고 해도 내용상으로는 모두 시간적·공간적으로 연계되어 있다.

먼저 '인과관계'를 생각하며 읽자. 현황을 비교해서 문제가 도출되면 그 원인을 찾아야 한다. 이것이 저것의 원인인지 결과인지, 아니면 서로 독립적인지를 생각하며 읽는 것이다. 인과관계가 잘 안 보이면 최소한 시간적 선후라도 메모하며 읽자. 그러다 보면 인과관계가 보이게 된다. 동시에 수평적인 '좌표', 즉 전체 속에서 위치를 찾으며 읽자. 예를 들면 그 문제가 '개별 학교 또는 지방 교육청 또는 교육부' 중 어느 차원인지, 또 '교육 프로그램 또는 인프라 또는 인식' 중 어느 차원인지 좌표를 생각하며 읽는 것이다.

이렇게 '인과관계와 좌표를 생각하며 읽기'를 하면 놀라운 일이 벌어진다. 나도 모르는 사이에 자료를 외우는 것이 아니라 〈표 2-3〉의 코멘트처럼 '문제를 전체의 틀로 구조화해서 파악'하게 된다. 〈표 2-7〉처럼 '각 이슈별로 정책대안들이 서로 연계되어 있고, 다각적으로 제시'하게 된다. '정보의 암기'라는 동굴에서 벗어나 '맥락의 이해'라는 신세계가 펼쳐지는 것이다.

지금까지 한 얘기는 '무엇을 좋게 볼까?'에 관해서였다. 평가자들이 좋게 보면 좋은 점수를 준다. 즉, '나열보다 관계'에 충실해야 고득점을 받는다는 말이다. 박 팀장의 경력평정 서열이 상위권이라면 중수를 위한 이 제2장만으로도 합격할 수 있다. 그런데 아직은 평가대상자 중 최하위권이다. 우리의 박 팀장! 고득점을 받아 특별 승진할 수 있을까?

3장

스토리 더하기

막상 카페에 올려놓고 나니 박 팀장은 은근히 걱정 반 기대 반이다. 며칠 후 드디어 박 고수의 의견이 올라왔다.

"＊＊＊님의 보고서에 대한 검토의견입니다. 우선 생각 정리하기를 보겠습니다. 좋은 아이디어들이 많이 나왔습니다. 그런데 역시 나열되는 느낌? 그래서 앞뒤로 비슷한 것끼리 묶어 보니까 '프로그램', '지원 시스템', '지역 인프라'라는 세 덩어리로 묶을 수 있었습니다. 즉, 저는 A정책에 문외한이지만 A정책을 설명하기 위한 '프로그램, 시스템, 인프라'라는 나만의 스토리가 탄생한 것이지요. 이렇게 해야 설명할 때 '○○을 활성화하기 위해 ① --- ② --- ③ --- 의 세 차원에서 분석해보았습니다. 우선 ① ---입니다'라는 보고가 되지 않을까요? 핵심은 '스토리'입니다. 스토리를 만드는 주된 방법은 두 가지, 즉 덩어리 짓기와 비교하기입니다. ***님께서 고민해서 활성화 방안으로 생각해 내신 훌륭한 아이디어 다섯 가지를 '프로그램, 지원 시스템, 인프라'라는 덩어리로 만들어내시면 더 빛날 수 있습니다. ○○의 현황, 통계를 파악하셔서 종으로, 횡으로 비교해보시면 문제가 나옵니다. 비교하기를 해야 의미가 보이는 것이지요." (필자의 보고서 클리닉 카페에 실제 올린 코멘트 중 일부를 인용했다. 이하도 같다.)

'이거였구나!' 이제야 왜 이사장이 보고서를 백화점이라고 했는지, 왜 프레젠테이션으로 구성하니까 제각각으로 보였는지 이해가 된다. 덩어리는 있었지만, 스토리, 즉 플러스알파가 없었다.

덩어리를 통해 현상을 단순화할 수 있다. 그러나 그 덩어리에 의미를 더하는 것은 스토리다. 스토리는 플러스알파를 통해 만들어내는 것이다. 얼마든지 확장할 수 있고 그만큼 남과 차별화된다. 차별화가 안 되는데, 남과 같은데 고득점을 받을 수는 없다.

그러면 스토리는 어떻게 만들까? 있는 정보를 나열하면 안 되고 정보의 내용을 이해하고 관계를 분석해야 한다. 그것들을 평가자 입장에서 섬세하게 표현해야 한다. 생각정리 능력과 소통 능력에 플러스알파를 더해야 한다. 그래서 평가자들은 스토리에서 남과 다른 역량을 찾아내는 것이다.

곁가지와 덩어리를 구분하자

정중하지만 바늘 같은 코멘트에 허를 찔린 박 팀장. 찔리니까 아프다. 나름 괜찮다고 자부했던 보고서 실력이 그사이 무뎌진 것일까? 몸이 상하면 남에게 위로받고 싶다. 그러나 자존심이 상하면 혼자서 치유하고 싶다. 인터넷 카페에서 나와 칼칼한 초겨울 속으로 들어간다.

'얼굴이 화끈거려서 그냥 못 가겠다. 혼자라도 한잔해야지. 다른 곳은 혼술이 좀 그렇지만 해장국집은~' 눈에 띈 해장국집에 들어갔다.

"황태해장국 하나, 막걸리 한 병이요."

"황태는 빨간 거요? 하얀 거요?"

'응? 무슨 소리야? 황태에도 색깔이 있나?'

황태에는 없지만 해장국에는 있다. 고춧가루 때문이다. 황태해장국에 고춧가루가 반드시 들어가야 할까? 아니다. 얼큰함에 관한 개인적 취향일 뿐이다. 소금은 꼭 필요할까? 아니다. 당뇨가 있어서 저염식을 해야 한다면 소금 없이 김칫국물 한 숟가락 넣어도 충분하다. 그런데 황태는? 반드시 들어가야 한다. 황태가 없으면 황태해장국이 아니기 때문이다.

양념과 주재료는 다르다. 고춧가루와 소금은 양념이고, 황태는 주재료다. 양념과 주재료도 구분하지 못하면 요리를 제대로 할 수 있을까? 논리에서도 마찬가지다. 덩어리와 곁가지를 구분하고 덩어리에 집중해야 한다. '덩어리'는 논리의 흐름을 구성하기 위해 생각을 정리하는 기본단위이다. '곁가지'는 논리와는 관계없는 겉포장을 위한 양념이다.

〈표 3-1〉을 보자. 좌측에 나열된 많은 정보를 가지고 어떤 문제를 논리적으로 해결하라는 과제가 주어졌다. 이 과정을 글로 쓰면 '이 과제가 중요하고 시급하기 때문에, 현황을 파악해서 문제를 도출하고 발생 원인을 분석해서, 해결방안을 제시하고, 실행계획을 세우기'다. 이것을 강조하기 위해 질문형태로 정리한 것이 ①, ②, ③, ④, ⑤, ⑥, ⑦, 즉 7가지 질문이다. 그런데 이 질문들도 명료하긴 하지만 7개나 되니까 나열되어 보인다. 그래서 이것들의 본질을 더

〈표 3-1〉 스토리를 짜는 사고의 틀 - 4개의 생각 덩어리

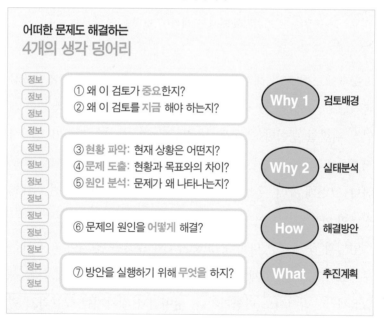

압축한 것이 'Why 1 – Why 2 – How – What'이라는 4개의 덩어리다. 덩어리는 나열된 정보의 본질이 논리적으로 가장 압축된 결과다. 따라서 최소한으로 단순한 것들이므로 반드시 있어야 하는 요소다.

덩어리는 논리구조에 따라 여러 형태가 있겠지만 〈표 3-1〉의 네 덩어리를 필자는 '어떤 문제도 해결하는 4개의 생각 덩어리'라고 부른다. 말 그대로 어떠한 종류의 기획보고서에도 적용할 수 있기 때문이다. 아주 중요하므로 아주 쉽게 요약한다.

Why 1 (검토배경)

처음은 검토배경, 즉 검토 필요성이다. '왜 이 검토가 중요한지'라는 중요성(내용적 필요성)과 '왜 이 검토를 지금 해야 하는지'라는 시급성(시간적 필요성)이다. 그래서 이름이 Why 1이다.

Why 2 (실태분석)

다음은 실태분석이다. 그런데 이름이 왜 Why 2일까? 보통 검토배경 다음에 현황과 문제점이 온다. 맞다. 현황은 객관적인 현재 상황이다. 문제점은 그 현황과 바람직한 상태의 객관적인 차이다. 대부분 여기까지만 생각한다. 예를 들어 2018년 말 현재 고용률은 현황이고, 이것이 OECD 평균보다 낮은 것이 문제. 이것을 높이려면 왜 낮은지 원인을 알아야 하지 않을까? 즉, 문제가 왜 발생하는지 원인을 분석해야 해결방안을 만들 수 있다. 이것이 핵심이다. 그래서 이름이 Why 2다.

● How (해결방안)

다음은 해결방안이다. 문제의 원인을 해결하는 대안, 아이디어, 정책들이다. '어떻게' 하면 잘 해결할까? 그냥 '고용률'을 높이는 모든 대안을 총망라하면 될까? 아니면 위에서 분석된 '고용률이 낮은 이유'를 해결하는 대안을 제시해야 할까? 위에서 청년의 노동시장 진입이 늦고, 여성의 경력단절이 심한 것이 주된 원인으로 분석되었다면 '청년인턴제 도입'과 '시간선택제 일자리 활성화(여성)'가 대안이 될 수 있다. 그런데 만약 고령자와 남성에 대해 대안을 낸다면 효과가 있을까? 한정된 정책 자원을 엉뚱하게 사용하는 꼴이다. 팔이 간지러운데 다리를 긁지 말자.

● What (추진계획)

마지막은 추진계획이다. How를 실제 집행하기 위한 계획이다. 무엇이 필요할까? 우선 돈이다. 신규 사업이라면 사람과 조직도 필요하다. 언제 할지도 정해야 하고, 국민에게 알려야 한다. 나중에 챙겨보기도 필요하다. 익숙한 단어로 예산, 인력, 조직, 일정, 홍보, 평가 및 모니터링 등이 아닌가? 청년 노동시장 진입을 어떻게 높일 것인가(How)와 청년인턴제를 집행하려면 무엇을 할 것인가(What)는 다른 차원이다. 그런데 대부분 What을 How와 구별하지 못한다. 덩어리 개념이 없기 때문이다. 구별하라! 그러면 연결되리라!

　

그러면 논리에서의 '곁가지'는 무엇인가? 덩어리와 중복되거나 불필요한 요소들이다. 예컨대 기획보고서에서 습관적으로 많이 쓰는 목차인 '기대효과'를 보자. 4개의 생각 덩어리와 별개의 덩어리인가? 특별한 경우, 즉 정량적인 효과가 있거나, 보고서가 길 경우, 또는 양식으로 지정되는 경우를 제외하고는 아니다. '기대효과'는 무엇을 했을 때 예상되는 효과다. 그런데 Why 1은 그 무엇을 해야 하는 이유다. 무엇의 효과가 중요하고 시급하니까 하는 것이다. 논리적으로 '기대효과'와 '중요성과 시급성'은 중복될 수밖에 없다. 따라서 논리적 문제해결 과정에서 '기대효과'는 황태해장국에서의 고춧가루, 즉 양념일 뿐이다.

기획企劃을 한자로 보면 꾀할 기企, 그을 획劃이다. 의도적으로 선을 그어 나눈다는 뜻이다. 다른 것들끼리 나누는 것은 비슷한 것들끼리 묶는 것이다. 기획이란 단어 자체에 정보를 나열하지 않고 묶는다는 의미가 포함되어 있다. 덩어리 만들기가 기획력의 핵심이라는 뜻이다.

덩어리에 스토리를 입히자

황태해장국을 먹으면서 박 팀장은 스마트 폰으로 아까 보았던 코멘트를 다시 보았다. 그런데 미처 못 보았던 뒷부분이 눈에 들어왔다. 아마도 앞부분에서 충격을 받은 탓이리라.

"'기대효과'는 거의 90%이상 '검토배경'에 포함할 수 있습니다. 이런 것들을 쓰는 이유는 보고서를 덩어리로 생각하지 않고 모양, 형식으로 생각해서 그렇습니다. 어느 분에게 왜 기대효과를 꼭 쓰냐고 물었더니 '뭔가 결론을 지을 수 있는 목차가 있어야 할 것 같아서' 라고 답을 했습니다. 아닙니다. 읽는 사람 입장에서 생각해보시면 그런 것들이 궁금하지 않습니다. 오히려 '이 아이디어를 실행하기 위해 내가 또는 우리 팀이 구체적으로 뭘 해야 하지?'가 훨씬 궁금하지요."

연타석 충격이다. 최선을 다해 기대효과를 멋지게 썼던 박 팀장. 식은땀이 난다. 뜨거운 해장국이 아니라 차가운 코멘트 때문이다.

덩어리가 중요하다면 무조건 만들기만 하면 끝인가? 아니다. 스토리가 입혀져야 한다. 스토리가 무엇일까? 소설에서 스토리는 인물, 사건, 배경이라는 기본 구성요소로 만드는 기승전결의 줄거리다. 문제해결을 위한 스토리는 주어진 각종 정보를 토대로 만드는 논리적 의미다. 덩어리에 논리의 플러스알파를 더한 것이다. 황태해장국을 만드는데 재료를 다듬어서 냄비에 넣기만 한다고 끝이 아니다. 육수를 더해서 불로 끓여야 맛있게 먹을 수 있지 않은가?

〈표 3-2〉를 보자. 〈표 3-1〉의 4개의 생각 덩어리에 덩어리 하나를(A) 추가했다. 스토리가 ①-②-③-A-④로 바뀌었다. 〈표 3-2〉의 질문들을 그대로 읽어 보자. 스토리가 어색하다. '언제, 어디서 실행

〈표 3-2〉 잘못된 스토리 1

---

① 왜(Why 1) 이 과제를 검토해야 할까?

② 현황을 보니 문제가 있는데 그 문제는 왜(Why 2) 생길까?

③ 그 문제의 원인을 해결하려면 어떤(How) 방안이 필요할까?

A. 그 방안은 언제(When) 어디서(Where) 실행해야 할까?

④ 그 방안을 실행하려면 무엇을(What) 해야 할까?

할지'라는 부분(A)이 중복되는 느낌이다. 해결방안(③ How) 또는 추진계획(④ What)의 덩어리에 얼마든지 포함될 수 있기 때문이다. 이번엔 A를 빼고 여러분이 직접 'B. 기대효과'를 ④ 다음에 추가해서 읽어보라. '검토배경(①)'과 비슷한 말이 빙빙 돌게 된다. 덩어리는 주어진 정보가 최소화된 것이다. 따라서 덩어리가 아닌 것이 들어오면 스토리가 왜곡된다. 무조건 덩어리를 더하는 것이 플러스알파가 아니다. 최소한의 덩어리에 최대한의 논리적 의미를 더하기, 즉 스토리텔링을 위해 생각을 한 번 더 정리하기, 이것이 플러스알파다.

이번에는 덩어리는 그대로 두고 순서를 〈표 3-3〉처럼 약간 바꿔 보았다. ③ How - ① Why 1 - ② Why 2 - ④ What의 스토리다. 이 순서대로 질문을 읽어 보면 흐름으로 읽히지 않는다. 뒤죽박죽이기 때문이다. 각각의 덩어리 자체는 4개 모두 그대로 똑같다. 그러나 순서가 약간 바뀜으로써 스토리가 완전히 흐트러진 것이다. 원래 순서에서 어떻게 바꿔도 모두 스토리가 엉망이 된다. 여러분이 직접 ①-②-④-③이든, ①-④-②-③이든 다른 순서로 바꿔서 읽어보라. 전혀 논리적으로 읽히지 않는다. 바꿔 말하면 4개의 생각 덩어리는 오직 ① Why 1 - ② Why 2 - ③ How - ④ What이라

〈표 3-3〉 잘못된 스토리 2

③ 그 문제의 원인을 해결하려면 어떤(How) 방안이 필요할까?

① 왜(Why 1) 이 과제를 검토해야 할까?

② 현황을 보니 문제가 있는데 그 문제는 왜(Why 2) 생길까?

④ 그 방안을 실행하려면 무엇을(What) 해야 할까?

는 순서의 스토리를 입어야 제격인 것이다.

그러면 스토리텔링이 실제로도 효과적일까? 노동위원회에서는 노사 간 쟁의행위 등 집단적 분쟁도 조정한다(노조는 합법적으로 파업 등 쟁의행위를 할 수 있다. 그러나 노조가 회사와의 단체교섭이 결렬되었다고 바로 파업 등 쟁의행위를 할 수는 없고 노동위원회의 '조정'을 거쳐야 한다. '조정전치주의'라고 한다._노동조합 및 노동관계조정법 제45조 제②항). 필자가 근무했던 경북지방노동위원회의 2016년 조정성립률(노사가 위원회의 조정안을 수락)이 74.2%다. 파업 직전의 사업장 4곳 중 3곳의 파업을 말린 셈이다. 전국 1위고, 전년도(54.4%)보다 19.8%p가 올랐다. 1997년 통계 작성 이후 20년 이래 가장 높은 실적이란다. 도대체 어떤 일이 있었을까? 종이 한 장이 있었다.

경북지방노동위원회에서는 2016년부터 조정권고안 제도를 본격 도입했다. 이전에는 조정위원들이 공식 조정안을 내기 전에 "우리 위원들은 노사의 고충에 각각 이렇게 저렇게 공감하므로, 바람직하다고 생각하는 합의방향은 이렇다"라고 말로 제시했었는데, 그것을 한두 장짜리 서면으로 하는 것이었다.

정식 공문도 아닌데 그 효과는 정말 놀라웠다. '중요 쟁점들이 몇 개로 정리되고 바람직한 합의 방향'이 써진 '글'을 보는 순간 노사 양측은 그 프레임에 집중하게 되었다. 여타의 생각은 사라지고 본능적으로 '그 글을 어떻게 고쳐야 합의가 될까에 집중한 것이다. 게다가 '노측의 고충은 A라는 점에서, 사측의 고충은 B라는 점에서 공감'한다는 문구는 양측 모두에 전리품이 되었다. 각자가 돌아가서 "노동위원회가 우리 입장에 이렇게 공감한대요"라고 의사결정권자와 현장 조합원들을 설득하는 데 활용할 수 있었다. 실제로 단두 문장짜리 조정권고안으로 파업찬성 투표까지 했던 사업장이 합의했던 적도 있다. 물론 위원들의 관심, 조사관들의 노력 등 다른 요인들도 있었겠지만, 이런 종이 한 장이 모여 조정성립률이 전년 대비 19.8%p가 올라가는 엄청난 성과를 거두었다.

말이 아닌 글의 힘, 나열이 아닌 덩어리와 스토리의 힘이다. 프레임(Frame) 효과다. 덩어리만 가지고는 프레임이 완성되지 못한다. 제대로 된 스토리가 더해져야만 프레임이 완성되고 효과가 강력해지는 것이다.

부분의 스토리에서 남과 달라지자

박 팀장은 카페의 코멘트대로 프레젠테이션 자료를 완성하고 이 사장에게 보고했다.

"그래. 이제 무슨 말인지 스토리가 확 들어오네. 자네는 생각을 안 해서 그렇지 생각만 하면 작품이 나와!"

'휴~.'

이사장 칭찬을 받은 기념으로 유 팀장을 만나서 한잔한다.

"발표 자료는 다 되었고 일정만 잡으면 돼. 끝난 거나 다름없어."

"글쎄, 나도 지난번에 했는데 전문가들이 깐깐하게 굴어서 엄청 혼났어! 주장만 하지 말고 근거는 뭐냐, 사례는 있냐, 콕콕 찌르던데?"

"콕콕 찌르면 그냥 말로 때우지 뭐….'

말로는 절대 안 때워진다. 스토리가 있어야 때워진다. '주장, 근거, 사례'는 스토리의 한 종류다. 앞서 스토리의 개념과 중요성을 설명했지만 아직 '아리송한데?' 또는 '고득점 전략이라고? 잘 믿기지 않는데?'라는 의문이 있을 수 있다. 그래서 스토리가 실제 적용되는 구체적 모습을 종류별로 정리해 보았다. 이하의 스토리들은 모두 필자가 직접 생각하거나 다른 보고서들을 보고 정리한 결과다.

필자는 크게 전체 스토리와 부분 스토리로 구분한다. 전체에 흐르는 논리와 각 부분의 논리는 다르기 때문이다. 전체 스토리는 '말이나 글 전체를 관통하는 논리적 흐름'이다. 따라서 말이나 글의 종류에 따라 달라진다(보고서 종류별로 적용될 수 있는 전체 스토리는 내용이 방대하므로 여기서는 생략한다. 자세한 내용은 필자의 《고수의 보고법》 제5장 종류별 쓰기 참조) 그러나 제일 많이 사용되고 기본이 되는 4개의 생각 덩어리를 이미 〈표 3-1〉에서 설명했으므로 여기에서는 부분 스토리에 집중한다.

부분 스토리는 '부분별 내용을 덩어리로 묶는 논리적 의미'다. 4개의 생각 덩어리는 전체다. 그 네 가지 부분 요소인 Why 1 - Why 2 - How - What은 각각 별도의 내용으로 채워진다. 그 내용을 의미의 단위로 묶는 것이 부분의 스토리다. 즉, 부분을 분석하는 '프레임' 또는 '틀'이다. 예를 들어 How 부분에서 여러 내용을 나열하는 것보다 '프로그램(사업), 지원 시스템, 지역 인프라'라는 스토리로 묶으면 의미가 산다. 이 중 '프로그램'을 다시 '인력지원, 금융지원, 기술지원'으로 묶어보자. 이중 '인력지원'을 다시 '장기적, 단기적'으로 묶어보자. 부분의 스토리는 얼마든지 계속될 수 있다. 그런데 이것이 왜 중요할까?

4개의 생각 덩어리 같은 전체 스토리는 큰 흐름이므로 비슷하다. 그런데 부분의 스토리는 천차만별이다. 스토리 개념을 형식적으로 암기했는지 실질적으로 이해했는지가 여기서 보인다. 디테일이 차이 나면 전체가 달라지기 때문이다. 고수는 남과 다르지 않은가?

이렇게 부분의 스토리가 핵심인데도 실제 해보라고 하면 대부분 어려워한다. 그런 개념을 배워본 적도, 연습해본 적도 없기 때문이다. 그래서 부분의 스토리가 실제 활용되는 모습을 정리해보았다. 필자가 평소에 보고서를 쓰거나 보고를 할 때 수시로 활용하는 부분의 스토리들이다.

● 부분의 스토리 1 – 정책방향

공공이든 민간이든 조직이 지향하는 가치가 있고 사업별로도 추진하는 방향이 있다. 〈표 3-4〉의 스토리들이 대표적이다. '효율, 형평'을 보자. 효율efficiency은 투입만큼 배분하고, 형평equity은 필요만큼 배분한다. 검토배경 부분에서 경제적 효율만 거론하는 것보다 사회적 형평의 문제를 같이 거론하면 균형적 시각이 되지 않을까?

'규제, 지원'도 쉽지만 아주 효과적인 스토리다. 해결방안으로 규제방안만 5개 내놓는 것보다 '규제 3개+지원 3개'가 더 균형감이 있다. 공공부분에서 규제 일변도의 시각은 바람직하지 않다. 여러

분야	세부종류	실제 사용하는 부분의 스토리 모습
정책 방향	목적가치	• 효율, 형평 • 시장주의, 능력주의, 복지주의, 시정주의[1)
	수단가치	• 편익, 비용
	행정특성	• 규제(감독), 지원(서비스)

1) 정부개입의 형태이다. '시장주의'는 정부개입은 최소화하고 시장에 맡기는 것, '능력주의'는 시장에 맡기되 능력이 아닌 투기, 범법, 불법 등에 개입하는 것, '복지주의'는 시장경쟁의 패배자에게 복지로 보상하는 것, '시정주의'는 시장에 맡기되 정부가 초기 불평등을 고치는 것을 의미한다. 자세한 내용은《비정상 경제회담》400p, 2017.

분이 평가자라면 편향적 시각과 균형적 시각 중 어느 것을 더 높이 평가하겠는가?

● 부분의 스토리 2 – 정책분석

여러 차원에서 정책을 수평적으로 묶을 때 적합한 스토리들이다. 즉, 시계열이 아니라 횡단면적 묶음이다. 〈표 3-5〉에서 '본부, 지방청, 일선 기관'을 보자. 흔히 이러한 정책 레벨의 문제를 간과하는 경향이 있는데 위험하다. 교육부, 지방교육청, 개별 학교가 각각 권한이 다르고 다루는 정책 수준이 다르다. 교육부 차원에서는 '예산 확보, 법령 개정'이 가능하다. 그런데 개별 학교 차원에서는 '예산 확보 요청, 법령 개정 건의'를 할 수 있을 뿐이다. 개별 학교가 '법령 개정'을 추진한다고 하면 권한 남용, 실현 불가능한 대안, 정책 레벨의 착각 등이란 평가를 받게 된다. '시도 단위의 학교폭력 예방 거버넌스 구축'은 지방교육청이 적합하지 개별 학교는 실현하기 어

분야	세부종류	실제 사용하는 부분의 스토리 모습
정책 분석	정책수준	• 중앙(국가), 지방(지방자치단체) • 본부, 지방청, 일선 기관 • 정책수립, 일선 집행 • 개인, 지역, 국가, 국제
	정책목표	• **SMART:** Specific(구체성), Measurable(측정 가능성), Attainable (실현 가능성), Relevant(목표 적합성), Time-phased(적시성)
	정책대상	• (집단) 노, 사, (개인) 실업자, 근로자, 사용자 • 청년, 중장년, 고령자 • 대기업, 중소기업, 영세자영업
	정책수단	• 법·제도, 관행·문화 • 인력, 금융, 기술 • 프로그램, 시설, 관행 • 교육 프로그램, 지원 시스템, 지역 인프라 • **4P:** PRODUCT(제품-정책), PRICE(가격-자원 동원), PLACE(유통-전달 체계), PROMOTION(판촉-홍보)
	예산배분	• 정부 개입 필요성, 타 사업과의 중복·유사성, 시급성, 투입대비 효과성, 집행 가능성, 형평성, 사업비 우선
	공통지표	• 수요, 공급, (매칭) • SWOT(내부-강점, 약점/ 외부-기회, 위기) • PEST(정치, 경제, 사회, 기술) • 시기(When/Timing), 내용(What/Contents), 방법(How/Tool) • H/W, S/W, 휴먼/W • 인적, 물적, 기술적 • 온라인, 오프라인 • 양적, 질적 • 중요성, 시급성 • 이론적(논리성), 현실적(집행 가능성)

렵다. 검토 자료에는 반드시 피평가자의 소속과 직위가 적시되어 있다. 그 수준에 맞추어야 나의 대안들이 현실에 맞춰진다.

'수요, 공급, (매칭)'을 보자. 누구나 아는 차원인데 어떤 분석에 적합할까? 장애인 고용이 부진한 원인을 생각해보자. '고용'은 '노동시장'의 문제다. '시장'은 수요, 공급이다. 그리고 수요와 공급을 연결하는 시스템도 있다. '장애인 노동력의 기업 수요가 왜 적을까? 장애인 노동력의 공급은 왜 원활하지 않은가? 장애인력의 수요·공급 연결 체계는 효율적인가?'라는 문제의식이 쉽게 나오게 된다.

SWOT을 보자. 이름은 익숙한데 본질은 잘 모른다. SW는 강점·약점(Strengths/Weakness)으로 내부 역량요소, 즉 자원 중심 관점이다. OT는 기회·위협(Opportunity/Threat)으로 외부 환경요소이니까 환경 중심 관점이다. 외부환경 탓만 하면 정책 의지가 필요 없다. 내부역량 탓만 하면 언제나 자원 부족 탓만 한다. 따라서 이 이론의 핵심은 '자원동원역량과 환경대응역량의 균형적인 활용 전략'에 있다. 이렇게 이해하면 거의 모든 정책대안의 분석에 활용할 수 있는 프레임이 된다.

4P(제품Product, 가격Price, 유통Place, 판촉Promotion)는 대표적인 기업경영의 분석 틀이다. 기업에만 적용되는 단어들처럼 보이는데 아니다. 그대로 공공부분에도 적용된다. 제품은 정책 품질이고, 가격은 자원동원비용, 즉 예산이다. 유통은 전달 체계이고 판촉은 정책 홍보에 해당한다. 경영분석의 프레임도 공공정책에 얼마든지 활용할 수 있다. SMART, 즉 Specific(구체성), Measurable(측정 가능성), Attainable(실현 가능성), Relevant(목표 적합성), Time-phased(적

시성)도 마찬가지다. 민간기업의 목표 수립 원칙이지만 공공분야의 정책평가 원칙으로도 얼마든지 활용될 수 있다.

이렇게 스토리를 통해 일정한 틀로 분석해 보면 줄줄이 5~6개의 해결방안을 쥐어짜 내는 것보다 훨씬 쉽다. 우리는 호모 파베르 Homo Faber, 도구의 인간 아닌가? 스토리라는 생각의 도구를 철저히 활용하자.

● 부분의 스토리 3 – 정책집행

〈표 3-6〉은 주로 정책추진 전략에 적합한 스토리들이다. 얼핏 보아도 매우 익숙하다. 그런데 실전에서 갑자기 생각하려면 쉽지 않다. 우선 '집행 주체'로서 '공공(정부, 공기업), 민간'을 보자. 이것은 자원배분에 있어서 공·사 역할분담의 문제다. 전 국민에게 영향을 미치고 형평성이 우선이라면 '공공'이 하고, 시장 논리와 효율성이 더 필요하면 '민간'이 한다. 공공에서도 규제는 '정부'가 하고, 서비스는 '공기업'이 한다. 이렇게 나름대로 역할분담의 논리를 미리 준비해보자. 집단토론 같은 경우 아주 유용하다.

이런 집행 주체의 문제는 '직접, 위탁, 출연, 후원'이라는 '전달 체계'와 직결된다. 정책이 잘 수립되는 것과 수요자에게 잘 전달되는 것은 다르다. 특히 복지정책처럼 배분할 자원은 제한되어 있고 수요가 급격히 늘어나는 분야라면 더욱 더 그렇다. 정부가 직접 하기도 하지만, 민간에 위탁도 한다. 공공기관에 출연도 하고, 민간을 후원하기도 한다. 각각 언제, 왜 그렇게 하는지 미리 생각을 정리해놓자. 나중에 땅을 치면서 웃을 일이 생긴다.

분야	세부종류	실제 사용하는 부분의 스토리 모습
정책 집행	집행 주체	• 우리 기관, 상대방 기관 • 공공(정부, 공기업), 민간 • 노, 사, 정
	추진 시기	• 전, 중, 후 • 계획, 집행, 평가 • 과거, 현재, 미래 • 준비, 보고 · 발표, 확산
	추진 전략	• 선도, 벤치마킹 • 일괄적, 단계적 • 강점 배가, 약점 보완 • 단기, 장기 • 하향식(Top down), 상향식(Bottom up), 쌍방향식 • 이슈 선점(Issue Raising), 이슈 방어(Issue Defending) • 인센티브, 페널티 • 자원동원(예산/인력/조직/규정), 정책관리(일정/홍보/조정/평가) • 대상, 수단
	전달 체계	• 직접, 위탁, 출연, 후원 • 경쟁(평가시스템), 협력(참여자 간 링크 시스템) • 영리(최소 이윤 보장), 비영리(최소 비용 보조)

'추진 전략'도 마찬가지다. '하향식, 상향식, 쌍방향식'은 많이 들어보았는데 막상 전략적으로 쓰려면 쉽지 않다. 홍보 전략을 세워보자. 그냥 '하향식, 상향식 홍보 강화'라고 쓰면 스토리가 아니다. '청년층 → 정보 접근성 높음 → 뉴미디어 → 헬리콥터식 뿌리기(하향식)', '주부·고령층 → 정보 관통력 높음 → 오프라인 미팅 → 저인망식 걸어 올리기(상향식)' 이렇게 해야 스토리다. 이런 것은 현장

에서 잘 안 된다. 그래서 미리 정리해야 한다.

● 부분의 스토리 4 - 설득논리

위에서 본 '정책방향', '정책분석', '정책집행'은 어떤 구성요소의 논리적 위치를 찾는 스토리다. 그러나 〈표 3-7〉은 약간 다르다. 설득을 위한 논리적 표현 차원이다. 먼저 '로고스, 파토스, 에토스'를 보자. 고대 그리스의 철학자 아리스토텔레스가 주장한 상대방 설득의 3요소다. 현대적으로 말하면 논리적 설명력, 감성적 호소력, 인간적 신뢰감이다. 중요한 것은 '에토스 → 파토스 → 로고스'라는 접근 순서다. 말하는 사람에 대한 신뢰가 최우선이라는 뜻이다. 2,300여 년이 지난 지금도 커다란 시사점을 주고 있다. 코칭이나 설득이 필요한 역할연기에 딱 맞지 않을까?

'원인, 결과'라는 인과관계식 표현도 기본이다. 기획보고서에 익숙하지 않은 분들의 공통된 표현방식이 '원인 없이 결과만 서술하기'다. 예를 들어 아무 설명 없이 그냥 '○○○ 성과 미흡' 또는 '○○○ 제도 도입 필요'라고만 쓴다. 왜 그런지 원인 없이 결과만 쓰

〈표 3-7〉 부분의 스토리 4

분야	세부종류	실제 사용하는 부분의 스토리 모습
설득 논리	주장방식	• 주장, 근거(이론, 통계), 사례(경험) • 로고스(논리), 파토스(감정), 에토스(신뢰)
	비교방법	• 수치, 추이(시계열), 비중(횡단면)
	인과관계	• 원인(독립변수), 결과(종속변수)

거나 근거 없이 주장만 쓰니까 평가자는 쉽게 이해하지 못하고 논리성이 부족하다고 평가한다. '~하므로 ○○○ 성과가 미흡' 또는 '~ 하다는 점을 고려할 때 ○○○ 제도 도입 필요'라고 써보자. 단숨에 고수의 문장이 된다.

스토리텔링, 200% 활용하기

박 팀장은 아무래도 발표 후 토론을 말로만 때우기가 걱정된다. 그래서 나름 쟁점별로 답변할 논리, 각종 사례와 통계 등을 준비했다. '이제 이것들만 제대로 활용하면 끝이다. 잘 외우면 되잖아? 우선 대책을 물어보면 항상 '단기적·장기적'으로 제일 먼저 나누고, 그 다음은 '규제·지원'으로 해야 해. 그런데 '일괄적·단계적'은 어디에 넣지? 아, 이거 또 헷갈리네.'

지금까지 스토리의 실제 모습을 정리했다. 그런데 필자가 이 부분을 설명하다보면 사람들이 그 중요성은 알면서도 어떻게 활용하는지 어려워하는 경우가 많았다. 그동안 무수히 많은 사람들의 질문을 받으며 필자가 정리한 스토리의 활용법을 소개한다.

스토리는 상대적이다
이미 설명했듯이 각각의 스토리는 그것으로 끝나는 것이 아니라 다른 부분의 하부 스토리로 들어갈 수 있다. 예컨대 '규제, 지원'과 '단기, 장기'는 각각 별도의 스토리다. 그러나 다음의 〈1안〉처럼 '규제, 지원' 밑에 각각 '단기, 장기'라는 스토리가 들어갈 수 있다. 당연히 〈2안〉처럼 거꾸로도 가능하다. 그리고 그 밑으로 계속 다른 것이 들어갈 수 있다.

또한 〈표 3-5〉의 '예산배분' 기준을 보면 모두 7개다. 그중 '정부 개입 필요성'은 〈표 3-6〉의 '공공, 민간'의 스토리다. '집행 가능성'은 〈표 3-5〉의 '논리성, 집행 가능성'이고, '형평성'은 〈표 3-4〉의

〈1안〉

III. 개선 방안	**III. 개선 방안**
○ 규제조치	○ 규제 조치
	– 단기적
	– 장기적
○ 지원대책	○ 지원 대책
	– 단기적
	– 장기적

〈2안〉

III. 개선 방안	**III. 개선 방안**
○ 단기 대책	○ 단기 대책
	– 규제방안
	– 지원방안
○ 장기 대책	○ 장기 대책
	– 규제방안
	– 지원방안

'효율, 형평'이다. 즉, 하나의 스토리가 하나의 차원으로만 사용되는 것이 아니라 차원을 달리하며 적용될 수 있다. 상대적이다.

실제 평가에 들어갈 때 보면 대부분이 부분의 스토리를 몇 개 외워서 간다. 물론 전혀 준비하지 않은 경우보다는 낫지만 큰 효과를 보기는 어렵다. '상대적'이라는 특징을 제대로 이해해야 스토리를 충분히 활용할 수 있다. 몇 가지밖에 생각이 안 나도 그것들을 위와 같이 단계적으로 조합하면 활용하는 조합이 기하급수적으로 늘어난다. 따라서 아무리 어려운 과제가 나와도 순발력을 발휘할 수 있게 된다. 보고서 종류별로 또는 분야별로 스토리를 외울 필요가 없는 것이다.

스토리는 서로 보완적이다

많은 사람이 '특정 스토리는 특정 종류에만 적용되는 것인지'를 묻는다. 필자는 편의상 위에서 부분의 스토리를 '정책방향, 정책분석, 정책집행, 설득논리'로 정리했다. 물론 종류를 구분하는 원칙을 엄격하게 적용하면 이 네 덩어리는 배타적이어야 한다. 하지만 스토리들은 '상대성' 때문에 다른 덩어리에도 보완적일 수 있다. 예를 들어 '규제, 지원'을 생명안전 보호기능 강화와 대국민 서비스 제고라는 철학의 문제로 보면 '정책방향'이지만(제1안), 부담금 부과와 지원금 지급이라는 방법의 문제로 보면 '정책수단' 차원에서(제2안) 활용할 수 있다.

앞서 스토리의 실제 모습을 보여주면서 '이 스토리는 주로 이런 쪽에 적합하다'고 분류한 것은 필자의 경험과 편의에 따른 판단에 불

III. 검토배경

○ ~하므로 국민의 생명과 안전 분야는 규제 강화가 필요

○ ~하므로 규제와 동시에 대국민 서비스 제고 방안이 시급

〈2안〉 정책수단으로 사용

III. 개선 방안

○ 단기 대책

– 규제방안: ~을 낮춰야 하므로 ○○ 고용부담금 도입

– 지원방안: ~을 지원하기 위해 ○○ 고용촉진 지원금 인상

과하다. 위의 〈1안〉과 〈2안〉처럼 똑같은 스토리라도 어떤 의미를 강조하는가에 따라 얼마든지 다른 덩어리에 활용할 수 있기 때문이다.

스토리는 완결되어야 한다

전체의 스토리를 설명하면서 덩어리만으로는 의미가 없고 스토리, 즉 논리적 의미가 있어야 한다고 했다. 부분의 스토리도 마찬가지다. 예를 들어 '수요, 공급, 매칭'은 스토리다. 그런데 '수요, 공급, 매칭, 온라인'은 어떤가? 엉뚱하다. 스토리가 아니다. '온라인, 오프라인'은 좋다. 그런데 '대상별(청년, 중장년, 고령자), 온라인, 오프라인'은 엉망이다. 청년에 다시 온라인, 오프라인이 적용될 수 있기 때문이다. 잘못된 스토리텔링과 플러스알파의 전형이다.

엉뚱한 덩어리가 들어가면 전체의 스토리가 엉망이 된다. 그러면 순서는 어떨까? 전체의 스토리에서는 순서가 바뀌면 스토리가 크

게 흔들린다고 했다. 전체를 일관하는 '논리적 흐름'이기 때문이다. 그러나 부분의 스토리는 각 요소의 위치를 매기는 '논리적 의미'다. 따라서 '추진 시기'같이 시간적 흐름을 상정하는 것들 외에는 순서가 결정적으로 중요하지는 않다. '수요, 공급, 매칭'이 익숙하지만 '공급, 수요, 매칭'이면 어떤가? 다만 '수요, 매칭, 공급'처럼 순서가 어색하지만 않으면 괜찮다.

〈1안〉 수요-공급-매칭-온라인(?)

III. 개선 방안	**III. 개선 방안**
○ 수요 측면	○ 수요 측면
○ 공급 측면	○ 공급 측면
○ 매칭 측면	○ 매칭 측면
	○ 온라인 측면(×)

〈2안〉 온라인-오프라인-대상별(?)

III. 활성화 방안	**III. 활성화 방안**
○ 온라인 홍보	○ 온라인 홍보
○ 오프라인 홍보	○ 오프라인 홍보
	○ 대상별 홍보(×)

스토리는 유연하다

많은 사람이 스토리는 보고서를 쓰기 위해 미리 생각을 정리할 때만 사용하는 것으로 생각한다. 즉, 문제의 원인을 분석하거나 정책대안을 마련할 때 미리 생각을 체계적으로 정리하는 도구쯤으로 이해한다. 맞다. 그런데 스토리의 힘은 그것만이 아니다. 현장에서 순발력이 필요한 순간 더 결정적으로 힘을 발휘한다. 이게 무슨 소리일까?

구두 발표나 현안업무처리를 할 때 통상 발표를 하고 질의응답을 한다. 발표는 나름대로 준비한 것이니까 그럭저럭한다. 그런데 질의응답에서 대부분 무너진다. 평가위원들의 집요한 압박 질문으로 반쯤 정신이 나간다. 집단토론이나 역할연기도 마찬가지다. 내 생각을 말하는 것은 괜찮은데 상대방 발언에 대응하기가 어렵다. 상대방이 갑자기 희한한 프레임으로 들이대면 갑자기 머리가 하얘진다. 나도 기발한 아이디어나 희한한 프레임으로 대응해야 상대방을 누를 수 있을까? 아니다. 이때 바로 단순한 스토리를 써야 한다.

예를 들어 갑자기 어떤 토론자가 "안전은 절대 양보할 수 없는 분야이므로 규제강화가 기본입니다"라고 역설한다. 당연한 말이다. 논리적으로 상대방 주장이 틀렸다고 반박하기 어렵다. 그렇다고 가만히 있거나 맞는다고 맞장구만 치면 될까? 여기서 "안전 분야의 규제강화는 필요합니다. 그런데 안전도 이제는 서비스가 필요하지 않을까요? 규제 위주의 안전정책으로 지금까지 성과가 충분했나요? 이제는 안전도 규제를 하면서 안전 서비스를 팔고 사는 시장의 개념으로 접근하는 것도 필요합니다"라고 말해보라. 차원이 다르다. 이렇게 대응하려면 '규제, 서비스'라는 스토리가 있어야 한다. '어떤 식으로 물어보아도 나는 스토리로 대응한다!'는 생각으로 충분히 스토리 연습을 해야 한다. 그래야 갑자기 순발력이 필요할 때 황당한, 더듬거리는, 중구난방의, 하나 마나 한 발언이 아니라 여유 있고, 체계적이며, 일목요연하고, 아이디어가 번쩍이는 대응을 할 수 있다. 스토리의 힘을 믿자.

스토리는 내가 만든다

위에서 제시한 부분의 스토리들은 필자의 스토리 목록이다. 그 목록은 필자가 새로운 스토리를 찾거나 생각할 때마다 수시로 바꾼다. 따라서 외울 필요가 없다. 다만 이런 것이고, 이렇게 활용되는구나 이해하고, 각자의 스토리를 만들면 된다. 여러분의 생각이 필자와 같을 수는 없지 않은가? 필자의 목록에서 여러분에게 어렵거나 불필요한 것은 지우자. 그리고 필요한 것은 만들어 넣어 나만의 스토리 목록을 만들자. 그러면 여러분도 이제 역량평가의 고수다.

박 팀장은 이제 '역량평가 발휘법 3단계'를 끝냈다. 지레짐작했던 우려, 주위에 돌아다녔던 오해, 잘못된 정면 돌파, 앞머리 따기 신공…. 이런 것들은 모두 날려버렸다. 우려는 기대로, 오해는 이해로, 잘못된 정면은 진짜 정면으로, 앞머리 따기는 생각 정리하기로 모두 바꿔 버렸다. 스토리텔링으로 고수의 비법까지 터득했다. 이제 실전에 잘 적용하면 된다. 박 팀장, 이제 역전을 기대하며 실전을 기다린다.

2부

평가기법별
공략법

4장

보고서 작성하기

Paper Writing

본질찾기
생각을 글로 잘 정리하기

갑자기 회사의 내부 통신망에 '역량평가계획 수정공고'가 떴다. '헐? 보고서 작성 추가? 이게 뭐야?' 회사가 역량평가를 도입하면서 열 달 전 공고했던 네 가지 기법에다가 갑자기 한 달 남겨두고 보고서 작성을 추가했다.

'다른 것도 제대로 준비 못 했는데, 미치겠다. 몇 사람은 벌써 이 공지를 보고 바로 보고서 학원에 등록했다는데, 나도 해야 하나? 아무래도 평가니까 평가용으로 보고서 연습을 해야 되겠지? 평소 보고서와는 사뭇 다르지 않겠어?'

아니다. 평소와 같다. 최근에는 역량평가에서 기존 4대 기법 대신 '보고서 작성'을 활용하는 경우가 많다. 특히 사무관 등 공무원 중간관리자 승진평가에 주로 활용된다. 평가하는 보고서 종류도 기획보고서, 검토보고서, 요약보고서, 보도자료, 통계분석자료, 상황·동향보고서, 행사계획, 회의결과보고서, 갈등조정보고서, 언론자료 분석보고서 등으로 다양하다. 통상 기초 자료를 제시하고 검토 후 3~5쪽 이내로 작성하게 한다. 종류별로 작성할 보고서 과제는 한 개다. 따라서 '빨리'가 아니라 '제대로' 써야 한다. 그러기 위해서는 생각을 글로 잘 정리해야 한다.

여기에서 핵심은 바로 '잘'이다. 여러분은 어떤 글을 볼 때 잘 썼다는 생각이 드는가? 한 번에, 막히지 않고, 쉽게 읽힐 때다. 소설은 재미있으면 한 번에 읽힌다. 보고서는 논리적일 때 쉽게 읽힌다. 제3장에서 보았듯이 필요한 덩어리가 빠지면 앞뒤가 연결이 안 되기 때문이다. 덩어리의 위치가 틀리면 논리가 헷갈리고, 덩어리의 내용이 부실하면 논리를 알 수 없기 때문이다. 따라서 보고서의 '잘'은 '논리적'일 수밖에 없다. 그러면 어떻게 쓸까?

기관마다 평가하는 보고서의 종류는 다르지만, 반드시 포함되는 것이 있다. '기획보고서'다(기관별로 검토보고서, 정책보고서, 정책기획보고서 등 여러 명칭으로 사용하지만 본질은 비슷하므로 이 책에서는 '기획보고서'로 통칭한다). 기획력을 평가하기에 제일 확실하기 때문이다. '기획'은 일을 꾀하여 계획함이다(국립국어원 표준국어대사전). 조직에서의 일이란 내가 처리할 과제다. 꾀함은 의도를 가지고 노력하기다. 계획은 그 노력이 체계적이라는 말이다. 따라서 기획보고서는 '어떤 과제를 해결(처리)하려는 생각(의도)을 정리하는(체계) 글'이 된다. 이것을 정리한 것이 앞에서 설명한 4개의 생각 덩어리다. 그러면 이 'Why 1 - Why 2 - How - What' 중에서 무엇이 제일 중요할까? 어떤 덩어리를 잘 써야 기획보고서를 잘 쓸 수 있을까?

하수들은 생각도 안 하고 바로 How라고 생각한다. 기획보고서는 과제를 해결하기 위한 것 아닌가? 그러니까 당연히 '해결방안(How)'이 핵심이고, 다른 덩어리들은 부수적인 것이라고 생각한다. 그러나 보고서의 '잘'은 '논리적'을 의미한다. 과제를 해결하려면 당연히 해결방안(정책내용)이 중요하다. 그런데 그 방안이 체계적이어야 한다. 해결방안은 무엇을 해결하는 것일까? 문제가 아니라 '문제의 원인'이다. 그래서 고수들은 실태분석(Why 2)에 집중한다.

〈표 4-1〉을 보자. ① Why 1은 '검토배경'이다. ② Why 2에서 분석한 문제 및 원인을 요약하면 된다. ③ How는 '해결방안'이다. Why 2의 거울이다. 문제의 원인을 반대로 뒤집으면 대책이 된다. ④ What은 '추진계획'이다. 문제의 원인을(Why 2) 해결하는 계획인 How를 집행하는 계획이다. 결국 Why 2가 먼저 잘 분석되어야 Why 1, How, What이 논리적으로 연결되는, 잘 쓴 보고서가 된다. 그래서 현재 상황(현황)에서 문제(결과)를 도출하고, 그것이 왜 발생하는지(원인)를 분석하는 능력, 즉 논리적 분석 능력이 보고서의 핵심이고 '기획력'의 출발점이 되는 것이다.

그런데 한 가지 의문이 든다. 전체의 스토리 순서는 ① ② ③ ④ 라고 하면서 ②가 제일 우선이라는 것은 논리적 모순이 아닌가?

아니다. 보고서를 '글로 쓰는 흐름'은 ①→②→③→④로 되어야

〈표 4-1〉 4개의 생각 덩어리들끼리의 관계

① 왜(Why 1) 이 과제를 검토해야 할까?	① **검토배경**: Why 2의 요약 → Why 2에서 분석한 문제원인을 정리
② 현황을 보니 문제가 있는데 그 문제는 왜(Why 2) 생길까?	② **실태분석**: Why 2 → 논리적 분석의 핵심, 다른 덩어리들의 기초
③ 그 문제의 원인을 해결하려면 어떤(How) 방안이 필요할까?	③ **해결방안**: Why 2의 거울 → Why 2에서 분석한 문제원인을 해결하는 머릿속의 아이디어 → 문제원인을 뒤집어 보완
④ 그 방안을 실행하려면 무엇을(What) 해야 할까?	④ **추진계획**: Why 2의 집행 → How (Why 2에서 분석한 문제원인을 해결하는 아이디어)를 현실에서 실천하는 전략

논리적이다. 그런데 그렇게 쓰기 위해서 머리로 '생각을 정리하는 흐름'은 ②가 먼저, 즉 ②→①→③→④이다. 이렇게 실태분석 위주로 생각하면 몇 가지 장점이 있다. 우선 머릿속으로 ②번에서 문제의 원인을 분석하고 나면 실제 글을 쓸 때 그 프레임, 즉 스토리에 ①, ③, ④를 맞출 수 있다. 한 번에 전체 논리가 수미일관, 일맥상통하게 되는 것이다. 역량평가에서는 작성 시간이 제한된다. 그럴수록 더 ②분석에 집중해야 효과적이다. 나중에 왔다 갔다 썼다 지웠다 논리를 바꿀 시간이 없지 않은가?

　두 번째는 전혀 생소한 문제가 출제되어도 큰 문제가 되지 않는다는 점이다. 오히려 남들과 차별화될 좋은 기회다. 논리적 분석 능력의 차이가 쉽게 드러나기 때문이다. 분야별로 목차를 외운 사람은 당황하지만, 논리적 분석을 연습한 사람은 어떤 분야라도 상관없다. 이것이 많은 기관에서 기획보고서를 평가하고 필자가 6가지 기법 중 제일 먼저 설명하는 이유다.

세 번째는 보고서의 종류가 달라도 그대로 활용할 수 있다는 점이다. '갈등조정 보고서'라면 현재 갈등 상황이 어떤지(문제), 그 원인이 무엇인지 분석해야 조정이든 뭐든 할 수 있지 않을까? '보도자료'라면 우리 기관이 무엇을 했다, 그런데 그것은 어떤 문제가 있어서 그 원인을 요렇게 해결하려는 것이라고 써야 잘 받지 않을까? 필자는 심지어 보고서를 '일반적인 보고서'부터 '조사보고서'까지 9가지로 나누고 목차를 각각 제시한 교육 자료도 본적이 있다. 황당하다. 조사보고서는 일반적인 보고서가 아닌가? 아니면 특수한 보고서인가? 명확한 기준도 없이 종류를 나누고 목차를 외우라고 한다. 모두 외울 수도 없다. 외워도 실전에서 그대로 쓸 수도 없다. 써도 좋은 평가를 받을 수 없다. 역량평가라는 이름을 갖는 한 그 기초는 논리적 분석 능력이다. '암기일도하사불성暗記一到何事不成'이 아니라 '분석일도하사불성分析一到何事不成'이다. 앞머리 따기 신공이 아니라 분석 신공에 집중하자.

2019 한국섬세공사 국장 승진 역량평가

「보고서 작성」 참고자료

과제 개요(1쪽)

- 요령: 검토 및 작성 시간 180분, A4 3쪽 이내, 자유 양식, 컴퓨터 작성이나 수기작성 선택 가능
- 역할: 고용섬세부 장애인고용정책과 사무관 박역량
- 상황: 장애인고용정책과는 의무고용제도 등 장애인 고용업무 총괄, 최근 취약한 장애인 고용문제에 대해 비판여론 형성, 국장이 활성화 방안 마련 지시

자료 1. 조직도와 부서별 주요업무(2쪽)

- 고용총괄정책실의 조직도와 간략한 국별 업무의 개요(고령자·장애인 정책국 등 4개국)
- 고령자·장애인 정책국 내 장애인고용정책과 등 4개 과의 업무분장

자료 2. 박역량 사무관에 대한 김평가 국장의 업무지시 메일(3쪽)

- 최근 양극화 격차해소를 위한 일자리 정책의 중요성에 공감대 형성
- 그러나 상대적으로 취약한 장애인 고용 성과에 대한 비판 여론 확산
- 지난 국무회의에서 현재의 장애인 고용 지원제도가 시대변화를 반영하지 못한다는 지적
- 장관님께서 장애인 고용 활성화 방안을 다음 주까지 보고토록 지시

자료 3. 현행 장애인 고용촉진제도의 개요(4~5쪽)

- 장애인고용촉진 및 직업재활법 주요 내용, 사업추진체계, 시행절차 등
- 의무고용률, 고용부담금, 고용장려금, 장애인고용촉진기금, 기타 지원제도 등의 요건, 절차 등 개요
- 장애인 관련 정부조직, 예산·기금 현황 및 추이 등

자료 4. 장애인 고용 성과 관련 현황(6~7쪽)

		2019	2020	2021	2022	2023
실업률(%)	장애인	5.4	5.5	5.6	5.4	5.5
	전체	2.9	3.0	3.1	3.0	3.0
고용률(%) (15세 이상)	장애인	36.8	36.8	37.2	36.9	37.0
	전체	65.0	65.1	65.4	65.2	65.5
법정 의무 고용률(%)	민간(실적)	3.1(3.0)	3.3(2.6)	3.3(2.6)	3.5(2.6)	3.5(2.7)
	공무원(실적)	3.5(3.4)	3.7(3.6)	3.7(3.6)	4.0(3.8)	4.0(3.9)

- OECD 국가별 장애인 고용률('23, %): 한 37.0, 독 48.0, 일 49.5, 프 50.0, 미 50.2, 영 48.2, 네 49.0, 이 51.1, OECD 평균 49.0
- '23년 전체 임금근로자 월 평균임금 250.5만 원, 장애인 180.5만 원
- '23년 전체 임금근로자 중 단순노무직 비중 13.5%, 장애인 35.0%

자료 5. '24.00.0 ○○방송 기획취재(1). "장애인 고용, 무엇이 문제인가?(8~9쪽)

- 성과 평가: 장애인 고용성과가 양적 미흡, 질적 취약, 의무고용제도는 정착, 그러나 오히려 장애인 고용을 비용으로 인식하도록 하는 문제, 획일적 운영
- 전체 고용정책은 노동시장 논리로, 그런데 장애인 고용은 복지 시각으로
- "일자리는 안 만들고, 일할 능력·의욕은 안 키우고, 일터 여건은 안 좋고"

자료 6. '24.00.0 ○○방송 기획취재(2). "장애인 고용, 어떻게 해야 하나?(10~12쪽)

- 전문가 대담, 일반 시민 인터뷰, 정책수립·집행 담당자 면담 결과 등 정리
- 정부지원 제도 개편: 획일적 의무고용 → 탄력적 차등고용
- 장애인 고용에 대한 시각 전환: 시혜적 복지 → 일을 통한 자립
- 일자리와 일할 사람, 고용의 본질로 돌아가라!

자료 7. '24.00.00. ○○일보, '제00회 장애인 일자리의 날' 사설(13~14쪽)

- 경영자 단체 축사, 장애인 단체 기념사 소개 → 서로가 상대방 입장에서 이해해야!
- 정부의 내년 장애인 예산편성안의 증액 수준에 대한 여야의 상반된 입장을 보도 → 정치권은 장애인의 표만 생각하지 말고 장애인의 고용을 생각하라!

자료 8. '22년 장애인고용활성화공단 연구보고서(15~16쪽)

- 의무고용제도 성과 평가 및 장애인기금의 효과적 활용 방안: 장애인 채용 친화 사업장 개발, 근로능력 향상, 취업지원 등 고용서비스 취약 → 집중투자 필요
- 해외 우수 사례: 일본, 영국, 스웨덴, 독일, 프랑스

자료 9. ○○대학 박사학위 논문 - ○○일보 '화제의 연구'(17~18쪽)

- 장애인 고용·비고용 사업주, 장애인·일반 근로자 대상 인식 설문조사
- 정부 정책의 장애인 취업 유발 효과 및 매개효과에 대한 최초의 국내 실증 연구
- 정책 제안: 장애인 고용 정책의 초점을 '장애' → '인'으로 이동

자료 10. 고용섬세부 인터넷 홈페이지 자유게시판(19~20쪽)

- 정부의 현행 정책은 장애인 고용이 아니라 장애인 공단을 위한 것이다!
- 장애인보다 더 급한 것은 청년 고용이다. 청년 실업부터 해결하라!
- 현재의 의무고용제도 외에는 해결방법이 없다. 다만, 의무고용률이 너무 낮으니 올려라!
- 지금은 장애인 고용 의무를 안 지켜도 돈으로 때우면 된다. 새롭고 창의적 아이디어를 전 국민에게 공모해서 정책화하자!

※ 필자 일러두기
1) 위 참고자료는 실제는 자료당 최소 1쪽 이상 주어지나 이 책에서는 요약한 것입니다. 이하 다른 평가의 참고자료들도 같습니다.
2) 이 책 제2부 〈실전처럼 연습하기〉의 사례에 나오는 각종 통계, 참고자료, 정책대안은 모두 필자가 창작한 가상의 통계 및 개인 의견이므로 정부의 공식 통계나 정책방향과는 무관합니다.

눈으로 보지 말고 생각하며 읽자

시간은 야멸차다. 벌써 한 달이 지나 역량평가 첫날이다. 참가자들은 감색 정장으로 말쑥하게 차려입었는데 얼굴들은 간장 색깔로 핼쑥하다. 2개 과제 중 1개 선택, 세 장짜리 보고서 작성에 총 3시간을 준단다. 오전 9시. 첫 번째 과제를 보자마자 쓰러졌다.

'장애인 고용 활성화 방안? 뭐야? 우리 회사 업무가 전혀 아니잖아? 이걸 어떻게 써? 큰일인데.'

기도하는 심정으로 다음 제목을 보았다.

'섬세지원사업 이해당사자 갈등조정 방안? 아흐… 우리 회사 업무이긴 한데 기획보고서가 아니네? 별로인데.'

박 팀장, 왠지 모를 불안감이 스친다.

고민 끝에 처음 과제를 찍었다. 10명 승진에 평가 대상자는 35명. 박 팀장은 서열이 34번이라 서열과 역량평가가 5:5로 반영되는 일반 승진은 턱도 없다. 역량평가 3등까지 뽑는 특별 승진을 노려야 한다.

'장애인 고용은 남들도 모르니까 차별화가 쉬울 거야. 호랑이를 그려야 실패해도 고양이는 되지 않겠어? 승부를 걸자!'

자료를 펼친다.

펼쳤더니 막막하다. 자료는 10종류인데 분량은 20쪽이다.

'생각보다 많은데….'

박 팀장은 1쪽부터 들이 판다. 그런데 마음이 급해서일까 부릅뜬

눈은 5분 째 1쪽 '역할과 배경상황'을 맴돌고, 볼펜 든 손은 땀으로 흥건하다.

'이거 왜 이러지? 읽히지 않네?'

당연하다. 평가장에 들어가면 누구나 다 그렇다. 마음이 빨라지는 만큼 인지능력은 느려진다. 이럴 때는 먼저 생각을 정리하자. 실제 보고서 쓸 때 무엇부터 할까? 무슨 자료가 있는지 어떤 상황인지 먼저 훑어보지 않는가? 심호흡 한 번 하고 1쪽을 벗어나 전체를 훑어보자. 이른바 '속독'이다. 처음 3~4쪽을 훑으면서 기본정보를 확인하면 다음같이 전반적인 상황이 이해된다.

역할: (자료) 고용섬세부 장애인정책 총괄 사무관 → (이해) 과제 수준이 중앙부처 차원이니까 예산·법 개정 등도 가능하겠구나.

경과: (자료) 국무회의에서 언급, 장관이 국장을 통해 지시 → (이해) 실무적 개선 방안 차원을 넘어 정책적 제도개선의 시각이 필요하겠구나.

과제명: (자료) 장애인 고용 활성화 방안 → (이해) 장애인 '고용'이 부진한 것이 문제구나. 그러니까 고용을 활성화하기 위한 다양한 차원의 제도개선이 필요하고 따라서 다른 관계 기관과의 협의도 필요하겠구나.'

전체 상황이 이해되면 관성이 붙어 속도가 붙는다. 계속 속독을 통해 자료를 확인해 나가면 그 과정에서 전후좌우의 좌표와 맥락까지 보이게 된다.

이슈화 과정: (자료) ○○방송 기획취재, 신문에서 정치권으로 확산, 국무회의 관심 → (이해) 한 부처가 아니라 범정부적 과제로 증폭되었구나.

문제의 특성: (자료) 일자리와 사람이라는 고용문제 + 경영자 단체와 장애인 단체 간, 장애인과 일반 실업자 간 다른 입장 → (이해) 일반 고용문제와 다른 특수성이 있구나.

여기서 여러분은 '좀 과장하는 것 같은데? 처음 5분 동안은 1쪽도 못 나갔는데 속독을 하니까 5분 만에 전체를 관통하는 좌표와 맥락까지 보인다고? 어떻게 그럴 수가 있어? 속독법을 별도로 배운 사람만 그렇겠지'라고 생각할 수 있다. 아니다. 여러분은 이미 앞에서 배웠다. 바로 '스토리'가 속독의 비법이다. 위의 '(자료) → (이해)'를 가만히 보라. 모두 각각 스토리가 있지 않은가? 속독의 핵심은 제목과 전환 어구다. 제목은 그 자료 내용의 요약이다. 자료 1부터 자료 10까지 제목만 다시 읽어 보자. 어떤 보고서를 써야 하는지 대략의 스토리가 보이지 않는가? 그리고 본문을 속독하다가 전환 어구가 나오면 집중한다. '그러나', '그럼에도' 등 문맥을 바꾸는 어구들이다. 이것을 놓치면 스토리가 헷갈리기 때문이다. 따라서 속독은 '빨리 읽기'가 아니라 '스토리식 읽기'다.

속독이 끝나면 처음으로 돌아와 다시 읽자(2회독). 이번엔 '정독'이다. 그런데 정독을 하라고 하면 대부분 밑줄과 동그라미를 치면서 내용을 완벽하게 이해할 때까지 열심히 읽는다. 그렇게 5~6쪽을 읽어도 그때뿐이다. 대부분 '밑줄을 쳤는데 뭘 읽었는지 모르겠어. 나중에 보니 어디에 활용할지, 무슨 관계가 있고 어떤 맥락이 있는지도 모르겠고'라는 반응이 대다수다. 도대체 왜 나는 읽어도 머릿속에 남지 않을까?

그냥 읽어서 그렇다. 정독은 '뜻을 새겨가며 자세히 읽는 것'을 말한다. 그런데 뜻은 새기지 않고 자세히, 열심히, 꼼꼼히 읽기만 해서 그렇다. 뜻을 새기는 것은 의미를 파악하는 것 아닌가? 그래서 바로 앞에서 배운 제대로 읽기 세 가지 기법이 필요한 것이다.

우선 전략적으로 읽어보자. 전략은 목표달성을 위한 의도적인 계획이다. 보고서의 주제에 맞추어 의도적으로 생각하며 읽는 것이다. 처음으로 돌아가서 '기획보고서의 핵심은 실태분석이라고 배웠으니까 여기에 집중하자'고 생각하며 다시 읽자(전략적 읽기). 즉, 현황과 문제점, 발생 원인을 생각하며 읽는 것이다. 그러면 자료 3에서 현 제도의 개요가, 자료 4에서는 장애인 의무고용 현황, 실업률, 고용률, 취업자의 직종별 현황, 평균임금 등의 현황이 보인다. 자료 5부터는 채용 기피, 장애인의 직업능력개발 미흡 등 여러 문제점이 지적된다.

'그런데 이것들이 문제점인가? 그러면 이 문제점들의 원인은 또 뭐지?'

다소 헷갈리지만 일단 자료에 '~의 원인, 에서 비롯' 등의 문구가 보이면 원인으로 체크하고 넘어간다.

그러면서 해결책으로 쓸 아이디어가 보이면 표시를 한다. 그런데 여기서 '어떤 대안이 나오면 반드시 보완적 방안도 제시해야지'라고 생각하고 읽어보자(보완적 읽기). 예를 들어 자료 6에 기업의 부담금을 올려야 한다는 주장이 보인다. 그러면 그 옆에 '~하되, ~하기', 즉 '부담금은 올리되 장려금도 올리기'라고 메모한다.

그런데 어느덧 자료가 6, 7, 8로 넘어가면서 점점 복잡해진다. '이제는 이것들의 맥락을 연결해야 하는구나'라는 생각을 하며 읽어보자(맥락적 읽기). 자료 순서를 넘나들며 전후좌우로 선을 긋고 연결도 한다. 그러면 같은 내용이지만 서로 다른 주장인지, 또는 앞서의 주장을 발전시키는 것인지 눈에 보인다. 도표와 통계표도 많다. 전부 활용할 수는 없고 그럴 필요도 없다. 논리적으로 중요하고 이해 가능한 것들만 그 의미를 키워드로 표시한다. 이렇게 읽다가 문제점이든 원인이든 정책이든 여러 개의 포인트가 나열되면 ① ② ③ ④ 등 번호를 매기면서 읽는다.

왜 이렇게 읽어야 할까? 스토리를 만들어야 하기 때문이다. 전략적·보완적·맥락적 읽기는 바로 스토리텔링의 1단계인 것이다. 읽기 단계에서는 두 가지만 생각하자. '손으로 쓰면서 읽기'와 '머리로 생각하며 읽기', 즉 메모와 생각이다. 읽은 후 생각하려면 생각이 안 나기 때문이다.

분석하기
실태를 분석해야 스토리가 보인다

읽기가 끝나고 박 팀장은 생각을 정리하기 시작했다. 전체의 스토리를 잡아야 한다. 고민이다. 일단 컴퓨터 화면에 'I. 검토배경, II. 실태분석, III. 활성화 방안, IV. 세부 추진계획'이란 대목차를 입력했다. 카페에서 박 고수에게 배운 4개의 생각 덩어리다. 그런데 영 개운치가 않다. 소위 '기획의 6대 목차' 때문이다. 카페에 검토를 요청했던 대부분의 다른 보고서들은 4개의 생각 덩어리에 'V. 장애요인 및 극복방안, VI. 기대효과'가 더 붙어 있었다(이 6대 목차에 '제안 및 건의사항'이 추가된 7대 목차도 있지만 대동소이하다). 학원의 모범답안이란다. '남들은 다 이렇게 쓸 텐데, 별나게 쓰면 동티나는 것 아닐까?'라는 걱정이다.

걱정이 산처럼 쌓이니 시간은 물처럼 흘러간다. '에이 모르겠다. 이판사판인데 별나게 써보자.' 4개의 생각 덩어리로 결정했다. 카페에서 배운 대로 실태분석부터 하려는데 어렵다. 현황과 문제점과 문제의 원인이 도대체 구별이 안 된다. 왜 이러지?

생각 정리하기는 문장을 쓰기 전의 '기획단계'다. 나열된 정보를 그대로 쓰면 나열식 보고서가 될 뿐이다. 정보들의 의미를 분석하고, 덩어리로 묶어서, 스토리를 부여해야 한다. 그래야 다음 생각 풀어내기, 즉 문장으로 쓰는 '서술단계'가 쉬워진다. 생각이 엉키지 않아야 실타래 풀리듯 글이 써지지 않을까? 문장은 정확하고 짧고 구체적이고 쉬워야 한다. 그리고 상대방이 보기 쉬워야 한다. 그러려면 생각 보여주기, 즉 '편집단계'를 거쳐야 한다. 아무리 기획이 논리적이고 문장이 깔끔해도 편집이 엉망이면 내 생각이 엉망으로 보인다. 마지막이 생각 전달하기, 즉 '말하기단계'다. 미리 준비해야 말이 헛나가지 않는다. 이상은 보고를 잘하는 4단계다(필자의《고수의 보고법》참조). 동시에 역량평가를 잘 치르는 4단계이기도 하다.

보고는 현실이고 역량평가는 가상이다. 그러나 둘 다 평가를 받아야 하고 내 생각을 상대방 입장에서 표현해야 한다. 그러기 위해서는 생각 정리하기가 전제된다. 역량평가는 기법별로 표현방법이 모두 다르다. '보고서 작성'은 글이고, '구두 발표'와 '현안업무처리'는 글과 말이다. '집단토론'과 '역할연기'는 말이다.

그러나 어느 것이든 시작은 생각 정리하기다. 기획보고서는 논리가 생명이다. 논리는 최소한의 덩어리들이다. 이제 다시 속독으로 보면서(3회독) 논리적으로 분석해보자. 아까 '읽기 단계'에서 표시했던 것들을 파일에 입력한다. 대목차로 입력한 4개의 생각 덩어리별로 해당되는 키워드들을 끼워 넣는 것이다. 편집은 전혀 신경 쓸 필요 없다. 그런데 '분석하기'인데 머리로 생각하면 되지 왜 손으로 쓸까? 분석하려면 내용을 모아야 한다. 머리로만 할 수도 있겠지만 천재나 가능하다.

먼저 'II. 실태분석'부터 입력해보자.

실태분석이 핵심이라고 배웠으니까 이것부터 정리해보자. 그런데 무엇이 실태이고 무엇을 분석하는가?

하수들은 이 부분을 제일 쉬워한다. 그냥 현황 따로 문제점 따로 생각한다. 그런데 이상하게 현황과 문제점이 잘 구분되지 않고 그 말이 그 말 같다. 그냥 검토자료에 있는 적당한 개요나 통계들은 현황에, 모든 나쁜 내용은 문제점에 넣는다. 비교하지 않고 원인을 생각하지 않아서 그렇다. 즉, 분석을 안 해서 그런 것이다. 그러나 고수들은 이 부분에 제일 집중한다. 실태를 쓰고 문제의 원인을 분석한다. 실태는 실제의 상태니까 현황과 문제점이다. 즉, 현재의 상황(현황)과 목표를 비교하여 차이(문제점)를 도출한다. 그리고 그 차이(문제점)가 왜 발생하는지를 스토리로 분석한다.

실태분석을 조금 더 정확히 알아보자. 아예 '분석'이라고 하면 골치 아프니까 쉽게 '비교'라고 생각하자. 먼저 종적으로 시간에 따라 비교해보자(시계열 분석). 예를 들면 '최근 10년간 우리나라 고용률 추이를 비교'하는 것이다. 만약 감소 추세면 문제다. 그런데 증가한다고 문제가 아닌가? 여기서 한 번 더 비교해야 한다. 같은 시점에서 옆으로 비교해보자(횡단면 분석). 예를 들면 '2018년 현재 OECD 국가들의 고용률을 비교'했는데 우리가 낮다. 그렇다면 '우리나라

고용률이 최근 10년간 증가추세이지만, 아직 OECD 평균보다 낮다'는 문제가 나온다. 이것을 찾는 것이 실태분석이다. 이런 생각을 하면서 〈연습 4-1〉을 보면 차이가 눈에 확 띈다. A는 하수고, B는 고수다(A와 B는 이하 모든 〈연습〉에서 동일하다).

A의 '현황'에는 현재 상황만 있다. 비교가 되지 않아 좋은 상황인지 나쁜 상황인지, 즉 무엇이 문제인지 알 수 없다. 그러나 B의 '실태'에는 현황(장애인 실업률·고용률)이 목표(전체 평균)와 비교가 되면서 장애인 고용이 부진하다는 문제점(평균보다 높은 장애인 실업률, 낮은 고용률, 낮은 평균임금, 높은 단순 노무직 비율)이 나타난다. 그러니까 다음에 A는 '문제점'이라면서 나쁜 것을 나열했고, B는 '장애인 고용부진'의 원인을 분석한 것이다. 당연히 A보다 B가 이해하기 쉽다. 논리적이기 때문이고, '비교와 원인분석'이 있기 때문이다. 그런데 이거 안 하면 안 될까?

안 된다. 생각을 정리하자. 〈그림 4-1〉을 보면 쉽다. 여러분이 지금 평소와 비교해서 머리가 아프다(문제). 어제 마신 폭탄주 때문이다(문제의 원인). 그래서 아침에 황태해장국을 먹으려 한다(해결방안). 논리적이다. 그런데 '폭탄주'를 빼면 '머리가 아프다 → 황태해장국을 먹는다'가 된다. 이상하다. 머리가 아픈데 왜 해장국을 먹지? 아프면 진통제가 논리적이고 상식적이다. 원인이 없으니까 의문이 생기고 문제와 해법이 연결되지 않는다. 글을 쓰는 나는 원인, 즉 어제의 술 때문이라는 것을 안다. 그러나 읽는 사람은 술 때문인지, 감기 때문인지, 가정사 때문인지 알 수가 없다. 그래서 원인이 없는 보고서를 보면 고개가 갸웃거린다. 지금 여러분의 보고서에서 논리

II. 현황과 문제점(A)

1. 현황

○ '23년 장애인 실업률은 5.5%, 장애인 고용률은 37.0%,

○ '23년 법정 의무고용률(실적): 민간 3.5%(2.7), 공무원 4.0%(3.9)

○ '23년 장애인 임금근로자: 평균임금 월 180.5만 원, 단순노무직 비중 35.0%

2. 문제점

○ 의무고용제도의 획일적 운영, 국민적 무관심, 기업의 채용 기피와 시혜적 시각, 직업능력개발 인프라 미흡, 이해단체들의 자기중심적 입장, 장애인 특화 취업지원 서비스 미비, 사업장의 장애인 고용 여건 취약, 장애인의 근로의욕 취약, 고용서비스 전달 체계의 비효율성

II. 실태분석(B)

1. 실태(또는 현황과 문제점)

○ 양적
  - **(횡적)** '23년 장애인 실업률(5.5%) → 전체(3.0%)보다↑, 두 배 수준, 고용률(37.0%) → 전체(65.5%)보다↓, 절반 수준, (국제)각각 OECD 평균과 유사
  - **(종적)** 최근 5년간 각각 큰 변동 X
  - **(의무고용률/실적):** '23년 민간 3.5%(2.7), 공무원 4.0%(3.9), 5년간 연속 미달

○ **질적:** '23년 임금근로자 월 평균임금: 장애인 180.5만 원, 전체 250.5만 원, 2/3 수준
  '23년 장애인 임금근로자 단순노무직 35.0%, 전체(13.5%)보다↑, 세 배

2. 장애인 고용 부진의 원인

○ **일자리 차원:** 의무고용제도의 획일적 운영, 기업의 채용 기피와 시혜적 시각, 사업장의 장애인 고용여건 취약

○ **일할 사람 차원:** 직업능력개발 인프라 미흡, 장애인 특화 취업지원 서비스 미비, 장애인 근로의욕 취약

○ **매칭 차원:** 국민적 무관심, 이해단체들의 자기중심적 입장, 고용서비스 전달 체계의 비효율성

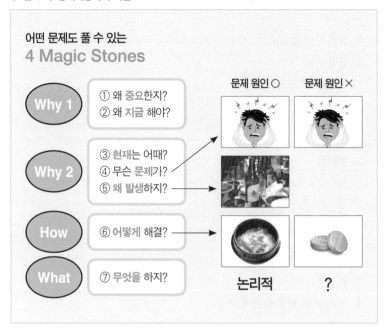

가 잘 연결되지 않는다면 거의 틀림없이 원인 분석이 없거나 이상하기 때문이다. 그럴 때는 '황태해장국의 비밀'부터 생각해보자.

그러면 스토리로 분석한다는 것은 또 무슨 뜻일까? 먼저 '실태' 부분을 어떻게 키워드로 입력하는지 비교해보자.

다시 〈연습 4-1〉에서 A의 '현황'을 보자. 아무리 보아도 스토리가 안 보인다. B의 '실태'에서는 보인다. 우선 고용의 양적 문제와 질적 문제가 있다. 양적 문제에서 '23년 전체 평균과의 비교는 횡적 비교다. 거기에 국제비교를 추가했고, 종적 비교, 즉 시계열 분석도 추가했다. 법정 의무고용률도 추가했다. 즉, '양적-질적', '국내-국제', '횡적-종적', '전체 고용률-장애인 고용률'이라는 입체적 스토리로 분석되었다. 정리하면 '아하! 장애인 고용 성과가 추세상 계속 악화하는 것은 아니고, 외국과 비교해도 낮은 수준은 아니지만, 양적·질적 모두 일반인과 격차가 크고 이 격차가 지속되는 것이 문제구나. 게다가 의무고용률도 지켜지지 않아 도입 취지가 무색하고!'가 된다. 읽는 사람에게 실태를 입체적으로 보여주고 있다.

스토리식 분석은 입체적 시각이다. 입체는 평면 + 알파다. 그러려면 한 번의 분석에서 끝내지 말고 한 번 더 분석해야 한다. 특히 국제비교와 추이비교 등은 입체적 시각의 기둥이다. 자료에 없으면 몰라도 있으면 반드시 챙기자.

이제 문제점의 '원인'도 스토리로 분석하자. 어렵게 느껴지지만 해보면 쉽다. 누구나 할 수 있다. 〈연습 4-2〉를 보자.

A는 문제점이 9개다. 이렇게 나열하면 아무런 의미가 없다. B는 묶었다. 이리 묶고 저리 보다 보니 '고용'은 '노동시장'이라는 생각이 든다. 장애인 고용도 고용이다. 시장은 '수요와 공급'이니까 노동시장에서는 '일자리와 일할 사람'이다. 좋다. 그런데 양자를 연결하는 기제도 생각하다 보니 '일자리, 일할 사람, 매칭'이라는 스토리가 된다. '의무고용제도의 획일적 운영'은 일자리 차원이고, '국민적 무관심'은 매칭 차원이다. 이런 B의 과정을 거쳐 B′처럼 정리했다. 9개의 나열된 정보를 이 스토리로 묶기, 이것이 플러스알파다. 평가자의 눈으로 보면 A와 B′ 중 무엇을 높게 평가할까?

많은 사람이 '실태 – 문제의 원인'으로 분석하는 것을 어렵게 생각한다. 논리적이기는 하지만 그렇게 해본 적이 없어 어색하고 헷갈린다고 한다. 그렇다면 대안으로 익숙한 '현황 – 문제점'으로 정

2. 문제점(A)	2. 장애인 고용 부진의 원인(B)	2. 장애인 고용 부진의 원인(B′)
○ 의무고용제도의 획일적 운영 ○ 국민적 무관심 ○ 기업의 채용기피와 시혜적 시각 ○ 직업능력개발 인프라 미흡 ○ 이해단체들의 자기중심적 입장 ○ 장애인 특화 취업지원 서비스 미비 ○ 사업장의 장애인 고용 여건 취약 ○ 장애인의 근로의욕 취약 ○ 고용서비스 전달 체계의 비효율성	① 일자리 ③ 매칭 ① 일자리 ② 일할 사람 ③ 매칭 ② 일할 사람 ① 일자리 ② 일할 사람 ③ 매칭	**1) 일자리 차원** - 의무고용~ - 기업의 채용~ - 사업장의~ **2) 일할 사람 차원** - 직업능력개발~ - 장애인 특화~ - 장애인 근로~ **3) 매칭 차원** - 국민적 무관심 - 이해관계단체~ - 고용서비스~

리해도 된다. 다만 그렇게 하더라도 '현황'을 필자의 '실태'라고 생각해서 반드시 현황－목표 간 비교를 통해 문제점을 도출하고, '문제점'을 필자의 '문제의 원인'이라고 생각해서 스토리로 분석하면 된다. 중요한 것은 목차의 이름이 아니라 비교와 분석이라는 내용이기 때문이다.

참! '의무고용제도의 개요'는 어떻게 할까? 현황인지 아닌지 애매하다. 애매하면 제목을 보라. 제목이 '장애인 의무고용제도 개선방안'이라면 '현 제도의 개요'가 현황과 문제점의 주 내용이다. 그런데 '장애인 고용 활성화 방안'이니까 '장애인 고용 성과'가 현황과 문제점의 주 내용이다. 따라서 의무고용제도의 개요는 의무고용 통계 밑에 참고로 넣거나, 단어가 처음 나오는 'Ⅰ. 검토배경'에 참고로 넣으면 된다. 참고로 들어가면 본질이 깔끔하게 드러난다.

이제 'Ⅱ. 실태분석'이 끝났다. 그러면 분석 단계는 거의 끝이다. 다른 덩어리들에 대해 또 다른 분석을 할 필요가 없다. 이 스토리가 전체를 일관하기 때문이다. 이 스토리를 기본으로 하면서 아까 읽으면서 표시했던 키워드들을 각각의 목차 밑에 입력하면 된다.

다음은 'Ⅰ. 검토배경'을 정리해보자.

대부분 여기를 제일 어려워하는데 실태분석과 관계없이 생각해서 그렇다. 검토배경은 과제의 중요성과 시급성이다. 실태분석을 요약한다고 생각하면 쉽다. 그리고 파급효과, 갈등사례, 국정과제, 언론보도·감사결과 같은 외부 지적, 논의 경과 등이 있으면 중요성이든 시급성이든 간단히 추가하면 된다. 〈연습 4-3〉을 보자.

A에는 '중요성'이 있다 그런데 '왜 중요한지'는 없고 그냥 '~한 문제가 중요 → 해결이 중요'하다가 전부다. 그러니까 안 중요해 보인다. '중요성'은 그 '문제의 영향이 크다'는 의미다. 따라서 B처럼 '~한 문제(실태분석) → ~한 영향(중요한 이유) → 해결이 중요'라고 해보자. 중간에 '중요한 이유'가 들어가니까 논리적이다. 중요한 이유에는 위에서 말한 파급효과 등이 들어가면 된다. 전체 덩어리의 논리도 중요하지만 한 문장 내에서의 논리도 중요하다. 이렇게 논리로 접근하면 담백한데 대부분 기대효과, 목적, 가치 등을 쓰려니까 검토배경부터 중언부언하며 시작하게 된다.

A에는 '시급성'도 없다. 그러니까 아무리 중요하다고 써도 평가

I. 검토배경(A)

○ 장애인 고용 문제 중요. 실업률↑, 고용률↓, '23년 장애인 의무고용률
  달성×

  → 그래서 장애인 고용 활성화 방안 검토 필요

I. 검토배경(B)

○ 중요성: 장애인 고용상황이 일반인보다 열악, 장기간 격차 개선 ×

  → 개인 근로의욕↓, 사회적 형평성의 문제↑→ 방안 마련 중요

○ 시급성: 의무고용제도 30년↑ but 민·공 모두 계속 미달(여론↓),
  의무고용률 상향 검토에 재계-장애인계 갈등↑, 복지비용↑,
  재정 부담↑→ 시급

자는 '일반적 고용문제도 급한데 왜 특별히 장애인 고용을 지금 다
뤄야 하지?'라는 의문이 생긴다. 그런데 필자의 경험상 시급성을 언
급하는 보고서는 10%도 안 된다. 시급성을 제대로 이해하지 못해
서 그렇다. 시급성은 그냥 '해결이 급하다'는 뜻이니까 급한 이유를
쓰면 된다. B처럼 '~한 문제(실태분석) → ~악영향 파급 가능성↑, 처
리에 장시간 소요 등(급한 이유) → 해결이 시급'이면 충분하다. 시급성
은 중요성의 플러스알파다. 남들이 10%도 안 쓰는 시급성을 쓰면
남과 달라진다. 10%에 들어가니까 말이다.

'Ⅲ. 활성화 방안'은 어떻게 분석할까?

안 해도 된다. 이미 했기 때문이다. 실태분석의 거울이다. 즉, '문
제의 원인'을 거꾸로 뒤집으면 된다. 그것을 없애는 정책 아이디어

가 활성화 방안이다. 〈연습 4-4〉를 보자.

A의 활성화 방안은 6개다. 많은 고민 끝에 좋은 아이디어를 6개나 발굴했다. 그런데 앞에서 분석한 '문제의 원인'과 연결되지 않는다. 그러니까 각각의 내용이 충실하다 할지라도 뭔가 부족해 보인다. 스토리가 없기 때문이다. 실태분석을 잘해놓고도 활용하지 못하니까 하수가 되어 버렸다.

그러나 B에는 있다. '일할 기회 확대, 일할 사람 지원, 인프라 정비와 인식 제고'라는 3개의 소목차는, 곧 '일자리, 일할 사람, 매칭'이라는 문제의 원인 스토리다. 별도 분석을 할 필요 없이 6개의 방안을 위 스토리로 묶었다. 물론 A에서도 평가자들이 6개 방안을 눈을 부릅뜨고 집중해서 30분 정도 살펴보면 이 스토리가 보일 수도 있다. 그런데 평가자들은 한눈에 보고 보이지 않으면 없다고 생각한다. 안 보이면 지는 거다!

이 3개 방안을 다시 보자. 그 밑에는 각각 또 다른 스토리들이 있다. '의무 고용 이행'을 독려하면서 동시에 '자발적 고용'을 촉진한다. '능력을 개발'하고 '취업을 지원'한다. '(시스템) 전달 체계를 개편'하고 '(사람) 인식을 제고'한다. 이 6개의 밑을 다시 보자. '의무고용 이행 강화' 밑에는 '단기와 장기', '자발적 고용 지원' 밑에는 '인센티브, 고용 여건, 사업장'의 스토리가 있다. 스토리는 계속된다. 그럴수록 플러스알파도 쌓인다.

보고서나 구두 발표에서 개선 방안은 반드시 '단기-중장기'로 구분하라는 코칭이 있다. 또 무조건 '경쟁-규제'로 하라는 코칭도 보았다. 대상별 전략은 무조건 '연령대별'로 하라는 코칭도 본 적

III. 활성화 방안(A)

1. 의무고용 이행 강화
2. 장애인 직업능력 개발 확대
3. 고용서비스 전달 체계 개편
4. 맞춤형 취업지원 서비스 개발
5. 자발적 고용 지원
6. 범국민적 공감대 형성

III. 활성화 방안((B)

1. 일할 기회 확대

○ **의무고용 이행 강화:** (단기) 의무고용률↑, 의무이행 수단 개선(민간 명단공표↑, 정부 부담금 부과 등), (장기) 제도개편(업종별, 규모별 차등적용 등)

○ **자발적 고용 지원:** (인센티브) 장려금↑, 세제지원↑ (고용 여건) 인적/근로지원인, 물적/보조공학기기, 프로그램/부진기관 컨설팅 (사업장 확대) 자회사형 표준사업장 설립지원↑, 사회적 기업 활용↑

2. 일할 사람 지원

○ **직업능력개발 확대:** (시설) 전용 훈련원 증설, 수요자 거점형 훈련센터 도입, (프로그램) 장애특성별·업종별 다양화, 기업 연계형 특화훈련 확대 등

○ **맞춤형 취업지원 서비스 개발:** 대상별 맞춤형 서비스↑ → 중증(정도), 여성(성별), 고령자(연령별), 발달 장애인(유형별) 등

3. 인프라 정비와 인식 제고

○ **고용서비스 전달 체계 개편:** 장애인 공단으로 전달 체계 일원화(찾아가는 서비스, 원스톱 센터, 심층 평가 상담 등 통합 취업지원 서비스 제공 등)

○ **인식개선의 제도화:** (기업) 교육의무화↑ (장애인) 근로의욕 고취 프로그램↑

이 있다. 다른 스토리는 안 될까? 모든 참가자들이 '단기 – 중장기', 또는 '경쟁 – 규제'로 논하면 평가자 입장에서는 정말 웃길 것 같다. 그래서 스토리는 확장 가능성이 핵심이다.

마지막 'Ⅳ. 세부 추진계획'이다

활성화 방안은 '정책의 내용'이고 세부 추진계획은 '그 정책의 집행'이다. 활성화 방안을 집행하려면 무엇이 필요할까?

〈연습 4-5〉를 보자. A는 '추진 체계, 일정, 예산, 홍보'가 필요하다고 한다. 좋다. '추진 체계'에는 T/F팀이 있다. 그런데 여기서 모든 것을 다 할까? '일정'은 방안별로 되어 있다. 그런데 방안이 20개라면 20개의 일정을 모두 정해야 할까? '예산'을 보면 소요 예산이다. 훈련원 몇 개 신설에 얼마, 현수막 몇 개에 얼마니까 총 얼마가 소요된단다. 그 짧은 검토 시간에 모든 항목의 예산 내역(물량×단가) 계산이 가능할까? 현수막 단가가 ○○원인 근거는? 못 한다. 구체적 수치를 쓰지만, 추정치에 불과하고 근거가 없으니까 의문이 생길 뿐이다. '홍보'를 보자. 보도 자료부터 SNS까지 생각나는 모든 방법을 나열했다. 그러니까 그 많은 방법으로 홍보하는데 계획이 단 한 줄이면 끝이다.

잠깐 일상으로 돌아가자. 회사에서 K라는 신규사업이 결정되었다(활성화 방안). 여러분이 이것을 집행하려면 무엇이 필요한가(세부 추진계획)? 업무 담당자를 정하고, 예산을 확보하고 규정과 조직을 정비한다. 홍보를 하면서 이해관계자 간 갈등도 조정한다. 전체적인 일정도 짜야 한다. 이것을 '누가, 무엇을, 어떻게, 언제'라는 스토

Ⅳ. 세부 추진계획(A)

1. 추진 체계: 장애인 고용 활성화 T/F 구성

2. 향후 일정: '24.2. T/F 구성, '24.3. 전용 훈련원 신축공사, '24.4. 의무고용제도 개편, '24.5. 세제 개편, '24.6. 방송사 홍보~~

3. 소요 예산: 총 ○○원 = 훈련원 신설 ○○원(○개소×○○원), 현수막 ○○원(○개×○○원), 방송광고 ○○원(○회×○○원) ~ ~ ~

4. 홍보 계획: 보도자료 배포, 방송 출연, 트위터, 페이스북 등 SNS 홍보 ~~

Ⅳ. 세부 추진계획((B)

1. (누가) 추진 체계: 장애인 고용 활성화 T/F(기획), 장애인 공단(집행)

2. (무엇을) 입법, 예산, 조직 확보 전략

○ 입법: 금년 중 법 개정(의무고용제도 개편) → 일정상 정부입법 〈 의원입법 추진

○ 예산: 기금(부담금 재원)으로는 한계 → 일반회계 전입금 확충 필요 → 부처 협의

○ 조직: 장애인 공단의 전담팀 신설 → 현 조직 직무분석, 불필요한 부분 ↓→ 정원 순증은 성과 평가 후 검토 → 부처 협의

3. (어떻게) 정책 홍보 관리 전략

○ 홍보:

- 시기(타이밍): 단계별 접근: 의견수렴(준비) → 공론화(보고·발표) → 확산
- 내용(메시지): 대상별 특화 콘텐츠 → 중증, 여성, 고령자, 발달 장애인
- 방법(수단): 여론 주도(신문·TV), 단체(1:1 대면), 개별 사업주·장애인 (SNS)

○ 조정: 타 부처 이견 → 유관부처 협의회, 장애인·경제단체 반대 → 이해단체 협의회, 지역주민·지자체 이견 → 지자체 협의회, 현장 방문

4. (언제) 추진 일정: '24.2. T/F, 협의회 등 구성, '24.3. 종합 실행계획 수립, '24.5. 홍보, 관계부처 협의, 이해단체 설명, '24.6. 정부 예산안 반영 ~

리로 묶은 것이 B다. 추진 체계는 '기획 – 집행'의 스토리다(누가).
입법은 '정부 – 의원입법'으로, 예산은 '일반회계 – 기금'으로, 조직
은 '선 구조조정 – 후 신설'이다(무엇을). 홍보는 '시기 – 내용 – 수단'
으로, 조정은 '유관 기관 – 이해 단체 – 지역주민'이다(어떻게). 일정
은 '업무추진의 흐름'이다(언제). B는 A + 스토리다. 플러스알파다.
어떤 평가자가 봐도 당연히 B가 고수다.

　사실 이렇게 하려면 '세부 추진계획'을 계획이 아니라 전략으로
생각해야 한다. 대부분 이 부분을 실무적인 실행계획으로 치부한다.
예를 들어 일부 코칭을 보면 'Ⅳ. 세부 추진계획'의 내용을 다 정해
놓고 기계적으로 담으라고 한다. 즉, '모니터링'은 '목적, 인원, 대
상, 모집방법, 결과 조치'를, '직원교육 계획'은 '목적, 대상, 방법'이
들어가야 한다고 한다. 그런데 고수는 실행전략으로 생각한다. 그
순간 이런 것들을 어떻게 담느냐로 바뀐다. 전혀 다른 차원이 되고
쓸 말이 엄청나게 많아진다. 그래서 여기서 남과 차별화된다. '소요
예산'이 아니라 '예산확보 전략'이다. '홍보계획'이 아니라 '홍보전
략'이다. 그러면 위의 스토리텔링 외에도 '홍보했을 때 예상되는 비
판논리 및 대응논리와 여론 반응에 따른 대응방안 등도 포함될 수
있다. 다만 〈연습 4-5〉에서는 분량을 고려하여 포함하지 않았을 뿐
이다. 계획과 전략은 다르다. 그래서 글쓰기는 전략이다.

　어떤 분이 한 말이다.

　"사실 세부 추진계획 덩어리는 거의 생각하지 않아요. 기계적이
거든요. 쓸 말도 별로 없고요."

　A처럼 나열하면 그렇다. 그런데 B처럼 전략으로 분석하면 다르

다. 이것이 4개의 생각 덩어리 중 하나이고 스토리를 강조하는 이 유다. 스토리는 분석에서 나온다. 이것만 하면 끝이다. 그래서 글쓰기는 분석이다.

끝났다. 그런데 더 쓰라는 코칭이 있다. 기획의 6대 목차가 그렇다. 대부분 논리를 생각하지 않고 '기획의 6대 목차'를 그대로 활용한다. 생각하지 않아도 되니까 편하다. 남들도 똑같이 하니까 동티날 우려도 없다. 그러니까 최선을 다하지만 아무리 잘해도 중간이다. 그러나 6대 목차를 보면서 생각을 해보자. 'V. 장애요인 및 극복방안이 논리적일까?'

앞에서 열심히 문제의 원인을 분석해서(II) 개선 방안을 마련하고(III) 추진계획까지 세웠는데(IV) 그렇게 하면 장애요인이 나오니까 또 극복해야 한다는 흐름이다. 전형적인 중복이다. 장애요인과 극복방안 모두 개선 방안(III) 또는 추진계획(IV)에 넣을 수 있다. '예산확보가 어렵다면 어쩌지?' 추진계획(IV)의 '예산확보 전략'에 넣으면 된다. '이해관계자 간 갈등은 장애요인이잖아?' 그러면 추진계획(IV)에 '조정전략' 또는 '갈등관리'를 넣으면 된다. 'VI. 기대효과가 덩어리일까?' 검토배경(I)과 중복이다.

만약 이 두 목차가 작성 양식이나 반드시 들어갈 내용으로 지정된다면 써야 한다. 그렇지 않다면 중복이고 비논리적이며 덩어리가 아니므로 별도 목차로 쓸 필요가 없다. 4개의 생각 덩어리는 별난 것이 아니라 깔끔한 것이다. 4개의 생각 덩어리를 믿자. 논리적 글쓰기는 중복 없애기다.

표현하기

깔끔한 문장쓰기 원칙 5

분석이 끝나고 이제 써야 한다. 'I. 검토배경'이다. 박 팀장은 키워드 입력한 것을 토대로 일단 문장을 썼다. 생각나는 대로 썼더니 대부분 한 문장이 3~4줄로 길거나, 0.2줄짜리 꼬리가 달리거나, 근거 설명도 없는 1줄 또는 키워드 수준의 문장들이다. 글이지만 문장이 아니다. 스스로 보아도 별로다.

'명색이 내 역량을 평가하는 보고서잖아? 창피는 안 당해야 하는데… 참! 몇 시지?'

3시간 중에 벌써 2시간이 지났다. 읽기와 분석에 2시간을 썼다.

'아, 1시간 만에 쓸 수 있을까?'

있다. 1시간에 세 장은 충분하다. 이 '표현'단계에서 시간을 많이 쓸 이유가 없다. 이미 '분석'단계에서 생각을 충분히 해서 키워드를 입력했기 때문이다. 물론 쓰다 보면 분석내용이 바뀔 수도 있지만 큰 스토리와 논리는 정리되었다. 따라서 여기서는 순수한 글쓰기에 대한 고민만 해보자. 어떻게 하면 깔끔한 문장을 쓸 수 있을까? 필자는 글쓰기를 전공하지도 않았고 글쓰기가 직업도 아니다. 그냥 조직에서 보고서를 많이 쓰다 보니, 특히 기획 분야에서 오래 일하다 보니 느낀 것이 있을 뿐이다. 단 하나! 항상 '읽는 사람 즉 상대방 입장에서 쓰기'다. 그렇게 쓰는 원칙이 있을까? 있다.

원칙 1 | 0.2줄 꼬리를 자르자

〈연습 4-6〉을 보자. 'I. 검토배경'에서 분석한 키워드를 가지고 쓴 문장이다. 아무리 고수처럼 분석해도 문장쓰기, 즉 표현에 따라 어떤 차이가 나는지 알 수 있다. A와 B를 꼼꼼히 비교해보자.

A의 문장에는 0.2줄짜리 꼬리가 달렸다. 꼬리가 달리면 긴 것도 문제이지만 논리가 안 보이는 것이 더 문제다. 즉, 문장이 중복되고 구태의연한 문구들로 나열되기 때문에 논리가 숨겨지는 것이다. 0.2줄이 삐져나온 것은 그만큼 불필요한 문구가 있다는 뜻이다. B는 0.2줄이 없다. 필요한 최소한의 문구만 들어간 것이다. 그러니까 한눈에 논리가 보인다. 초안인 A에서 B로 가려면 한 번 더 생각해야 한다. 플러스알파다.

말이 아니라 글이다. 같은 뜻인데 늘어져 있거나 반복된 문구를 찾아서 과감히 잘라내자. 그러려면 문장을 글자가 아니라 글로 보아야 한다. 그래야 문장이 덩어리, 즉 의미의 단위로 보이면서 중복

I. 검토배경(A)

○ 최근 우리나라에서 일자리 문제가 중요한 문제로 제기되면서 장
애인의 실업률, 고용률은 물론 평균임금이 일반 국민들보다 매우
안 좋다는 문제가 제기됨

  - 특히 이러한 격차가 오랫동안 계속되고 있어 이를 조기에 완화하
지 않으면 근로의욕은 떨어지고 사회적으로 형평성 문제까지 제
기될 수 있어 활성화 필요

○ ~

I. 검토배경(B)

○ 최근 일자리 문제가 심각해지면서 장애인의 경우 고용률과 실업
률, 평균임금 등 **고용상황이 일반인보다 더 열악**하다는 문제 제기

  - 특히 그 **격차가 장기간 지속**될 경우 **개인의 근로의욕 저하는 물론
사회적 형평성 문제**까지 제기될 수 있어 활성화 필요

○ ~

이 보인다. 초안을 썼더니 0.2줄짜리 꼬리가 삐져나왔다면 무조건
올려붙이자. 그런데 아무 생각 없이 '글자간격' 줄이기로 빡빡하게
당겨 붙이는 것이 아니라, 생각을 하면서 중복을 없애자. 본질이 살
아난다. 제일 중요하니까 제1원칙이다.

원칙 2 │ 치장 문구를 지우자

다음은 'II. 실태분석'을 문장으로 써보자. 〈연습 4-7〉이다. 문장
내 스토리는 A와 B가 동일하다. 그런데 A에는 B에 없는 단어들이

II. 현황 및 문제점(A)

1. 실태(또는 현황과 문제점)

2. 장애인 고용 부진의 원인

○ **(일자리 측면)** 지나치게 부담금 중심의 의무고용제도 위주로 집중 운영되고 기업 고용 여건 개선 지원은 소극적이어서 크게 미흡 → 많은 기업은 **장애인 고용을 고비용으로 인식**하여 가급적 채용을 기피하고 새로운 첨단유형의 장애인 고용에 적합한 친화 사업장 발굴 등은 부진

○ **(일할 사람 측면)** ~

II. 실태분석(B)

1. 실태(또는 현황과 문제점)

2. 장애인 고용 부진의 원인

○ **(일자리 측면)** 부담금 중심의 의무고용제도 위주로 운영되고 기업 고용여건 개선 지원은 미흡
→ 기업들은 **장애인 고용을 비용으로 인식**하여 채용을 기피하고 새로운 유형의 장애인 고용 친화 사업장 발굴 등은 부진

○ **(일할 사람 측면)** ~

있다. 필자의 답을 보기 전에 직접 찾아보자.

'지나치게, 집중, 크게, 많은, 고(비용), 가급적, 첨단, 적합한'이란 단어들이 보인다. 모두 형용사·부사이다. 8개나 된다. 이런 수식어가 많아지면 논리를 구성하는 핵심 단어들이 가려진다. 내용을 강조하려고 쓰지만, 논리와 진정성이 떨어져 보인다.

그래서 논리와 관계없는 치장 문구들은 걷어내야 한다. 형용사·부사 등 수식어는 최소화하고 주어·동사·목적어만 살려 보자. 그래도 말이 된다. 오히려 내 문장이 얼마나 쓸데없는 단어와 겉 포장으로 덮여있었는지 잘 보인다. 화장하려면 세수가 기본이 아닌가?

원칙 3 | 적합한 동사를 쓰자

이번에는 'Ⅲ. 활성화 방안'이다. 〈연습 4-8〉을 보면 A와 B는 내용은 같은데 다만 동사가 다를 뿐이다. 설명을 보기 전에 먼저 A에서 어색하거나 의문이 생기는 부분을 찾아보자.

A에서는 ① 같은 동사들이 반복된다. 앞부분에서 '~강화, 강화, 강화'가 3번 연속 반복된다. 어색하고 단어 실력이 짧아 보인다. '강화 → 확산'처럼 같은 의미의 다른 단어로 바꾸자.

② 아예 동사를 안 쓰는 경우도 있다. '~사업장에 대한 인센티브?' 문맥상 축소는 아니라고 알 수 있지만, 도입인지 확대인지 모르겠다. '~발굴 등 통합 컨설팅?' 도입인가 활성화인가? 없으면 도입이고, 있는데 미흡하면 활성화다. 그런데 안 쓰니까 모르겠다.

③ 문맥에 안 맞는 동사도 있다. '~대기업 참여를 적극 촉진?' 이상하다. '~ 유도'가 자연스럽다. '~사회적 기업을 적극 개발?' 기업은 '발굴'이고 유형은 '개발'이다.

④ 방향성이 애매한 단어들도 많다. '~전용 시스템을 추진? ~구매실적 공표제를 추진?' 추진하는 것이 도입일까, 정비일까? 쓰기는 썼지만 안 쓴 것과 다름없다. '~도입, 구축, 마련' 또는 '~정비,

Ⅲ. 활성화 방안(A)

1. 일할 기회 확대

○ 의무고용 이행 강화~

○ 자발적 고용 지원 강화

- **(인센티브)** 장애인 다수 고용 사업장에 대한 인센티브 → **장려금을 대폭 인상**하고, **세제 지원도 강화**(관계부처 협의)

- **(고용여건)** 근로 지원인(人)은 수요를 고려하여 지원 물량을 조정하고, **보조공학기기**는 적시 지원할 수 있도록 전용 시스템을 추진하며, 의무고용 부진기관은 직무분석·장애인 적합 직무 발굴 등 **통합 컨설팅**

- **(사업장)** **자회사형 표준사업장 확산**을 위해 대기업 참여를 적극 촉진하고(CEO 간담회 등)* 공공기관은 표준사업장 물품 구매실적 공표제를 추진하며, 장애인 고용 적합형 **사회적 기업**을 적극 개발

* 현재 30대 그룹 중 00개 그룹이 표준사업장 설립 → ○○개 그룹 이상 목표

Ⅲ. 활성화 방안(B)

1. 일할 기회 확대

○ 의무고용 이행 강화 ~

○ 자발적 고용 지원 확대

- **(인센티브)** 장애인 다수 고용 사업장에 대한 인센티브를 확대 → **장려금을 대폭 인상**하고, **세제 지원도 강화**(관계부처 협의)

- **(고용여건)** 근로 지원인(人)은 수요가 증가하므로 지원 물량을 확대하고, **보조공학기기**는 적시 지원하도록 시스템을 구축하며, 의무고용 부진기관은 직무분석·적합 직무 발굴 등 통합 컨설팅 도입

- **(사업장)** **자회사형 표준사업장 확산**을 위해 대기업 참여를 적극 유도하고(CEO 간담회 등)* 공공기관은 표준사업장 물품 구매실적 공표제를 도입하며, 장애인 고용 적합형 **사회적 기업**을 적극 발굴

* 현재 30대 그룹 중 ○○개 그룹이 표준사업장 설립 → ○○개 그룹 이상 목표

활성화, 업그레이드' 등 구체적으로 쓰자. '~수요를 고려하여 지원 물량을 조정하고?' 수요가 많은지 적은지, 물량을 늘리는지 줄이는 지 모르겠다.

동사는 '방향성'이다. '의지'다. 논리의 방향을 결정하는 의지의 표현이다. 내 의지를 안 쓰면 읽는 사람은 알 수 없다. 제대로 안 쓰면 오해한다. 논리가 약하면 수식어에 몰두하지만 논리가 확실하면 동사만으로 충분하다. 동사가 흐물거리면 논리가 흐트러지기 때문이다.

원칙 4 | 문장을 읽으면서 오류를 찾아내자

마지막으로 'Ⅳ. 세부 추진계획'이다. 〈연습 4-9〉를 중간 중간에 조사를 넣으면서 소리 내서 읽어보자. A는 안 읽히지만 B는 읽힌다. 내용이 같은데 이런 차이가 생기는 이유는 하나, 문법 때문이다.

A를 보자. '~의무화 등은(주어) 금년 중 법 개정 예정(동사)?' 의무화가 어떻게 법 개정을 예정하는가? 주어와 동사의 불일치다. '일정이 촉박하고 ~ 의원입법 우선 추진?' '~하고'는 나열의 문구다. 그런데 촉박한 일정과 의원입법은 나열이 아니라 인과의 관계다. '~센터는 확대하기 위해서는 기금적립금이 한계?' 주어가 두 개나 된다. 여기서 '~센터'는 목적어다. '직무분석과 함께 불필요한 부분이 축소되어 신설이 필요하고?' 선 분석 후 축소다. 그런데 선후 관계를 '~과 함께'라고 병렬로 썼다. 그래서 '~부분'이 주어가 되면서 '~축소되어'라는 수동태가 되고, 그러니까 '~신설이 필요하고'라고

IV. 세부 추진계획(A)

1. 추진 체계 ~

2. 입법, 예산, 조직 확보 전략

○ **입법:** 의무고용제도 개편, 직원교육 의무화 등은 금년 중 법 개정
  예정 → 일정이 촉박하고 정부입법보다 **의원입법** 우선 추진

○ **예산:** 전용 능력개발원 신설, 맞춤훈련센터는 확대하기 위해서는
  기금적립금이 한계 → **일반회계 전입금 필요**(관계부처 협의사안)

○ **조직:** 공단 내 전담팀은 현 조직 직무분석과 함께 **불필요한 부분**
  이 **축소**되어 **신설**이 필요하고, **성과 평가를 통해 정원 순증 검토**
  (관계부처 협의사안)

3. 정책 홍보 관리 전략 ~

IV. 세부 추진계획(B)

1. 추진 체계 ~

2. 입법, 예산, 조직 확보 전략

○ **입법:** 의무고용제도 개편, 직원교육 의무화 등을 위해서는 금년
  중 법 개정 필요 → 일정상 정부입법보다 **의원입법** 우선 추진

○ **예산:** 전용 능력개발원 신설, 맞춤훈련센터 확대 등을 위해서는
  기금적립금으로는 한계 → **일반회계 전입금 필요**(관계부처 협의)

○ **조직:** 전담팀은 현 조직 직무분석 후 **불필요한 부분을 축소해서
  신설**하고, **성과 평가를 통해 정원 순증** 검토(관계부처 협의)

3. 정책 홍보 관리 전략 ~

문장이 길어져서 결국 0.2줄 꼬리가 달렸다. 흔히 오탈자라고 하면 타이핑 오류를 생각한다. 그러나 위와 같은 '문법 오류의 오탈자'가 더 무섭다. 평가자들은 타이핑 오류는 실수로 보지만, 문법 오류의 오탈자는 실력으로 보기 때문이다. 각각 수정문은 B에 있다.

주어와 동사의 불일치, 주어와 목적어의 착각, 수동태와 능동태의 혼용, 오탈자 등을 확인하자. '그러면 문법을 다시 공부해야 하나?' 그러면 좋지만 그러기 어렵다. 현실적 방법은 쓰고 나서 입 또는 눈으로 읽어 보는 것이다. 읽으면서 말이 안 되면 문법이 틀린 거다.

원칙 5 | 다시 보고 한 번 더 생각하자

이상의 5가지 원칙을 지키려면 무엇이 필요할까? 0.2줄 꼬리를 자르려면 무엇이 중복되었는지 내가 쓴 문장을 다시 보아야 한다. 화장을 지우려면 무엇이 겉 포장이고 무엇이 알맹이인지 또다시 보아야 한다. 적합한 동사를 챙기려면 어떤 방향성이 적합한지 다시 보아야 하고, 오탈자 같은 기본기를 확인하려면 한 번 더 읽어보아야 한다. 그리고 이 모든 것들을 어떻게 고칠지 다시 생각해야 한다.

결론이다. 내가 쓴 문장을 다시 보고 두 번 세 번 생각하기다. 물론 여러분 중에는 글쓰기의 재능을 타고난 천재가 있을 수 있다. 그런데 드물다. 우리처럼 보통 사람들이 회사에서 깔끔한 문장을 쓰는 비법은 '다시 보고 다시 생각하기'다. 그 외에 다른 비법은 없다. 이 원칙들을 반영해서 전체의 보고서를 써본 것이 〈연습 4-10〉이다.

장애인 고용 활성화 방안

I. 검토배경(B)

○ 최근 일자리 문제가 심각해지면서 장애인의 경우 고용률과 실업률, 평균임금 등 **고용상황이 일반인보다 더 열악**하다는 문제 제기

- 특히 그 **격차가 장기간 지속**될 경우 **개인의 근로의욕 저하는 물론 사회적 형평성 문제**까지 제기될 수 있어 활성화 필요

○ 의무고용제도는 30년이 지났으나[*] **민간·공무원 모두 의무고용률에 미달** → 장애인 경제활동 부진은 복지비용 등 **재정부담** 증가 초래[**]

- 또한 최근 정부의 의무고용률 상향정책에 대한 **재계–장애인계 간 이견** 심화 등을 고려할 때 제도 재설계 등 실질적 개선 방안이 시급

[*] 의무고용률을 정하고(50인 이상 사업장), 미달시 사업주에(100인 이상) 부담금 부과, 초과시 장려금 지급, 부담금으로 기금을 조성, 장애인 고용에 활용

[**] 등록 장애인 수: '23년 250만 명, 전체 인구의 5.0%

II. 실태분석(B)

1. 실태(또는 현황과 문제점)

○ **(양적 측면)** '23년 장애인 실업률은 **5.5%**로서 전체(3.0%)의 두 배, **고용률(15세 이상)은 37.0%**로서 전체(65.5%)의 절반 수준

- 국제적으로는 OECD 국가와 유사하고[*], 최근 5년간 실업률과 고용률 모두 악화되지는 않고 있으나[**] **일반인과의 격차는 지속**되는 상황

[*] 15~64세 고용('23년, %): 한 50.0, OECD 평균 49.0, 독 48.0, 일 49.5, 이 51.1

[**] 고용률(%): '19년 36.8 → '23년 37.0 / 실업률(%) '19년 5.4 → '23년 5.5

- '23년 법정 의무고용률은 민간 3.5%, 공무원 4.0%이나 실적은 각각 2.7%, 3.9%로서 모두 미달(최근 5년간 연속 미달)

○ **(질적 측면)** '23년 임금근로자 중 장애인 월 평균임금은 **180.5만 원**으로 전체(250.5만 원)의 2/3수준이며, **단순노무직 비중이 35.0%**로서 전체(13.5%)의 3배 수준 → **질적으로도 일반인과 큰 격차**

2. 장애인 고용 부진의 원인

○ **(일자리 측면)** 부담금 중심의 의무고용제도 위주로 운영되고 기업 고용여건 개선은 소극적이어서 미흡
→ 기업들은 **장애인 고용을 비용으로 인식**하여 채용을 기피하고 새로운 유형의 장애인 고용 친화 사업장 발굴 등은 부진

○ **(일할 사람 측면)** 훈련수요에 비해 **능력개발 인프라가 부족하고**, 장애인에 **특화된 취업 서비스 미비** → 일할 능력과 의욕 개발에 한계

○ **(연계 차원)** 지자체·공단 등 **서비스 전달 체계가 분산**되고 이해단체들은 **자기중심적 입장** → 효율성 저하 및 국민적 무관심 초래

III. 활성화 방안(B)

1. 일할 기회 확대

○ **의무고용 이행 강화**

- **(단기)** 의무고용률을 높이되 **의무이행수단 개선** → 미이행 시 민간은 명단공표 대상을 확대(300인 이상→100인), 정부에도 부담금 부과

- **(장기)** 의무고용제도는 **환경변화에 맞게 유연화** → 업종·규모별로 의무고용률, 부담금, 장려금의 차등화 등 제도 개편(연구용역)

○ **자발적 고용 지원 확대**

- **(인센티브)** 장애인 다수 고용 사업장에 대한 인센티브를 확대 → **장려금을 대폭 인상**하고, 세제 지원도 강화(관계부처 협의)

- **(고용여건)** 근로 지원인(人)은 수요가 증가하므로 지원 물량을 확대하고, **보조공학기기**는 적시 지원하도록 시스템을 구축하며, 의무고용 부진기관은 직무분석·적합 직무 발굴 등 **통합 컨설팅** 도입

- **(사업장)** 자회사형 **표준사업장 확산**을 위해 대기업 참여를 적극 유도하고(CEO 간담회 등)* 공공기관은 표준사업장 물품 구매실적 공표제를 도입하며, 장애인 고용 적합형 **사회적 기업**을 적극 발굴

  * 현재 30대 그룹 중 00개 그룹이 표준사업장 설립 → 00개 그룹 이상 목표

2. 일할 사람 지원

○ **직업능력개발 지원 확대**

- **(시설)** 능력개발 인프라 확대를 위해 **전용 능력개발원을 신설**하고, 접근성 제고를 위해 연차적으로 **수요자 거점형 훈련센터 확대**

- **(프로그램)** 신산업·융합직종의 인력수요, 지역특화산업과의 연계 등이 필요 → **훈련 직종을 다양화**하고 기업 맞춤형 훈련을 확대

○ **맞춤형 취업지원 서비스 개발:** 중증·발달·고령·여성 장애인이 고용이 상대적으로 저조하므로 대상별 고용지원 강화 필요

- **(중증·발달 장애인)** 구직자·근로자·사업주 등 전반적 **인센티브 확대** 필요 → 중증장애인 인턴 확대, 발달장애인 전용훈련센터 증설 등

- **(여성·고령 장애인)** 기업의 채용유인과 장애인의 **역량강화**를 위한 지원 확대 필요 → 장애인 적합 직무개발, 고용환경 개선 지원을 강화하고, 적합한 직업능력 프로그램 개발을 확대

3. 인프라 정비와 인식 제고

○ **고용서비스 전달 체계 개편:** 고용서비스 효율화를 위해서는 **전달 체계 일원화** 필요 → 공단으로 장애인 취업성공패키지 사업 이관, 통합 취업지원 서비스를 제공하고 시설·장비·인력을 지속 확대

○ **인식제고:** 근본적 인식개선을 위해서는 **제도화 필요** → 기업의 직원교육 및 복지시설의 근로의욕 고취 프로그램 등 의무화

IV. 세부 추진계획(B)

1. 추진 체계: 종합적 과제이므로 '(가칭)장애인고용 활성화 T/F'를 구성하여* 총괄하고, 집행은 장애인 **공단 내 전담팀**을 신설하여 운영

> * 팀장(실장), 팀원(고용/노동/기획실 과장), 간사(장애인고용정책과장)

2. 입법, 예산, 조직 확보 전략

○ **입법:** 의무고용제도 개편, 직원교육 의무화 등을 위해서는 금년 중 법 개정 필요 → 일정상 정부입법보다 **의원입법** 우선 추진

○ **예산:** 전용 능력개발원 신설, 맞춤훈련센터 확대 등을 위해서는 기금적립금으로는 한계 → **일반회계 전입금 필요**(관계부처 협의)

○ **조직:** 전담팀은 현 조직 직무분석 후 **불필요한 부분을 축소해서 신설**하고, **성과 평가를 통해 정원 순증** 검토(관계부처 협의)

3. 정책 홍보 관리 전략

○ **홍보: (시기)** 준비 → 공론화 → 확산의 단계별 접근, **(내용)** 중증, 발달장애인 등 특화 콘텐츠에 집중, **(방법)** 여론주도층은 신문·TV 등 활용, 이해단체들은 대면 홍보, 개별 사업주·장애인은 SNS 활용

○ **조정:** 타 부처, 이해단체, 지자체 등의 반발과 이해관계 상충 예상 → **관계부처 협의회** 정례화, **이해단체와의 수시 협의 채널** 구축, **지자체 정책조정회의** 적극 활용 및 **지속적 현장 방문** 필요

4. 추진 일정

○ '24.2. T/F팀, 협의회 등 추진 체계 정비

○ '24.3. '장애인 고용 활성화 종합 실행계획' 수립

○ '24.5. 관계 부처 협의, 이해단체설명, 1단계 홍보

○ '24.6. 정부예산안 반영, 법률개정의원입법안 상정, 2단계 홍보

○ '24.12. 예산 및 법률개정안 국회 통과, 3단계 홍보

업무실적 기술서 쓰기
내가 잘한 것의 의미를 써라!

어느 공무원 연수원에서 보고서 특강을 할 때였다. 담당자가 다소 미안한 표정으로 갑자기 부탁했다.

"저기, 혹시 가능하시면 '업무실적 기술서'에 대해서도 강의해주실 수 있을까요? 직원들이 너무 힘들어해서요."

미리 준비는 못 했지만 흔쾌히 수락했다. 평소 직원들의 어려움에 공감하고 있었고 그것에 대한 생각을 정리하고 있었기 때문이다.

역량평가와는 관계없이 대부분 기관의 승진심사에서 필수적인 것이 '(최근) 업무실적 기술서' 평가다. 형식적인 절차일까? 아니다. 의외로 비중이 높다. 기관마다 다르지만 통상 이 실적평가의 반영비율이 20~40% 정도다. 모 부처의 특별 승진은 역량평가와 실적평가만으로 심사한다. 엄청나지 않은가? 그런데 어디에도 이것에 대한 코칭이 없다. 대부분 최근 3년간 실적을 3~4쪽 이내로, 또는 가장 큰 실적 3~4개를 각 1쪽씩 쓰는 형태다. 나의 피와 땀으로 쌓은 그 많은 실적을 어떻게 3~4쪽으로 표현할까? 작성 양식이 있든 없든 상관없다. 몇 가지만 생각하면 실적이 달라진다.

● **쓸 것이 없다고?** 업무를 쓰려니까 그렇다. 업무와 실적은 다르다. 업무는 해야 할 것을 한 것이고 실적은 했는데 잘한 것이다. 업무실적을 쓰라면 대부분 업무, 즉 업무분장에 따라 해야만 했던 일을 적는다. 그러니까 몇 줄 쓰면 없다. 실적, 즉 잘한 것을 써라.

● **잘한 것이 없다고?** 깔려 있는데 못 찾고 있다. 잘한 것은 특별하거나 엄청난 것이 아니라 내가 한 일의 '의미'다. '청년 취업박람회 2회 개최'는 그냥 업무를 쓴 것이다. 2회의 의미가 없기 때문이다. '전년도에는 안 했는데 그해 처음 한 것인지, 전년도에는 1회 했는데 이번에 2회로 늘린 것인지, 전국에서 아무도 안 했는데 내가 처음 기획한 것인지' 이런 것을 써야 읽는 사람이 실적이라고 생각한다.

● **의미를 쓰기가 어렵다고?** 과장해서 그렇다. 대부분 '~해서 고용률 상승에 기여, 고객만족도 제고, 예산절감 효과 거양' 같은 식이다. 거창하고, 추상적이고, 자랑한다. 그러니까 쓰면서 쑥스럽고 읽으면서 쓴웃음이 나온다. 업무실적 '자랑서'가 아니라 '기술서'다. 억지로 과장하지 말고 한 일의 의미를 그대로 쓰면 충분하다. '~청년 취업박람회 최초 개최, ~○○ 사업 대상 전면 확대, ~○○ 지원 절차 간소화'라고 써보자. 굳이 자랑하지 않아도 평가자들은 실적이라고 읽는다.

● **취지부터 쓴다고?** 제일 많이 쓰는 형태가 '무엇을 제고하기 위해 무엇을 해서 저렇게 기여했다'이다. 즉, 추상적인 취지는 계속 중복해서 쓰면서, 정작 무엇을 했는지는 거의 안 쓰거나 사업명만 쓰거나 참고표시로 아주 작게 쓴다. 평가자들은 추상적 취지에는 전혀 관심이 없다. 이 사람이 무엇을 했는지 알고 싶어 할 뿐이다.
'주장-근거-사례'를 기억하는가? 그 원칙대로 쓰면 쉽다. 실적은 내가 잘한 것이다. 먼저, '한 것'이 무엇인지 구체적으로 써라(주장). 그리고 그것이 왜 잘한 것인지, 즉 어떤 의미가 있는지 근거와 사례를 통해 밝히면 쉽다.

● **그냥 쭉 쓴다고?** '그러면 담담하게 써야 하니까 그냥 쭉 쓰면 안 될까?' 안 된다. 스토리가 있어야 한다. 내 실적이 10개라면 그 각각에 대한 의미 부여는 기본이다. 그리고 플러스알파를 하자. 즉, 그 일들을 3~4개의 덩어리로 묶어서 의미를 부여하고 스토리로 연결한다. 업무실적 기술서도 보고서와 다를 바 없다. 제3장에서 배운 대로 쓰면 된다.

● **처음부터 쪽수에 맞춰 쓴다고?** 통상 이런 글들은 분량을 제한한다. 그런데 세 장이라면 처음부터 세 장만 쓰려고 한다. 하수다. 엄청난 고수가 아니라면 처음부터 딱 맞춰서 쓸 수 없다. 그러니까 생각이 제한되고 문장이 답답해진다. 정해진 분량에 신경 쓰지 말고 일단 쓰고 싶은 내용을 전부 써보자. 그러고 나서 중요한 것을 고르고, 내용을 압축해서, 덩어리를 나누고, 스토리를 만들면서 분량을 맞추면 된다.

● **닥쳐서 급히 쓴다고?** 이렇게 쓰는데 하루 만에 쓸 수 있을까? 하수는 준비하지 않고 닥쳐서 쓴다. 고수는 몇 달 전부터 미리 준비한다. 내가 그동안 잘한 일을 정리하고, 의미를 부여해서, 덩어리와 스토리를 만드는데 그 정도 시간은 당연히 필요하지 않을까? 잘 못 써서가 아니라 급하게 쓰니까 못 쓰는 것이다.

● **그래도 쓸 실적이 없다고?** 그러면 일을 안 한 것이다. 어쩔 수 없다.

5장

구두 발표하기

Oral Presentation

본질찾기

생각을 글과 말로 잘 정리하기

정신없이 보고서를 끝내고 다음 평가장으로 갔다. 벌써 지친다.

'조금만 참자. 발표자료는 간단히 쓰면 되겠지 뭐. 핵심은 발표라고 하니까 발표 때 대충 말로 때우면 되잖아? 그리고 질의응답이야 회사생활 20년 경력인데 대충 답변은 하지 않겠어?'

그런데 갑자기 얼마 전 역량평가를 경험했다는 한국파워공사 선배의 말이 생각났다.

"구두 발표가 말장난이라고? 장난이 아니야. 몇 사람은 끝나고 거의 혼수상태로 나왔어. 평가관들이 얼마나 집요한지 나도 식은 땀 한 말은 흘렸을걸? 만만치 않아. 제대로 준비해야 해!"

불현듯 불안감이 밀려온다.

'만만치 않다고? 왜 그럴까?'

구두 발표는 '주어진 자료를 토대로 과제를 해결하는 자료를 만들어 상사, 대중, 이해관계자 앞에서 발표하기'(인사혁신처) 또는 '관련 업무에 대한 현황 및 해결방안을 제시해야 하는 등 특정 사안에 대해 보고서를 작성하고 발표하는 서면·구두평가'(모 지방교육청)로 정의된다. 검토 시간이 짧으므로 글로 쓰는 자료는 요약 보고서가 되고 말로 보충하게 된다. 말은 정리한 자료를 '발표(프레젠테이션)'하는 것과 그 내용에 대한 평가자와의 '질의응답(인터뷰)'에 해당된다.

본질을 보자. '한 가지의 일을 잘 처리'해야 하는 것은 보고서와 같다. 다른 것은 말로 한다는 것뿐이다. 즉, 한 가지 일을 잘 처리하기 위해 생각을 글과 말로 잘 정리하는 것이다. 이때 글과 말 중 무엇이 더 중요할까?

구두 발표는 글쓰기다

글이다. 요약 보고서든 메모든 먼저 내 생각을 글로 잘 정리해야 말이 잘 나온다. 구두 발표는 보고서처럼 '기획력' 위주로 평가하기 때문이다. 여러분은 아마도 수많은 기출문제를 보았을 것이다. 과제의 제목이 보고서 작성과 거의 같다. 모두 '○○○○ 활성화 방안/ 개선 방안/ 도입 방안' 등이다. 다만 보고서보다 글의 양이 적고 적은 만큼 말로 보충하라는 것이다. 따라서 구두 발표에서 생각을 정리하는 스토리도 보고서와 같다. 기획보고서의 전체 스토리와 덩어

〈표 5-1〉 (기획)보고서 작성과 구두 발표 비교

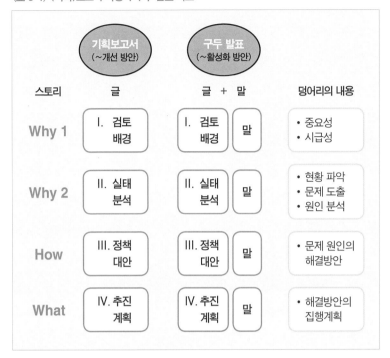

리별 부분 스토리가 모두 그대로다.

〈표 5-1〉을 보면 보고서 작성과 구두 발표의 공통점과 차이점이 명확하다. 전체 스토리는 Why 1 – Why 2 – How – What으로 같다. 다만 구두 발표에서는 글이 줄고, 말이 그 자리를 대체했다. 이제 구두발표부터는 말을 해야 한다. 발표와 인터뷰를 어떻게 준비해야 할까?

말하기는 생각이다

하수들은 글과 말이 별도라고 생각한다. 구두 발표는 언변 테스트니까 말을 '많이, 빨리, 멋있게' 하려고 한다. 분석은 안 하고, 글은 대충 쓰고, 스피치 스킬에 집중한다. 그러니 발표는 중언부언하다가 횡설수설하고, 인터뷰는 동문서답하다가 결국 유구무언으로 끝나게 된다. 고수는 다르다. 말이라는 수단보다 기획력 평가라는 본질에 집중한다. 실태 분석하기, 논리 만들기, 아이디어 고민하기 등 보고서처럼 생각한다. 별도의 스피치 준비? 없다. 다만 "왜?"라는 질문에 대비하기 위해 내 주장의 모든 부분에 스토리와 근거를 미리 준비할 뿐이다.

글과 달리 말을 할 때는 생각 없이 바로 해버리기 쉽다. 왜 그럴까? 글은 펜이든 컴퓨터든 반드시 도구를 거치게 되고, 그 과정에서 생각이 정리된다. 그러나 말은 도구를 거칠 새가 없이 본능적으로 나온다. 따라서 논리적이고 정제된 어법으로 '말'하기 위해서는 본능을 이성으로 통제하는 과정, 즉 '생각 정리하기' 과정이 필요하다. 구두 발표에서는 발표자료가 그 역할을 한다. 그래서 말보다 글이, 글보다 생각이 우선, 즉 '생각 〉 글 〉 말'의 순서다. 사람을 평가하는 기준에 '신언서판身言書判'이란 말이 있다. 여기에는 순서가 없지만, 구두 발표에는 순서가 있다. '판 〉 서 〉 언 〉 신'이다.

사례 – 초·중등학교 인문교육 활성화 방안 발표

2019 한국섬세공사 국장승진 역량평가
「구두 발표」 참고자료

과제 개요(1쪽)

- **요령:** 50분간 검토 및 발표자료 작성(자유양식, 수기 작성 가능), 40분 간 발표 및 질의응답(발표 5분, 인터뷰 35분)
- **역할:** 섬세광역시 교육청 학교교육정책과 김역량 사무관
- **상황:** 김 사무관은 초·중등교육과정 담당, 최근 학생 인성문제가 이슈 화되면서 인문교육 필요성 제기, 토론회에서 교육청의 개선 방 안을 발표해야 함

자료 1. 조직도와 부서별 주요업무(2쪽)

- 교육청 조직도와 업무 개요(교육정책국, 행정지원국 등 2개국 10개 과)
- 교육정책국 내 학교교육정책과 등 5개 과의 상세 업무분장

자료 2. 김역량 사무관에 대한 오이해 과장의 구두 업무지시(3쪽)

- 최근 초·중등 학생들의 일탈행위 등이 빈발하면서 대책 마련이 시급 하다는 요구가 확산
- 특히 과열 입시경쟁 등이 문제로 지적되면서 인문교육 필요성에 공감
- 교육감께서 초·중등학교 인문교육 활성화 방안을 수립한 후 토론회를 개최토록 지시하심
- 이번 토론회에서는 직접 발표하려 했으나 다른 급한 일이 생겨서 김 사무관이 대신 발표할 필요

자료 3. 현 초·중등 인문소양교육 프로그램 개요(4쪽)

- 초중등교육법령상 관련 내용, 교육프로그램 운영·추진 체계, 절차 등
- 섬세시 교육청 내 인문소양교육 조직, 인력 현황 등
- 관내에서 현재 운영 중인 주요 인문소양교육 프로그램 종류와 개요

자료 4. 섬세시 교육청 관내 초·중등 인문소양교육 현황(5쪽)

		2019	2020	2021	2022	2023
인문교육 프로그램 실시학교 비중(%)	초등	40.0	39.5	40.1	39.9	40.1
	중등	35.5	35.6	35.4	35.5	35.4
연간 인문교육 프로그램 시간(시간)	초등	30.0	30.0	29.0	28.0	27.0
	중등	33.0	33.0	32.0	31.0	31.0
인문교육 학생 만족도 조사 중 만족 비율(%)	초등	45.5	45.4	45.0	44.9	44.5
	중등	40.0	40.0	39.5	39.0	38.0
인문교육 프로그램 예산(억 원)	초등	28.0	28.0	27.5	27.0	26.0
	중등	30.0	30.0	30.0	29.0	28.0
교원연수 과목 중 인문교육 비중(%)	초등	10.0	10.0	9.5	9.3	8.9
	중등	10.5	10.5	10.0	9.7	9.0

- OECD 주요 국가 중등학교 연간 인문교육 프로그램 시간('23, 시간):
  한 31.0, 일 50.0, 영 64.0, 독 70.5, 프 87.3, OECD 평균 63.5

자료 5. '24.00.0 ○○일보 기획연재(1). "무너지는 아이들 – 인성이 뭐에요?"(6쪽)

- 초·중등 학생들의 가출, 흡연, 음주, 성범죄 등 일탈행위 급증, 인성문제 지적
- 그러나 공교육과 사교육은 입시 위주 운영, 가정교육은 맞벌이로 한계
- 인성교육의 필요성은 인정하는데 체계적인 공적 지원체계가 미흡
- 그나마 있는 인문학 등 인성교육 자원도 제대로 활용되지 못함

자료 6. '24.00.0 ○○일보 기획연재(2). "무너지는 아이들 – 인문학이 답이다!"(7쪽)

- 전문가 대담, 일반 시민 인터뷰, 교육청 담당자, 일선 교사 등 인터뷰
- 아이들에게 생각하라고만 하지 말고 생각하는 방법을 알려주어야!
- 인문교육의 효과는 시간이 걸리므로 체계적, 단계적으로 접근할 필요
- 기존에 있는 인문학 인프라도 제대로 활용하자.

자료 7. '24.00.00. ○○방송 심야토론. '인문학 교육! 어떻게 할 것인가?'(8쪽)

- 인문학 교육 확대 찬성 측 토론 요지: 질문과 생각을 통한 인성교육 효과↑, 주입식 교육의 폐해↑
- 반대 측 토론 요지: 문제는 학력 위주 사회임. 대입 위주 공부 자체가 나쁜 것이 아님. 인문학 교육을 한다고 인성에 문제가 없어지는가?

자료 8. '23년 한국 초중등학교 교사협의회 연구보고서(9쪽)

- 인성문제 해결을 위한 인문학 교육의 효과성 연구. 장기적 효과 입증
- 인문학교육 해외 우수 사례: 프랑스, 독일, 영국, 이태리

자료 9. 섬세광역시 교육청 인터넷 홈페이지 자유게시판(10쪽)

- 인문교육 확대! 너무 늦은 감은 있지만 그래도 시작이 반이다!
- 인문학 같은 쓸데없는 데 돈 쓰지 말고 일반 교과목이나 잘 가르쳐라!
- 스마트폰에 찌든 아이들 너무 불쌍해요. 생각할 수 있는 교육! 너무 멋져요!
- 학생은 공부가 우선이다. 학원 다닐 시간도 없는데 무슨 인문학이냐?

급할수록 흐름으로 읽자

시작했다. 참고자료를 보니 주제만 다를 뿐 형태는 보고서 작성과 거의 같다. 제목도 '~활성화 방안'이고, 자료의 구성도 쪽수가 적을 뿐 거의 같은 흐름이다. '보고서 작성의 축소판이네. 그럼 별거 아닌데? 그냥 간단히 쓰고, 그것을 발표하고, 질문에 대답하면 될 것 같은데 왜 이걸 어렵다고 그러지? 그런데 어라? 검토 시간이 50분? 왜 이렇게 짧아? 쉽지 않겠는걸?'

구두 발표라고 보고서 작성과 다른 특별한 방법이 있는 것은 아니다. 전략적 읽기, 보완적 읽기, 맥락적 읽기 모두 같다. 기획력 위주 평가이기 때문이다. 다만 구두 발표의 특징에 따른 유의점만 간단히 설명한다.

우선 검토 시간이 40~50분이다. 2~3시간을 주는 보고서 작성보다 훨씬 짧다. 이것은 무엇을 의미할까? 보고서처럼 상세한 분석을 요구하지는 않고, '문제의 원인을 정확히 보는가, 대안을 적절히 제시하는가' 등 논리와 흐름을 더 중시한다는 얘기다. 따라서 세부적인 숫자 등에 너무 집착하지 말고 스토리 위주로 생각하며 읽어야 한다.

우선 '통계자료'를 보자. 많은 사람이 나중에 질의응답을 할 때 자료에 근거해서 대답해야 한다며 세세한 수치들을 열심히 외운다. 자료에 근거해서 대답하는 것은 맞다. 그러나 통계분석이나 암기 시험이 아니다. 몇 %, 몇억 원 등을 외우지 말고, 최저 · 최고(횡적 비교), 증가·감소(종적 비교), 대부분·극소수(비중 분석) 등 의미를 찾자. 숫자는 참고이고 의미가 본질이기 때문이다.

주제와 관련된 '기획보고서'도 검토자료로 주어진다. 중요한 자료다. 여기서는 멋있는 문구를 따오려 하지 말고 논리적 흐름을 잡아야 한다. '신문기사'는 헤드라인이 말을 한다. 어디에 쓸 자료인지 대번에 알 수 있다. 즉, '우수사례'는 해결방안이나 추진계획에, '실패사례'는 실태분석이나 검토배경에 활용하면 된다. 시간이 없다고 대충 읽어서는 안 된다. 시간이 짧을수록 훨씬 더 흐름 위주로, 압축적으로 꼼꼼히 읽어야 한다.

분석하기가 곧 발표자료다

시간이 짧으므로 읽기/분석을 같이할 수밖에 없다. 분석방법도 보고서 쓰기와 같고, 분석하며 입력하는 메모가 거의 그대로 발표자료가 된다. 즉, 키워드 입력에서 약간의 살만 붙이면 발표자료다. 고수의 발표자료를 보자. 〈연습 5-1〉이다.

구두 발표의 분석 방법과 내용에 대해서는 군이 고수-하수를 비교할 필요가 없다. 이미 4장에서 설명했기 때문이다. 다만, 시간에 쫓겨 급하게 작성하다 보면 놓칠 수 있는 몇 가지만 정리해보자

우선 레벨의 문제다. 앞서 제4장에서는 고용섬세부라는 '중앙부처' 차원의 활성화 방안이었다. 여기서는 섬세광역시라는 '지방 교육청' 차원이다. 행위 주체가 다르면 책임과 권한이 다르지 않은가? 4장의 보고서와 비교해보면 방안의 차원과 예산·근거·추진 일정 등 추진계획의 방법에서 상당한 차이가 보인다. 지방 교육청이 직접

할 수 있는 것과 없는 것을 제대로 구별해야 한다.

다음은 발표대상의 문제다. 누구에게 왜 발표하는지 생각을 하자. 청중인가, 상사인가에 따라 내용이 달라진다. 〈연습 5-1〉은 내부 의사결정이 아니라 토론회 자료다. 무엇이 다를까? 공개된다는 점이다. 4장의 '내부 의사결정용' 보고서와 비교해보자. 우선 'IV. 세부 추진계획'에서 '홍보전략'이 없다. 홍보전략은 내부 문제이고 발표할 내용이 아니다. 또 '정책 자원 확보 전략'이 아니라 '~계획'이다. '전략'은 아직 결정되기 전으로 보이지만, '계획'은 이미 정리된 느낌이다. 토론회에서 우리 기관의 개선 방안을 발표한다면 미정인 전략보다 확정된 계획으로 설득해야 하지 않을까? 분명히 사례의 지시문에 '토론회에서 개선 방안을 발표'한다고 했다.

세 번째는 편집의 문제다. 아무래도 읽기-분석-자료까지 시간이 급하다. 그러면 참고문구는 빼고 본문만 써도 된다. 그래서 〈연습 5-1〉에서 참고문구를 색깔과 〈 〉로 처리했다. 대신 내용은 생각을 하고 있어야 발표에서 말로 보완하든지 질의에 대답할 수 있다. 그리고 →, ↑, ↓ 등의 기호를 잘 활용하자. '~이므로'라고 쓰기보다 '→'가 훨씬 간명하다. 시간 제약상 발표자료는 편집보다 내용이 우선이다. 그런데 내용을 잘 정리하면서 편집까지 깔끔하게 하고 싶다면? '상용구와 단축키'를 연마하자. 편집을 빨리해야 내용까지 잘 정리할 수 있기 때문이다.

초·중등학교 인문교육 활성화 방안

I. 추진 배경

○ 최근 초·중등학생들의 빗나간 일탈행위 빈발, 사회문제화[*]

　→ 인성교육의 시급성이 교육계 이슈로 등장, 큰 사회적 논쟁 예상

　〈* 00.00. 00일보 기획연재: '무너지는 아이들'〉

○ 학력 중심 사회인식, 경쟁 위주 교육제도 → 주입식 교육, 사교육 심화

　→ 4차 산업혁명 시대에 경쟁력의 핵심이 되는 창의성 계발에 한계

⇒ 인간·사회에 대한 성찰, 생각하는 방법 등이 중요 → 인문학적 소양 교육이 핵심대안으로 제시 → 교육청 차원의 활성화 방안 추진 필요

II. 실태분석

1. 현황과 문제점

○ (양적 측면) 인문교육 실시학교 비중은[1] 초·중등 모두 최근 5년간 증가 ×, 실시학교에서도 연간 인문교육 시간이[2] ↓, 특히 중등학교의 인문교육 시간은[3] OECD 평균의 절반 이하, 프랑스의 1/3 수준

　〈[1] 초: 40.0%('19) → 40.1%('23) / 중: 35.5%('19) → 35.4%('23)〉

　〈[2] 초: 15.5%('19) → 14.0%('23) / 중: 16.5%('19) → 14.5%('23)〉

　〈[3] 연간 중등 인문교육 시간('23, 시간): 한 31.0, OECD 평균 63.5, 프 87.3〉

○ (질적 측면) 인문교육 관련 학생만족도 조사결과 '만족' 비율이[1] 최근 5년간 ↓ → 관련 예산과[2] 교원연수 과목의[3] 감축 결과로 추정

　〈[1] 초: 45.5%('19) → 44.5%('23) / 중: 40.0%('19) → 38.0%('23)〉

　〈[2] 초: 28억('19) → 26억('23) / 중: 30억('19) → 28억('23)〉

　〈[3] 초: 10.0%('19) → 8.9%('23) / 중: 10.5%('19) → 9.0%('23)〉

2. 인문교육 부진의 원인 분석

○ (프로그램) 입시 위주의 암기식·교과목 중점, 학교 교육과정에 공식 포함 × → 인문교육에 대한 학생·학부모의 인식제고에 한계

○ (지원 체계) 인문교육 프로그램을 총괄적으로 기획·관리하는 시스템 × → 교육청 내 각급 학교의 인문교육 지원기능이 정비되지 못해 혼란↑

○ (지역 인프라) 인문교육 관련 콘텐츠·예산 등이 학교 안팎으로 산재 → 자원이 부족한 상태에서 효율적 집행과 시너지 효과 기대 곤란

III. 인문교육 활성화 방안

1. 인문교양 프로그램 관심도 제고

○ (프로그램의 다양화) 인문소양 관심 제고를 위해서는 자발적 흥미 유발이 중요 → 체험활동 연계형 등 개발*, 주민 대상 프로그램 공모
〈*예: 찾아가는 인문학 콘서트, 토요독서체험, 가족 인문 사랑방 등 운영〉

○ (이수 의무제 도입) 인문교육을 교육과정에 공식 포함할 필요 → 연간 기준시간 이상 인문교육 프로그램을 반드시 이수하도록 의무화

2. 학교의 인문교육 지원 시스템 정비

○ (체계 구축) 인문교육 업무의 체계적 추진 시스템 필요 → 학교별 '인문교육지원센터', 교육청에는 '인문교육지원단' 구성, 업무 총괄

○ (학교역할 확대) 학교의 인문교육 지원 역할 강화 시급 → 교육청별 '인문교육 선도학교' 공모(예산지원), 전용 홈페이지 구축 등

3. 지역사회 내 인문교육 토대 확산

○ (시스템 연계) 산재해 있는 지역 내 인문학적 기반의 효율적 활용 필요 → 지역 공동체 역할을 할 '(가칭)지역 인문교육발전협의회'* 구성
〈*교육청+도서관, 박물관, 대학, 지자체, 연구기관, 향교, 서원 등 참여, 정례화〉

○ (협업 활동) 협의회를 통해 지역 인문학 자원을 효과적으로 활용 → 각 기관별 사업을 학교와 연계, 융합 프로그램 개발 등 협업

IV. 세부 추진계획

1. 추진 체계: 인문교육지원단 → 인문교육지원센터 → 지역 인문교육 발전협의회

2. 정책 자원 확보 계획

○ 근거: 지원단 설치, 이수의무제 근거 필요 → 선 규칙 제정, 후 법 개정 건의

○ 예산: 기존 예산 활용 → 부족시 자체 예산 전용 → 지방교부금 신청 → 내년 본예산 편성 건의

○ 조직: 우선 T/F로 지원단 운영 → 근거 마련 후 정식 직제 전환

3. 추진 일정: '24. 3월 지원단(T/F) 구성, 4월 실행계획 수립, 5~6월 근거·예산·추진 체계 등 준비, 7월 시범운영, 2학기부터 시행

표현하기 1

평가자를 몰입하게 하는 발표 원칙 3

기다림은 언제나 힘들다. 발표 순서를 초조하게 기다리다가 옆에 있는 오 팀장을 보았다. 뭔가를 보면서 계속 중얼거리는데 하도 봐서 너덜거리는 자료다. 방해될까 봐 뭐냐고 묻지도 못하고 옆 눈으로 흘깃거렸다. '[시작] 반드시 목차를 설명해서 전체를 일목요연하게 개관 [마무리] 내용을 요약, 핵심은 재강조…' 이른 바 발표 스킬 족보다. '아하! 그렇게 하는 거구나. 나도 그렇게 해야지. 좋은 거 배웠네.'

박 팀장 순서다. 깍듯이 인사하고 주제를 말했다. 그리고 "오늘 발표할 순서는~"이라고 하자마자 갑자기 평가자가 한마디 한다.

"잠깐. 목차 없이 바로 시작해주세요!"

"예? 아니, 저기 그래도 목차를 말씀드려야…."

"바로 발표해주시라니까요!"

"아, 예. 저기요. 먼저 추, 추진 현황 아니 배경을…."

머리가 멍해지니까 말까지 더듬는다.

'이게 뭐지? 왜 시나리오대로 안 되는 거야?'

시나리오대로 하니까 안 된다. 상대방을 생각하지 않아서 그렇다. 구두 발표는 내가 준비한 글을 가지고 내 방식대로 발표하기다. 그래서 대부분 내가 하고 싶은 대로 말한다. 그러니까 겉멋이 들고 깔끔하지 않다. 겉으로는 형식을 갖추지만, 내용은 중복된다. 어떻게 하면 상대방, 즉 평가자 입장에서 발표할 수 있을까? 그들이 내 발표에서 무엇을 궁금해할지 생각해보자.

평가자들은 내가 설명하는 화술話術을 보는 것이 아니라 설명하는 내용을 본다. 따라서 그들이 나의 '논리'를 제대로 이해할 수 있게 도와주어야 한다. 그런데 필자가 실제 평가를 해보면 오히려 방해받는 경우가 많았다. 그들을 방해하지 않고 도와줄 방법이 있을까? 있다.

원칙 1 | 들어갈 때는 바로 들어가자

발표의 시자 부분을 보면 정말 비슷비슷하다. 대부분 〈연습 5-2〉의 A처럼 시작한다. 그런데 A와 B를 입으로 소리 내서 말해보자. 여러분이 평가자라면 어떤 차이를 느낄 수 있을까?

도입부분에서 ①, ②는 당연하다. 그런데 그 후 꼭 ③처럼 목차를 읽는다. 내용상 전혀 의미 없다. 시간도 없다. 자료도 한두 장으로 짧아서 목차가 한눈에 보인다. 그런데 왜 목차를 읽을까? 몇 사람에게 물어보니 "선배들이 준 시나리오에 있어서요." "그렇게 하라고 학원에서 배웠어요." "원래 그렇게 하는 것 아닌가요?"라고 말한다.

지금 여러분이 평가자다. 하루 종일 거의 똑같은 목차를 20명째 듣고 있다. 그런데 "오늘 보고 순서는~"이라는 말을 또 들었다. 순간 어떤 생각이 들까? '음. 이 사람도 똑같은걸!'이라고 생각하면서 별 관심이 가지 않는다. 평가자 입장에서 생각을 정리해보자. 제발 목차를 읽지 마라. ①, ②만 말하고 바로 ④처럼 "먼저 검토배경

'질질 끄는' 도입부분(A)

① 안녕하십니까? 초중등교육정책과 김역량 사무관입니다.

② 오늘 발표는 '초중등학교의 인문교육 활성화 방안'입니다.

③ 오늘 발표 순서를 말씀드리면 먼저 검토배경을 말씀드리고 이어서 현황 및 문제점, 그리고 활성화 방안과 세부 추진계획의 순서로 발표하겠습니다.

④ 먼저 검토배경을 말씀드리겠습니다. ~

'바로 들어가는' 도입부분(B)

① 안녕하십니까? 초중등교육정책과 김역량 사무관입니다.

② 오늘 발표는 '초중등학교의 인문교육 활성화 방안'입니다.

④ 먼저 검토배경입니다. ~

입니다"로 들어가자. 그러면 비슷비슷한 발표들에 정신이 혼미해 있던 평가자들은 정신이 확 든다. '어? 이 사람은 나름 내공이 있는 걸?'이라고 생각한다. 즉, 불필요한 것에 생각이 방해받지 않으니까 발표에 집중하게 된다. 필자가 A의 ③번 목차를 입으로 읽어보니 13초다. 5~10분 정도의 짧은 발표시간에서 목차로 13초를 버리면 정말 아깝다. 13초 정도면 요약된 자료를 보충하는 논리를 최소한 두 문장은 말할 수 있다. 시간을 버리면서 평가도 좋지 않은 일을 굳이 할 필요가 있을까?

만약 본인의 스타일상 바로 들이대지 못한다면? 약간의 도입부를 꼭 하고 싶다면? 정 그렇다면 목차를 읽지 말고 최근의 안타까운 상황이나 과거 그 업무를 경험했던 소감을 5초만 말해보자. 아니면 나의 논리를 요약하거나 주제를 끌어내는 과감한 도입을 해보자. 예를 들면 '저는 인문교육을 생각하는 연습이라고 생각합니다. 우리 아이들에게 생각의 중요성을 길러주자는 뜻에서 대안을 마련했습니다. 시작하겠습니다'가 목차 읽기보다는 훨씬 낫지 않은가? 내부 보고가 아니라 토론회에서의 발표니까 이런 말을 할 수 있다. 식상한 말을 하면 식상한 사람으로 평가될 뿐이다.

원칙 2 | 읽지 말고 말을 하자

발표하는 것을 보면 대부분 준비한 자료를 조사만 붙여서 그대로 읽는다. 그런데 내가 할 행동은 구두 "읽기"가 아니라 구두 "발표"가 아닌가? 〈연습 5-3〉에서 읽기와 발표의 차이점을 찾아보자.

A는 〈연습 5-1〉 자료를 읽고 있다. 얼핏 보면 잘하는 것 같다. 그러나 여러분이 A처럼 하고 녹음해서 들어보라. 들어보면 말이 늘어지고 같은 말이 반복되고 있음을 알게 된다. 그러니까 강조점이나 흐름이 보이지 않는다. 그런데 B는 키워드로 흐름을 끌고 간다. 하나씩 생각을 정리해보자. 자료에 없던 '중요성, 자발적' 같은 단어들이 들어갔다. 자료에는 미처 쓰지 못했지만, 발표를 하면서 보충하는 것이다. 그리고 문어체였던 단어들을 쉽게 구어체로 바꾸고 있다. '한계'를 '어렵다'로 말하고 있다. 결정적으로 같은 단어를 반복하지 않는다. '인문교육'이란 단어를 A는 다섯 번이나 반복한다. B는 두 번이다. 지금 주제가 '인문교육'이라는 것을 평가자는 잘 알고 있다. 자료를 눈으로 볼 수 있으므로 말하지 않아도 되는 단어는

자료를 읽기(A)

① 다음은 인문교육 부진의 원인 분석입니다. 프로그램, 지원체계, 지역 인프라라는 세 측면으로 분석해보았습니다.

② 먼저 프로그램 측면을 보면 현행 교육 프로그램이 입시 위주로 암기식 교과목에 중점을 두어 편성되어 있고, 인문교육이 학교 교육과정에 공식 포함되어 있지 않아 학생과 학부모의 인식과 흥미 촉발에 한계가 있습니다.

③ 다음 지원 체계 측면을 보면 현재 인문교육 프로그램을 총괄적으로 기획·관리하는 시스템이 없는 상태로서 우리 교육청 내 각급 학교의 인문교육 지원 기능이 정비되지 못해 혼란이 발생하고 있기 때문입니다.

④ 마지막으로 지역 인프라 측면입니다. 인문교육 지원을 위한 각종 ~

키워드 식으로 발표하기(B)

① 다음은 인문교육이 부진한 원인을 세 차원에서 접근해보았습니다.

② 우선 프로그램이 입시 위주이며, 인문교육이 교육과정에 공식 포함되지 않아 중요성을 인식하고 자발적 흥미를 유도하는 것이 어렵기 때문입니다.

③ 동시에 지원 체계상으로도 총괄하는 시스템이 없어, 현장에서 학교가 체계적으로 지원하지 못하고 있습니다.

④ 그리고 지역 인프라를 보면 콘텐츠·예산 등도 지역에 산재되어 ~

생략하자. 이것이 자료를 가지고 간결하게 발표나 보고를 하는 핵심적인 방법이다. 이렇게 해야 말이 짧아지고 스토리가 살아난다. 사람들이 내 말에 끌려 들어오고 몰입하게 된다.

"여기서 꿀 팁은 발표자들이 다 보고서를 보면서 읽는 식으로 발표하는데 시선을 면접위원들을 향하고(보고서를 손에 들고) 발표하는 게 좋을 것 같다는 거 하나랑(고개를 숙이고 있던 면접위원들이 잠깐씩 고개를 들어서 나를 보는데, 내가 그들을 보고 있으니 흠칫 놀라는 눈치였어) ~ 면접위원들은 ~ 보고서도 보고, 내 발표도 들어야 하니까 발표할 때 나한테 집중할 수 있게 설명하듯이 발표하는 걸 추천해."

5급 공무원 경력채용시험에 합격한 모 직원이 시험을 준비하는 다른 친구들에게 주려고 쓴 후기다. 지금 이 발표는 대단히 중요하고 나는 온 힘을 기울여 준비했다. 5분이든 10분이든 짧은 시간 내에 평가자들을 몰입시켜야 한다. 그런데 고개를 숙이고 자료를 읽으면 그들이 내 말에 몰입할까? 고개를 세우고 말을 하자.

원칙 3 | 끝낼 때도 바로 끝내자

내용 발표를 다 했다. 바로 끝내면 된다. 약간 서운하면 간단히 마무리 멘트만 하면 된다. 이렇게 간단한데 왜 이것을 원칙으로 설명까지 할까? 〈연습 5-4〉에 답이 있다.

A는 발표를 다 했는데 끝내지 않고 있다. ①처럼 뭔가 또 말한다. 주로 말했던 내용을 다시 요약한다. 수십 쪽이 되는 논문이나 보고서도 아닌데 5~10분짜리 발표에서 요약할 것이 있을지 궁금하다. 또는 ②처럼 대책 중 한두 가지를 다시 강조하기도 한다. 이상하다. 다른 대책들은 큰 의미가 없다는 말인가? 의미가 없는데 왜 대책에

의미없는 마무리(A)

~ '24년 2학기부터 이상의 대책들을 본격적으로 시행할 계획입니다.

① 마지막으로 발표를 마치기 전에 오늘 발표한 인문교육 활성화 방안을 요약해서 말씀드리면 학생들의 인문소양에 대한 관심을 높이기 위해 다양한 프로그램을 개발하고, 업무를 체계적으로 추진하기 위해 인문교육지원단 등 인문교육 지원 시스템을 정비하며, 지역 내 산재되어 있는 인문학적 기반을 연계해야 한다는 것입니다. [요약]

② 특히 오늘 발표한 대책 중에서 꼭 한 가지만 강조한다면 인문교육지원 시스템의 정비가 매우 시급하다는 점입니다. 이것이 정비되어야만 다른 모든 활성화 방안들이 제대로 효과를 발휘할 수 있기 때문입니다. [강조]

③ 이러한 인문교육 활성화 방안을 통해 초·중등 학생들의 인성을 키우는데 크게 기여할 수 있습니다. 또한 융복합적 사고와 경쟁력을 키울 수 있어 4차 산업혁명 시대에 맞는 창의적 인재를 키울 수 있다는 기대효과를 거양할 수 있다고 생각합니다. [기대효과]

④ 이상으로 발표를 모두 마치겠습니다. 경청해주셔서 고맙습니다. 혹시 궁금하신 내용을 질문해주시면 답변드리겠습니다.

깔끔한 마무리(B)

~ '24년 2학기부터 이상의 대책들을 본격적으로 시행할 계획입니다.

① 마지막으로 이 주제를 검토하면서 가장 어려웠던 것은 입시 교육을 중시하는 학생, 학부모의 선호와 인문교육이 필요하다는 사회적 요구가 상충될 수 있다는 점이었습니다. 따라서 이런 요구들이 균형을 이루기 위해서는 자발적 참여도를 높이는 동시에 체계적이고 효율적인 시스템을 만드는 것이 핵심이라는 고민을 하면서 대안을 마련했습니다.

② 이상으로 발표를 모두 마치겠습니다. 경청해주셔서 고맙습니다. 혹시 궁금하신 내용을 질문해주시면 답변드리겠습니다.

포함하는지 잘 모르겠다. 게다가 ③처럼 아무 의미도 없고 추상적인 기대효과까지 추가한다.

평가자 입장에서 보면 그런 추상적인 기대효과들은 전혀 궁금하지 않다. 도입부분의 목차 읽기와 마찬가지 이유다. 간단히 생각을 정리해보자. 바로 끝내 보자. 즉, B에서 ① 없이 바로 ②로 가도 충분하다. 약간 포인트를 주고 싶거나 시간에 여유가 있다면 ①처럼 마무리하면 된다. 이 과제를 해결하기 위한 내 논리의 흐름, 생각의 포인트, 즉 메시지를 정리한 것이다. 평가자의 눈에 정리된 논리와 내면의 고민이 보이게 된다.

'요약, 강조, (추상적)기대효과'는 사족蛇足이다. 중복된 끝내기 3종 세트다. 글이든 말이든 평가자 입장에서 최악은 '중복'이다. 사족을 달면 아무도 안 듣지만 메시지를 정리하면 평가자가 기억한다.

발표자료에는 이 '마무리' 부분을 쓰면 이상하다. 최소한의 단어로 최대한의 의미를 표현하는 글의 특성상 중복이기 때문이다. 그러나 발표는 글을 말로 보완하는 것이므로 이런 마무리가 가능하다. 지금까지 설득을 위한 머릿속 '논리'를 펼쳤다. 마지막에 공감을 위한 내면의 '진정성'을 보여주자. 이것이 보고서가 아닌 발표의 묘미다.

표현하기 2

연속 질문에 대처하는 스토리식 대답 원칙 4

그럭저럭 발표를 끝냈다. 바로 평가자들의 질의가 파고든다. 평가자 1이다.

"지역 인문교육발전협의회를 말씀하셨는데 이런 것까지 공공부문에서 개입할 필요가 있나요?"

생각했던 질문이라 대충 답을 했더니 계속 몰아붙인다.

"그렇게 생각하는 구체적 근거가 무엇인가요?"

"아… 예… 음… 뭐….'

"기존의 학교교육발전협의회와 중복되지 않나요?"

"예… 음. 그렇게 보실 수도 있겠지만 새로운 업무이므로….'

갑자기 평가자 2가 가세한다.

"협의회, 인문교육지원단, 센터 등을 강조하셨는데 조직을 늘리려는 의도 아닌가요?"

"그런 것은 아니고요. 다만….'

"옥상옥이 되어서 비효율적으로 보입니다. 전담 조직이 꼭 필요한 구체적 근거가 무엇인가요?"

"과거에 이런 일이 있으면 항상 전담 조직을 어쩌고….'

쏟아지는 질문에 땀이 비 오듯 쏟아진다. 그런데 아직도 평가자가 한 명 더 남았다.

'오 마이 갓!'

발표하고 나면 항상 질의응답이 있다. 대부분 여기서 무너진다. 질문법에 대해 교육을 받은 평가자들의 의도적이고 연속된 질문에 대응하기가 쉽지 않기 때문이다. 사례의 지시문을 보아도 발표자료 작성 50분, 발표 5분, 질의응답 35분이다. 시간 배분은 중요도를 뜻한다. 즉, 발표보다 질의응답을 통해 역량을 파악하겠다는 의도인 것이다.

그런데 이상하다. 이렇게 중요한 대답하기에 대해서는 아무도 코칭을 하지 않고 별다른 준비도 하지 않는다. 크게 중요하지 않은 발표 자세와 발표 시나리오에는 신경을 쓰면서 말이다. 왜 그럴까? 내 입장에서 생각해서 그렇다. 그렇다면 평가자들은 내 대답에서 무엇을 보고 싶어 할까?

원칙 1 │ 질문을 예상하자

내 '판단의 근거'들이다. 기획력 평가이기 때문이다. 평가자들은 나의 발표내용에 근거(이유)가 없으면 알고 싶고, 이상하면 확인하고 싶어 한다. 이것이 바로 질문이다. 따라서 논리적 생각을 통해 질문을 예측할 수 있고 대답도 미리 준비할 수 있다. 대답은 근거를 보완하는 것이기 때문이다. 〈연습 5-5〉를 보면서 준비방법을 생각해보자.

통상 자료 작성 후 발표 전에 잠시 대기한다. 대부분 이때 A처럼 발표만 준비한다. 미리 준비한 발표 자세, 시나리오 등을 외우고 연습한다. 질문을 모르니까 대답도 준비하지 않는다. 고수는 여기서

<연습 5-5> '발표 준비'와 '발표와 대답 준비' 비교

발표 준비하기(A)

① 미리 준비한 발표 자세 팁을 다시 보면서 제스처, 스킬 등을 연습한다.

② 인사말-목차-자료 읽기-요약 / 재강조 / 기대효과 등 발표 시나리오를
   점검한다.

③ 옆 동료에게 이번 과제는 이상하고 괜히 꼬아 놓았다고 푸념한다.

발표와 대답 준비하기(B)

① 발표자료를 보면서 말할 키워드를 표시하고 말 흐름을 정리한다.

② 흐름을 정리하며 평가자 입장에서 질문거리, 즉 근거가 없거나 논리가
   이상한 부분 등을 확인한다.

③ 그 부분에 대해 어떻게 대답할지 논리적 근거를 생각한다.

생각을 정리한다(B). 키워드로 발표의 흐름을 준비한다. 그리고 내
가 평가자라면 무엇을 물어볼지 생각한다. 자료를 보면서 '이 부분
의 근거가 없네. 뭐지? 근거를 쓰기는 했는데 지금 보니 이상한걸?
물어보면 어떻게 보완할까? 등을 자문한다. 그것이 그대로 질문이
된다. 하수는 문제를 모르고 질문을 당하지만, 고수는 문제를 알고
질문을 받는다. 대답에 차이가 날 수밖에 없다.

  실제도 그럴까? 각종 실전 후기를 보고 질문의 종류를 정리해보
니 크게 세 가지였다. ① 자료의 기본 내용을 숙지했는가? ② 주장
(또는 판단)에 대한 논리적 근거는? ③ 부족한 부분과 논리적 흠결은
무엇인가? 였다. ①번은 사실 확인 질문이므로 생략하고 ②, ③번에
관한 실제 질문만 몇 개 인용해보자.

- 계획수립에서 무엇에 초점을 두었고 그 이유는?
- 가장 고려가 필요한 대상은 누구이고 그 이유는?
- 가장 시급한 문제라고 생각한 부분과 그 이유는?
- 좀 더 필요한 자료는 무엇이며 그 이유는?

모두 '주장과 근거'를 묻고 있다('주장-근거-사례'처럼 근거와 사례를 구별할 수도 있다. 그러나 사례를 근거에 포함해서 논리적 근거, 통계적 근거, 경험적 근거 등으로 제시할 수도 있다. 여기서는 근거의 중요성을 강조하기 위해 '주장-근거', 즉 후자의 의미로 사용한다). 이 몇 가지 질문만 보아도 실제 어떤 질문이 나올지 충분히 예측할 수 있고, 대답의 핵심은 '근거 대기'라는 것이 보인다. 그러면 어떻게 해야 근거 대기를 '잘' 할 수 있을까?

원칙 2 | 근거 대기, 스토리로 준비하자

여기에서 '잘'은 보고서에서와 같이 '논리적으로'다. 즉, 원인과 결과, 이유와 판단을 잘 정리하는 것이 근거 대기의 핵심이다. 그런데 많은 사람이 공감하면서도 고개를 절레절레 흔든다.

"설명이 이해는 돼요. 그런데 실제 해보면 한두 번은 되는데 질문이 연속되면 근거 대기가 어려워요."

한 번은 되는데 왜 여러 번은 어렵지?

위 세 가지 질문 중 ①은 사실을 물어보니까 할만하다. ②는 생각을 물어보니까 조금 어렵다. 하지만 웬만하면 한 번은 방어할 수 있다. ③은 생각을 계속 물어보는데 생각이 계속 연결되지 않는다. 그래서 어렵다. 당신의 주장과 그 이유를 끊임없이 물어보는 '추가 질문'에 어떻게 쉼 없이 대답을 할까? 〈연습 5-6〉의 A와 B를 꼼꼼히 비교해보자.

A와 B는 기본 질문이 같다. 그런데 대답은 다르다. 먼저 A다. ①

〈연습 5-6〉 나열식 대답과 스토리식 대답 비교

나열식 대답하기(A)

① 의무 이수제는 학업부담을 고려하면 과한 것 아닌가요? 왜 필요한가요?
→ **학생들에게 최소한의 관심을 유도하려면 일정 규제는 필요하기 때문임**

② 의무 이수제를 도입한다고 학생들의 자발적 관심을 촉발할 수 있을까요?
→ **의무화가 되면 학생들이 최소한의 관심은 가질 수밖에 없기 때문임**

②-1. 최소한의 관심만으로 학생들의 인성과 창의성이 높아질 수 있을까요?
→ **충분하지는 않지만 그래도 도움이 될 것 같음**

③ 자료를 보면 바로 도입하려는 것처럼 보이는데 그 이유가 무엇인가요?
→ **단계적으로 도입해서 점차 확대할 계획임**

③-1. 단계적이라는 것이 구체적으로 어떻게 한다는 것인가요?
→ **우선 중1부터 도입하고 성과를 보면서 초등학생까지 확대할 계획임**

④ 그런데 인문교육의 성과를 구체적으로 평가할 수 있을까요?
→ **학생들의 인성, 창의성을 높일 수 있으므로 여러 지표로 평가할 수 있음**

④-1. 여러 가지 어떤 지표가 있는지 구체적으로 설명해주시겠어요?"
→ **최근에는 생활기록부에 행동발달, 창의성 등을 평가하도록 되어 있음**

⑤ 의무화가 되면 인문교양과 관련된 사교육이 또 범람하지 않을까요?
→ **그렇게 되지 않도록 최대한 학생·학부모들을 설득해 나가겠음**

번에는 답을 잘했다. ②번의 답은 ①번과 같은 말이다. 대답에 내용이 없으니까 ②-1의 추가질문이 이어지고, 대답은 또 근거 없이 주장만 했다. ③번의 답은 추상적이다. 여지없이 ③-1의 추가질문이 들어간다. ④번은 평가자의 회심의 일격, 날카로운 질문이다. 대답이 두루뭉술하니까 ④-1이 추가되고 대답은 동문서답이다. ⑤번의 답은 역시 추상적으로 주장만 한다. 궁여지책이다. 당연히 ⑤-1 '어떻게 설득하실지 구체적으로 설명해주세요.'라는 추가질문이 나오겠지만 지면상 생략한 것뿐이다. 1개의 논점에 9개의 질문이다.

B의 답을 보자. ②번의 답은 '규제 - 지원'으로 풀었다. 명쾌하다.

③번은 바로 '일괄적 - 단계적'으로 답하니까 깔끔하다. ④번은 '단기적 - 장기적'이다. 날카로운 질문에 예리한 답변이다. ⑤번은 '학교 - 지역사회'다. 그러면서 슬쩍 다른 활성화 방안을 제시한다. 추가 질문 없이 5개로 끝이다.

A와 B의 차이가 무엇인지 생각을 정리해보자. '스토리'다. A의 대답에는 스토리가 없다. 개별적 근거를 나열하거나 추상적 주장만 한다. 그러니까 한두 번만 지나면 아이디어가 막힌다. 인터뷰의 신도 아닌데 어떻게 질문마다 새로운 근거를 순식간에 만들어낼 수 있는가? 평가자는 답답하니까 계속 질문을 하고 피평가자도 답답하니까 동문서답이다. 아마 ⑦번까지 가면 거의 혼수상태가 될 듯하다. 그러나 B는 근거가 스토리로 구성되었다. 그러니까 대답이 충실하고 콘텐츠가 많아졌다. 논리적이면서 균형이 잡혔다. 게다가 "그래서~"라고 하면서 평가자 의견에 동조까지 하고 있다.

B를 보면서 '너무 어려워. 나는 절대 못 해'라는 생각이 드는가? 아니다. 제3장의 '부분의 스토리' 중 몇 개를 활용했을 뿐이다. 그런데 논리적 근거를 다섯 번이나 계속 대고 있다. 이 스토리들이 그 질문들의 정답인지는 중요치 않다. 논리적이면 충분하다. 제3장에서 '예산배분'의 스토리가 있었다. '정부개입의 필요성' 등 7개의 근거다. 실전에서 이것을 활용하면 일곱 번의 논리를 세울 수 있다. 가히 초절정 고수가 된다. 스토리만 내 것으로 만들면 누구라도 가능하다. 대부분 스토리를 보고서용으로만 생각한다. 그러나 고수들은 질의응답, 집단토론, 면접 등 언제 어디서나 사용한다.

실제 사례를 보면 '농어촌 ○○활성화 방안'이란 구두 발표에서

"법령 강화만이 능사인가? 자율적 참여 유도 방안 등이 있다면?"이라는 질문이 있었다. '규제 – 지원'이다. 발표 자료에 미처 못 썼어도 머릿속에 이 스토리가 있으면 쉽게 대답할 수 있다. 그런데 자율적 참여 유도는 어떻게 '지원'할까? 하수는 현장에서 끙끙대지만, 고수는 '스토리'로 한 방에 해결한다. '예산(정책자금 저리융자), 인력(공공근로, 노인 일자리사업 지원), 조직(상인연합회 활성화), 규정(표준약관, 표준계약서 등 마련), 홍보(인증제, 모범업소제 등 품질인증), 갈등조정(민관협의회 운영)' 등이다. 이게 뭐지? 4개의 생각 덩어리의 마지막 'What, 즉 세부 추진계획'의 내용이 아닌가? 새로 만들려고 애쓰지 말고 있는 거라도 잘 활용하자. 충분하다.

이 건에 대한 평가자 코멘트를 보면 "~추진계획을 수립하면서 세부사항을 함께 제시할 필요가 있음"이라고 지적하고 있다. 즉, 지원책의 세부내용을 제대로 못 썼던 점을 콕 집고 있다. 스토리가 중요하다고 말하고 있다.

고수의 플러스알파 TIP

대답할 때 ~적, ~차원, ~측면이라는 표현을 많이 써보자. 즉, 그냥 "○○○이 타당합니다."보다는 "논리적으로 보면/ 논리적 차원에서/ 논리적 측면에서 보면 ~○○○이 타당합니다"라고 하는 것이다. 그러면 내용에 포함된 스토리가 더 분명하게 표현된다. 그런데 중요한 것은 생각 정리도 더 쉽게 된다는 점이다. 이렇게 말하면 다음에는 "현실적으로 보아도~/ 현실적 측면에서는 일부 보완할 점이 있지만~"이라는 말이 자연스럽게 나온다. '논리적-현실적'이란 스토리가 쉽게 정리되는 것이다. 겉으로 보이기 위해서가 아니라 생각을 정리하기 위해서 그렇게 말해보자.

원칙 3 | 말은 짧게 하자

연속되는 추가 질문에 스토리식으로 대답하기 위해서는 필요한 전제조건이 있다. 짧게 말하기다. '그런데 이상하네. 스토리는 [내용]의 문제이고, 짧게는 [길이]의 문제잖아? 차원이 다른데…'라고 생각할 수 있다. 차원은 다르지만 직결되어 있다. 〈연습 5-7〉을 보면 '짧게'와 '스토리'가 어떻게 연결되고 있는지 알 수 있다.

A와 B는 대답의 스토리가 같다. 그런데 A에서는 스토리가 잘 안 보인다. 1단계 ( )다. 이것이 필요할까? 어떤 공채 시험의 면접심사를 할 때였다. 6명 중 5명이 대답할 때마다 "위원님 질문에 답변드리겠습니다"라고 한다. 처음에는 웃음을 참느라 힘들었다. 나중에는 짜증을 참느라 정말 힘들었다. 2단계 [ ]는 도입부분인데 모두 일반적이고 너무 길다. 3단계 〈 〉가 스토리 부분이다. 핵심인데 가장 뒤에 나오고 게다가 장황하다. B에는 ( )와 [ ]가 없다. A의 1/3에 불과하다. 그런데 평가자 입장에서 보라. 무슨 말을 하는지 스토리가 단번에 들어오지 않는가?

A의 대답도 나름 논리적이다. 그런데 불필요한 말이 있고, 너무 길고, 뒤에 있어서 스토리가 가려진다. 한마디로 길어서 문제다. 짧게 말하려면 단순하게 생각을 정리하자. 우선 불필요한 내용은 말하지 말자. 1단계 ( )는 지워라. 평가자가 질문하는데 당연히 대답해야 한다. 2단계 [ ]도 지워라. 논리적 설명을 위한 도입부라도 내용이 일반적이라면 안 하느니만 못하다. 3단계 〈 〉도 줄이자. 수식어를 없애고 동사와 명사 위주로 말해보자. 두번 째는 두괄식으로

길게 중언부언 대답하기(A)

① 의무이수제는 학업부담을 고려하면 과한 것 아닌가요? 왜 필요한가요?

→ (네. 위원님의 질문에 답변드리겠습니다.) 〔이 검토의 주제가 초·중등학교의 학생들을 대상으로 인문교육을 활성화하기 위한 것이므로 학업부담이 다소 있다 할지라도 인문교육이 필요하다는 점을 고려할 때〕〈학생들에게 최소한의 관심을 유도하려면 최소한의 시간은 반드시 이수하도록 의무화하는 정도의 규제는 필요성이 인정될 수 있다고 생각함〉

④ 그런데 인문교육의 성과를 구체적으로 평가할 수 있을까요?

→ (네. 위원님의 질문에 답변드리겠습니다.) 〔물론 인문교육은 그 특성상 성과를 구체적으로 평가하는 것이 쉽지는 않습니다만. 그래도 인문교육의 성과를 나름대로 평가할 수 있는 방법은 여러 가지가 있을 수 있다고 생각함. 그동안의 행정 경험을 통해 평가방법 몇 가지를 생각해보면〕〈우선 단기적으로는 학생이나 학부모 대상으로 한 설문조사를 통해 만족도를 조사하거나 건의사항 등을 파악해서 평가할 수 있고, 인문교육이 성과가 나면 결국 청소년 일탈행위의 발생이 감소될 것이므로 장기적으로는 청소년 일탈행위 발생률의 시계열적 추이를 비교함으로써 가능하다고 생각함〉

⑤ 의무화가 되면 인문교양과 관련된 사교육이 또 범람하지 않을까요?

→ (네. 위원님의 질문에 답변드려도될까요?) (네. 당연하지요.) 〔많은 전문가들이 지적하다시피 우리나라 교육의 가장 큰 폐해는 과도한 사교육의 팽창이라고 생각합니다. 사교육이 물론 필요한 측면도 있지만 대부분 공교육에 대한 불신과 지나친 학부모 간 경쟁 심리에서 출발되고 있기 때문에 인문교양이 활성화될 경우 역시 관련된 사교육이 팽창할 우려가 있는 것도 사실입니다.〕〈그래서 그런 우려를 불식시키기 위해 우리 지역 내 있는 많은 공적 인문교육 기관들이 갖고 있는 인문학적 교육의 토대를 연결하는 방안을 마련한 것입니다. 이렇게 학교와 지역 내 협업 시스템을 구축함으로써 학부모들의 사교육 욕구를 상당히 흡수할 수 있다고 생각함〉

짧게 일목요연하게 대답하기(B)

① 의무이수제는 학업부담을 고려하면 과한 것 아닌가요? 왜 필요한가요?

→ 〈학생들에게 최소한의 관심을 유도하려면 일정 규제는 필요하기 때문임〉

④ 그런데 인문교육의 성과를 구체적으로 평가할 수 있을까요?

→ 〈단기적으로는 학생·학부모 대상 만족도 조사 등을 활용할 수 있고, 장기적으로는 청소년 일탈행위 발생률의 추이 등으로 가능하다고 생각함〉

⑤ 의무화가 되면 인문교양과 관련된 사교육이 또 범람하지 않을까요?

→ 〈그래서 지역 내 인문교육 기관들을 연결하는 방안을 마련했음. 학교와 지역 내 협업 시스템을 통해 사교육 욕구를 흡수할 수 있다고 생각함〉

말하기다. 위에서 1단계, 2단계를 지워버리면 결국 3단계 〈 〉가 맨 앞이다. 두괄식은 평가자가 묻는 답을 먼저 하는 것이다. "○은 왜 그런가요?"라고 물으면 "~하기 때문입니다"가 먼저 나와야 한다. 그리고 필요할 경우 부연설명을 하면 충분하다.

　짧게 말하기의 장점은 스토리가 살아난다는 것이다. 짧게 해보라. 희한한 일이 벌어진다. 할 말의 1/3만 하는데 스토리는 살아나는 것이다. 나도 모르게 말에 앞서 논리를 정리하고 단어를 선택하게 된다. 짧게 말하라고 해서 "네", "아니요", "모르겠습니다"처럼 무조건 단답식으로 하라는 것이 아니다. 이렇게 하면 역량을 평가할 수 없지 않은가? 짧지만 스토리가 있게 말하려면 생각과 준비를 해서 말할 수밖에 없기 때문이다. 미국의 대통령 W. 윌슨W. Wilson은 "10분짜리 연설은 일주일이, 15분짜리는 사흘이, 30분짜리는 이틀이 필요하고, 1시간짜리는 바로 할 수 있다"고 했다. 일주일을 준비해서 하는 말과 생각 없이 하는 말은 차이가 날 수밖에 없다. 그래서 짧지만 "일목요연"이란 말이 붙은 것이다.

　짧게 말하면 또 하나의 장점이 있다. 질의응답을 내가 주도하게 된다는 것이다. 길게 대답하면 반드시 평가자에게 끌려간다. 중간에 중언부언하면 논리가 끊기므로 공격의 빌미를 주기 때문이다. 또는 평가자가 짜증을 참다못해 중간에 끊기도 한다. "아니요. 제 질문은 그런 뜻이 아니고요~/ 아니요. 그 대답은 아까 했고요, 제가 알고 싶은 것은 ~"라는 식이다. 이 말은 당신의 역량에 대해 의문이 든다는 뜻이다. 짧게 논리적으로 말하면 내 흐름에 평가자가 끼어들고 공격할 틈이 없다. 오히려 평가자가 다른 질문을 어떻게 할지 생각하게 된다. 이래도 길게 대답할 필요가 있을까?

　모든 평가에서 대답하기의 기본은 짧게 말하기다. 필자의 경험상 대답이 긴 것을 좋아하는 평가자를 본 적이 없다. 하수는 핵심을 모르니까 돌려 말한다. 근거를 못 대니까 주장만 반복한다. 근거를 대도 스토리가 안 되니까 아무거나 댄다. 그러니까 생각 없이 말이 길어진다. 고수는 핵심부터, 반복 없이, 스토리로 대답한다. 그러니까 깊게 생각하고 짧게 말한다. 불필요한 말은 여러분을 조직에서 불필요한 사람으로 만들 뿐이다. 예의 바르게 보인다고 '"위원님 질문에 답변드리겠습니다"라고 하면 웃기게 보일 뿐이다.

원칙 4 | 평가자와 싸우지 말자

　평가자의 생각은 ○○이다. 그런데 나는 △△라면 그 근거를 제시하면 된다. 그런데 아무리 생각해도 나의 △△가 맞는 것 같다. 즉, 의견이 갈린다. 또는 곰곰이 보니 논리적으로 평가자의 ○○이 맞는 것 같다. 물러나야 한다. 위기다. 어떻게 벗어나야 할까? 〈연습 5-8〉에서 논쟁과 존중의 차이를 비교해보자.

　A의 대답은 논리적이다. 그런데 평가자와 논쟁을 한다. 논리적이지만 날카로운 단어들을 찾아보자. 오해(②-2), 주관적 판단·논리적 비약(②-3), 일반화의 오류(②-4) 등이 보인다. 지나치게 논리적이면 각이 세워지고, 각은 감정을 낳는다. 그러다 보니 면접관도 사람인지라 ②-4처럼 감정적인 질문을 하게 되고, 피평가자도 "여하튼 저는 면접관님 의견에 동의할 수 없습니다"라는 치명적 발언까지 한

논쟁하며 대답하기(A)

②-1. 최소한의 관심만으로 학생들의 인성과 창의성이 높아질 수 있을까요?

→ 충분하지는 않지만 그래도 도움이 될 것 같음

②-2. 무조건 도움이 된다는 말은 추상적입니다. 특별한 이유가 없다면 결국 의무
이수제는 교육청 위주의 행정 편의적 발상이 아닌가요?

→ 행정 편의적 목적이 아니라 효과성을 높이기 위한 것임. 의무를 부과한다고 무조건
행정 편의적이라는 것은 효과성에 대한 오해라고 생각함

②-3. 사실 모든 규제의 도입은 근본적으로 행정 편의적 목적이 있잖아요?

→ 그렇게 본다면 모든 규제행정이 행정 편의적 발상이란 말씀이 되므로 지나치게 주관
적인 판단이고 논리적 비약이라고 생각함

②-4. 모든 평가는 주관이 개입되는 것이고 그것을 토론할 수 있지 않나요?

→ 여하튼 일반화의 오류를 피해야 한다는 점에서 저는 면접관님 의견에 동의할 수 없음

존중하며 대답하기(B)

②-1. 최소한의 관심만으로 학생들의 인성과 창의성이 높아질 수 있을까요?

→ 충분하지는 않지만 그래도 도움이 될 것 같음

②-2. 무조건 도움이 된다는 말은 추상적입니다. 특별한 이유가 없다면 결국 의무
이수제는 교육청 위주의 행정 편의적 발상이 아닌가요?

→ 행정 편의라기보다는 효과성을 중시한 것임. 지원방안만으로는 한계가 있으므로 단
기간에 최소한의 효과를 확보하기 위해 필요하다고 생각했음

②-3. 사실 모든 규제의 도입은 근본적으로 행정 편의적 목적이 있잖아요?

→ 의견을 듣다 보니 미처 검토하지 못한 부분이 있다고 판단됨. 말씀하신 취지를 고려
해서 행정 편의적으로 활용되지 않도록 운영하면서 개선해 나가겠음

②-4. 규제 도입 시는 조금 더 신중해야 한다는 차원에서 말씀드린 것입니다.

→ 의견을 듣다 보니 그런 부분이 있을 수 있다고 판단됨. 저는 행정목적의 달성 위주로
생각했는데 말씀대로 국민 입장을 생각하면 신중한 접근이 필요한 듯함. 추진과정에
서 성과 평가를 더욱 신중하게 해서 보완하겠음

다. 의견이 다르면 싸울 수밖에 없는가?

B를 보자. 의견이 다른데 싸우지 않고 오히려 '존중'하고 있다. 평가자 의견이 조금 지나치다면 ②-3처럼 "의견을 듣다 보니 미처 제가 검토하지 못한 부분이 있었습니다. 말씀하신 취지를 고려해서 그런 우려가 발생하지 않도록 개선해 나가겠습니다" 정도로 끝낸다. 또는 평가자의 의견에 동의하려면 ②-4처럼 "~부분이 있었습니다. 저는 △△ 위주로 생각했는데 말씀하신대로 ○○측면을 고려할 필요가 있어 보입니다. ~게 보완하겠습니다"로 끝낸다. 무조건적 거부도 생각 없는 수용도 아니다. 존중하니까 깔끔하다.

그런데 왜 이런 차이가 생길까? 스토리 때문이다. 차분히 생각을 정리해보자. 하수도 차분하게 대응하고 싶다. 그러나 스토리가 안되니까 지지 않으려면 싸울 수밖에 없다. 고수는 '행정목적 – 국민입장'이란 스토리로 대답하니까 논리적이지만 날카롭지 않다. 양보해도 물러나는 것이 아니라 논리적으로 보인다. 그냥 무조건 양보만 하면 역량을 보일 수 없지 않은가?

한 페이지로 끝내는 발표의 기술

많은 사람이 발표 자세 같은 스킬에 대해 걱정을 하고 시간을 투자한다. 발음, 목소리, 자세, 시선 처리, 떨지 않기, 사투리 교정, 외모 같은 것들 말이다. 음식에는 양념이 필요하다. 고수들은 양념을 주재료의 맛을 살릴 정도로 살짝 친다. 하수들은 맛있게 보이라고 양념을 쏟아붓는다. 그래서 맛이 없다. 이 책에서는 크게 다루지 않는다. 필자가 그 분야의 전문가도 아니고, 거기에 매몰될 필요도 없기 때문이다. 스피치 콘테스트가 아니라 역량평가가 아닌가? 그저 시간이 나거나 지루할 때 기분전환 삼아 잠깐씩 준비하면 충분하다.

- 말을 더듬는가? 큰 문제 없다. 생각이 유창하면 말은 더듬어도 된다. 빨리하려면 더 더듬는다. 머릿속에서 한 번 더 정리하고 천천히 말하자.

- 혀가 짧다고? 뭐 어떤가? 혀가 아니라 생각이 짧은 것을 걱정하자. 매일 볼펜을 입에 물고 10분씩만 사설을 큰 소리로 읽어보라. 혀가 길어진다.

- 목소리가 별로라고? 괜찮다. 성우 뽑는 것 아니다. 너무 작게만 하지 말고, 담배 냄새만 안 나고, 침만 안 튀면 된다(침은 흥분하면 튄다).

- 발표 자세가 안 나온다고? 착각하지 마라. 배우가 아니다. 발표는 입과 몸이 아니라 머리와 생각으로 한다. 경직되지 않게 몸만 좀 풀어 주자.

- 시선 처리가 불안하다고? 생각이 어수선하니까 눈치를 보게 된다. 심호흡을 깊게 해보자. 나도 모르게 시선이 안정되고 시야가 밝아진다.

- 떨리고 식은땀이 난다고? 안 그런 사람도 있을까? 필자도 발표할 때는 겨드랑이가 축축해지고 다리가 후들거린다. 평가자를 배추와 오이라고 생각하자.

- 사투리가 심하다고? 그렇다고 고향을 버릴 수는 없다. 억양은 아무 상관 없다. 억지로 고치려면 어색할 뿐이다. 다만 그 지역 출신만 이해하는 토속적인 단어는 좀 거시기 하다. 표준 억양보다 표준 단어에 신경 써라.

- 외모 때문에 자신감이 없다고? 이미 빠진 머리, 작은 키, 나온 배는 어쩔 수 없다. 대신 이발과 화장은 할 수 있고, 세련된 옷 한 벌, 힐 한 켤레는 살 수 있다. 지금까지 버텨온 나다. 그 정도 보상은 받을 자격이 있지 않은가?

6장

현안업무처리하기

In-Basket

본질찾기
생각을 글과 말로 빨리, 잘 정리하기

보고서와 구두 발표까지 1일 차 평가가 끝났다. 악몽인지 길몽인
지 아리송하고 비몽사몽이다. 내일 나머지 평가가 있지만, 그냥
넘어갈 수 없다. 몇몇이 생맥주 한잔하러 왔다.

"다들 고생했으니까 내가 쏠게. 500cc하고 안주들 비싼 거 시켜.
나는 노가리!"

그런데 나온 노가리를 보니 왜가리로 보인다. 구두 발표 때 하도
많이 왜? 자를 들어서다. 맥주를 마셔도 시원치 않다.

"도대체 왜들 그렇게 왜? 왜? 그러는 거지? 에이 모르겠다. 내일
은 내일의 태양이 떠오르겠지!"

생맥주 한 잔이 어느새 소맥 열 잔이다. 숙소에 돌아와 후기와 족보들을 펼쳤다. 그러나 술기운 때문인지 내용은 잘 안 보이고 딱 하나 '현안업무처리가 제일 어려움'이라는 말만 보인다. 갑자기 불안하다.

'구두 발표는 과제가 하나인데도 막아내기가 어려웠는데, 이거는 여러 개잖아? 어떻게 해야 다 잘할 수 있지? 난감하네….'

현안업무처리란 '피평가자 혼자서 다양한 형식(메모, 이메일, 문서 등)으로 제시된 여러 가지 과제를 정해진 짧은 시간 내에 처리하는 과정과 결과를 평가'하는 방법이다(인사혁신처). 영어로는 'In-Basket'이고 '미결업무처리' 또는 '서류함 기법'이라고도 한다. 이 방법은 여러 형태로 변형되어 활용되지만, 개념적 요소는 간단하다. 〈표 6-1〉의 세 가지다.

〈표 6-1〉 현안업무처리의 개념적 요소

- 주어진 시간 내에 처리할 과제가 여러 개 있다.
  (그 과제들이 서로 연관된 경우도 있고, 전혀 별개인 경우도 있다.)
- 그 과제들은 각각 처리 기한이 정해져 있다.
- 과제별로 해결방향을 글로 쓰고 말로 설명해야 한다.

이 요소들을 보면 구두 발표와 거의 같고 차이는 단 하나, '과제가 여러 개'라는 점이다. 따라서 본질도 여러 과제를 처리하기 위해 '생각을 글과 말로 빨리 잘 정리하기'다. 즉, '빨리'가 추가되었을 뿐이다.(일부 기관에서는 '현안업무처리'라고 하면서 종류별 보고서를 쓰는 경우도 있다. 이런 경우는 제4장 보고서 작성을 보면 된다. 그런데 재미있게도 이렇게 명칭을 혼용하는 자체가 두 방법 모두 주로 기획력을 평가한다는 필자의 설명을 반증하는 것 아닐까?) 〈표 6-2〉를 보자. 과제가 여러 개이므로 구두 발표보다 ①, ②, ④단계가 추가되지만, ③해결방향은 같다. 과제별로 생각할 시간이 줄어들 뿐이지 생각하는 기본 방법은 구두 발표와 같다. 즉, 역시 기획력 위주 평가임을 알 수 있다.

걱정했던 것보다 간단하다. 그런데 왜 이것을 제일 어려워할까? '잘'하기도 어려운데 '빨리'하기까지 해야 하니까 개별 과제들의 난이도까지 올라가는 것일까? 아니다. 〈표 6-1〉의 개념적 요소들을 제대로 이해하지 못해서 그렇다. 현안업무처리를 어렵게 느끼는 사

〈표 6-2〉 (기획)보고서 작성, 구두 발표와 현안업무처리의 비교

람들의 유형을 살펴보자.

의욕과잉형: '과제가 여러 개'라면 빨리 생각해야 하는데 많이 생각하는 유형이다. 의욕은 좋은데 본질을 잘 모르는 것이다. 짧은 검토 시간에 모든 과제를 완벽하게 해결할 수는 없다. 검토 시간이 50분이라고 치자. 구두 발표는 과제가 1개니까 50분간 생각할 수 있다. 그런데 현안업무처리는 과제가 많다. 만약 5개라면 과제당 10분이다. 과제별로 생각할 시간이 구두 발표의 1/5이고 정리하는 자료도 1/5이면 충분하다. 그런데 대부분 2~3개 과제에 몰두하다가 나머지는 손도 못 댄다. 고수들은 머리를 싸매지 않고 툭툭 털고 간다. 이렇게 가볍게 생각하니까 현안업무처리가 가볍게 느껴지지 않는가?

결정장애형: 과제가 여러 개일 때는 우선순위를 정해야 하는데 결정을 못 하는 유형이다. 여러 과제를 동시에 처리할 수는 없다. 하나씩 처리해야 하니까 순서가 필요하고, 각각의 '처리 기한'을 고려하면 된다. 그런데 이 '시급성'만 가지고 우선순위를 정할 수는 없다. 과제가 여러 개라면 '중요성'도 다르다. 즉, 처리 기한(시급성)과 중요성을 같이 고려해야만 우선순위가 쉽게 나온다.

대충주의형: 빨리하려고 대충하는 유형이다. 그러니까 정리가 안 되고 뒤죽박죽이다. '빨리'와 '대충'은 다르다. 과제별로 생각할 시간의 양이 1/5이라도 생각의 질이 1/5이면 안 된다. 오롯이 '1'

이어야 한다. 현안업무처리도 '기획력' 평가다. 과제별로 논리적 분석을 1/5씩만 하면, 5개 과제를 모아도 점수는 1/5에 불과하다.

그러면 어떻게 생각을 '잘' 그리고 '빨리'할 수 있을까? 대부분 특별한 요령을 찾는다. 그러나 고수들은 평소에 하듯이 한다. 익숙한 방법으로 해야 빨리할 수 있다. 그런데 평소에 어떻게 하지?

사례 – '섬세노동청 과장의 현안업무' 처리

2018 한국섬세공사 국장승진 역량평가

「현안업무처리」 참고자료

과제 개요(1쪽)

– 요령: 50분간 검토 및 발표자료 작성(자유양식, 수기 작성 가능), 40분 간 발표 및 질의응답(발표 5분, 인터뷰 35분)
– 역할: 고용섬세부 섬세지청 기획총괄과 정열심 과장(지청 내 기획, 인사 총괄)
– 상황: 현재 '24.11.5. 목요일 아침 9시, 정열심 과장은 어제 부임, 오늘 10시 워크숍 출발 예정. 그 사이 공문 등에 따른 각종 과제를 처리해야 함. 워크숍은 1박 2일로 금요일 오전까지는 업무 불가(인터넷 사용 제한)

※ 다음에 제시되는 모든 과제는 위 시간 내에 완전히 해결하시오.

자료 1. 조직도와 부서별 주요업무(2쪽)

– 섬세지청의 조직도와 업무 개요(기획총괄과, 고용지도과 등 10개과)
– 기획총괄과 직원 15명의 상세 업무분장, 인적사항 등 인사자료

자료 2. 본부의 '내년도 주요사업 추진계획 수립·보고' 지시 공문(3쪽)

– 각 지청은 '25년 주요사업 추진계획을 수립, '24.11.12일까지 제출할 것
– 당초 매년 사업계획은 매년 초 본부 사업계획이 시달되면 작성했으나

내년부터는 지방 소속기관에서 먼저 계획수립 후 보고하도록 변경
- 자체 신규사업 5개 이상 포함, 신규사업 평가 후 우수 지청 포상

자료 3. 심고민 주무관의 고충상담 메일(4쪽)

- 섬세지청 서무를 담당하는 심고민 주무관이 메일로 고충 상담
- 고충 내용: "서무를 하면 직원들과 부딪치게 되는데, 성격이 내성적이라 어려움, 특히 홍고집 주무관과 업무분장상 갈등이 심함, 전체 직원들 간에 소통도 잘 안 되어서 업무의욕 저하, 1주 후 있을 직원 인사 때 타 지청 전보 희망"

자료 4. 본부 인사팀장의 전화 대화록(6쪽)

- 금일 09:10분경 본부 인사팀장이 전화로 직원 1명 파견 협조 요청
- 통화내용: "장관 지시로 「고용지원업무 프로세스 개혁 T/F」 구성 중, 6~7급 직원 중 적임자 1명 오늘까지 추천, 6개월 한시 파견근무"

자료 5. 장보고 주무관의 언론 보도내용 관련 보고(7쪽)

- 장보고 주무관이 오늘 〈섬세일보〉에 비판적 기사가 났음을 보고
- 기사 내용: "섬세지청의 섬세촉진지원금 예산 집행이 45%에 불과, 11월인데 연말까지 태반이 남을 듯, 이는 관리자들의 섬세하지 않은 사업계획에 기인"

자료 6. 전임 이차분 과장의 업무 인수인계 메일(9쪽)

- 전임 과장이 이임하면서 주요 현안 등 챙길 내용을 메일로 인수인계
- 챙겨볼 내용: 1) 섬세촉진지원금 사업 부진 우려 2) 업무분장 관련 과내 직원 간 갈등 심화 3) 지청 내 전 직원 소통 원활화 방안 강구

현안분석법 4단계

시간은 없고 할 일은 많다. 마음이 급하니까 머리도 안 돌아간다. 급한 대로 과제를 메모해 보니 4개다. 한숨부터 나온다.

'무엇부터 하지? 시간은 50분밖에 없는데… 아무래도 언론보도 대응이 급하겠지? 아니야. 직원 파견이 중요하니까 인사팀장이 직접 전화했겠지. 조직에서는 인사문제가 제일이잖아?'

어렵다.

'어? 그런데 가만히 보니까 과제가 7개 아니야?'

손오공 여의봉도 아니고 과제가 늘었다 줄었다 하니 입술이 바싹바싹 마른다. 고민만 하다 보니 10분이나 지났다.

위의 사례는 물론 역량평가 상황을 예측하여 필자가 만든 상황이다. 그런데 이것이 현실을 과장해서 일부러 꼬아서 만든 상황일까? 아니다. 우리들의 일상이다. 이럴 때 평소에 어떻게 처리해야 할까?

① 우선 메모지에 오늘 해야 할 일이 무엇인지 쓴다.

② 무엇부터 할지 번호를 매긴다.

③ 순서대로 각각 어떤 방향으로 해결할지 생각을 정리한다.

④ 그 해결방향의 처리방법을 결정하고 실행한다.

달리하는 방법이 딱히 생각나지 않는다. 그렇다면 이 4단계가 상식적이다. 구두 발표와 같이 현안업무처리도 검토 시간이 짧다. 따라서 읽기와 분석을 같이할 수밖에 없다. 단계별로 차분하게 생각을 정리해보자.

단계 1 | 무엇을 할까? - 해결 과제 파악

우선 검토 자료를 보면서 해결할 과제가 무엇인지 파악해야 한다. 서류함 속에(In-Basket) 막 섞여 있기 때문이다. 쉽게 출제하면 친절하게 과제들을 1) 2) 3) 등으로 명시하니까 이 단계는 생략된다. 그러나 현실은 불친절한 경우도 많다. 위 사례를 보면서 여러분이 직접 과제가 몇 개인지 파악해보고 〈연습 6-1〉과 비교해보자.

사례를 보면 ①~④번 과제는 누구나 파악할 수 있다. 그런데 B의 '⑤ 전임 과장의 인수인계사항 처리'가 애매하다. 다시 세 개의 세부 과제로 나뉘고, 또 각각의 내용이 다른 과제와 중복되기 때문이다. 즉, ⑤-1)은 ①과 ④에 포함되고, ⑤-2), 3)은 ②에 포함된다. 그래서 A는 이를 별도 과제로 보지 않았다.

그런데 B는 왜 ⑤를 별도로 했을까? 여기서 생각을 정리해보자. 내용이 다른 것과 연결되는 것은 맞다. 그러나 목적이 서로 다르다. ①은 전체적 사업계획 수립이고 ④는 언론보도에 대응하기다. 여기에 ⑤-1)이 포함될 수는 있지만, 범위가 다르다. ②는 개인의 고충 문제이지만 ⑤-2), ⑤-3)은 조직 전체의 문제다. 결정적으로 ①~④는 당장 해야 하지만 ⑤는 급하지 않다. ⑤-1), ⑤-2), ⑤-3)을 개별

과제 대충 파악하기(A)

① 섬세지청 내년도 주요사업 추진계획 수립

② 심고민 주무관의 차기 전보희망 상담 해결

③ 본부 T/F 차출 인력 추천

④ 섬세촉진지원금 관련 언론 보도 대응

과제 섬세하게 파악하기(B)

① 섬세지청 내년도 주요사업 추진계획 수립

② 심고민 주무관의 차기 전보희망 상담 해결

③ 본부 T/F 차출 인력 추천

④ 섬세촉진지원금 관련 언론보도 대응

⑤ 전임 과장의 인수인계사항 처리

⑤-1) 섬세촉진지원금 사업 활성화 방안 수립

⑤-2) 과 내 업무분장 개선 방안 검토

⑤-3) 지청 내 직원 간 소통 원활화 방안 수립

과제로 볼 수도 있다. 그러나 7개로 너무 많아지고 과제별로 대응 방안을 쓰기 어렵다. 그래서 B는 ⑤를 별도 과제로 묶은 것이다.

5개인데 4개라고 하면? 역량부족이다. 다 파악했는데 시간부족으로 4개만 쓰면? 그것도 역량부족이다. 모든 과제명을 적고 한 줄이라도 써라.

위와 같이 문제를 얽어서 헷갈리게 한 경우에 쉽게 파악하는 방법이 없을까? 있다. 제2장에서 배운 대로 '맥락적 읽기'를 하면 된다. 문제들이 나열되어 있어도 '전후좌우 관계'를 생각하며 읽자. 그러면 관련성과 차이점이 보인다. 관련성이 큰 것들을 묶어야 다른 덩어리와 구별된다. 이것이 '과제'다. A는 '전임 과장의 인수인계사항 처리'와 다른 과제의 차이를 보지 못했다.

> **고수의 플러스알파 TIP** 현안업무처리에서 자료를 읽을 때 시간이 급해서 의외로 놓치기 쉬운 것이 있다. 일시와 장소, 나의 직위와 수직적 지휘체계, 수평적 조직체계 등이다. 이런 것을 꼼꼼히 봐야 위임 등 처리방법을 결정하기 쉽다. 그렇다고 이 모든 정보에 너무 깊게 몰입하지는 말자. 툭툭 털고 나가야 하니까 말이다. 놓치지 않을 정도로만 생각하자.

단계 2 | 무엇부터 할까? – 우선순위 결정

여러 가지 일을 하려면 당연히 무엇부터 할지 결정해야 한다. 필자는 평소에 ① 중요하고 급한 것 → ② 급하지만 덜 중요한 것 → ③ 중요하지만 덜 급한 것 → ④ 덜 중요하고 덜 급한 것 순서로 한다. ④ → ③ → ② → ① 순서로 하는 사람도 있을까? 없다. 따라서 중요성·시급성의 기준이 상식적이고 대부분 이렇게 한다. 그런데 왜 어려워할까? 〈연습 6-2〉를 보자.

A는 과제별로 순위만 기재한다. 평가자는 궁금하다. 그러니까 "우선순위의 기준이 뭔가? 왜 그렇게 생각하는가?" 등 계속 질문을 하고 그때마다 "언론이니까~ / 본부 요청이니까~" 등 각각 다른 근거를 댄다. 기준이 다르니까 비교가 안 되고 설명이 안 된다. '개인의 고충이니까 기관의 평가 대비보다 더 먼저 해야 한다'는 말이

대충 순서 정하기(A)

〈인터뷰에서 말로〉

① 섬세지청 내년도 주요사업 추진계획 수립 4순위(기관이 평가되니까)

② 심고민 주무관의 차기 전보희망 상담 해결 3순위(개인 고충이니까)

③ 본부 T/F 차출 인력 추천 2순위(본부 요청이니까)

④ 섬세촉진지원금 관련 언론 보도 대응 1순위(언론이니까)

⑤ 전임 과장의 인수인계사항 처리 5순위(전임 과장이 잘 아니까)

이유 있는 순서 정하기(B)

〈자료에 정리〉

① 섬세지청 내년도 주요사업 추진계획 수립 3순위 ← 중요↑↑ 시급↑↑

② 심고민 주무관의 차기 전보희망 상담 해결 4순위 ← 중요↑↑ 시급↑↑

③ 본부 T/F 차출 인력 추천 2순위   ← 중요↑↑ 시급↑↑↑

④ 섬세촉진지원금 관련 언론 보도 대응 1순위   ← 중요↑↑↑ 시급↑↑↑

⑤ 전임 과장의 인수인계사항 처리 5순위   ← 중요↑↑ 시급↑

논리적인가? B는 '시급성〉중요성'이란 단일 기준을 명시한다. B의 순위는 ④번 1순위, ③번 2순위로 A와 같지만, 근거를 대는 방법이 다르다. 명쾌하다. A와 B의 차이는 바로 '주장 – 근거', 즉 근거 대기에 있는 것이다.

그러면 무조건 중요성·시급성만 말하면 될까? 아니다. 역시 그 근거가 필요하다. 차분히 생각을 정리해보자. 무엇이 무엇보다 더 중요한가? 대국민·고객 영향력, 조직의 비전·목표와의 연관성, 타 과제에의 영향력, 문제의 확산 가능성, 여론의 관심도 등으로 생각하자. 추상적이라 감이 잘 안 온다고? 현실적으로 생각해보자.

- **조직 내외부:** 직원 관리(인사 등) 〈 대 국민·고객 정책(지원금 등)
- **대국민 정책:** 일반 과제 〈 위기대응·관리(생명·안전 등)
- **내부적 관리:** 개인 실수(음주운전 등) 〈 부정·비위(금품수수 등)
- **지휘 체계상:** 직상급자(부서장) 지시 〈 최상급자(기관장 등) 지시

위 우선순위들을 보면 쉽다. 직원들의 비위문제가 언론에 나왔다. 음주운전보다는 비위문제가 파급력이 크다. 직원들 전보인사 문제보다는 청년고용정책이 더 영향력이 있다. 헷갈리면 일상을 생각하자. 구체적으로 생각하면 쉬워진다. 무엇이 더 시급한지는 훨씬 쉽다. 처리기한이 짧은 것, 처리에 시간이 오래 걸리는 것, 그 문제의 발생 가능성이 높은 것 등이다. 굳이 긴 설명이 필요 없다. 자료를 정리할 때 이런 중요성·시급성의 근거까지 기재하면 좋다. 시간이 없으면 근거까지는 못 쓸 수도 있다. 하지만 미리 생각은 정리해놓는다. 왜냐하면 평가자가 물어보기 때문이다.

여기서 일단 '근거 대기'라면 당연히 생각나는 것이 있어야 한다. 스토리다. 앞서 '구두 발표'에서 연속되는 압박질문에 대한 스토리식 근거 대기를 설명했다. 위 표를 보자. 중요성의 근거들이 '조직 내부 – 외부', 대국민 정책은 '일반 과제 – 위기대응·관리 과제'로, 내부 관리는 '개인 실수 – 부정·비위' 등으로 스토리텔링 되어 있다. 어떤 판단이라도 스토리로 근거를 대보자. 생각보다 쉬워지고 효과가 좋다.

단계 3 | 어떻게 풀까? – 해결방향 마련

이제 각 과제를 해결해야 한다. 과제별로 Why 1 – Why 2 – How – What을 적용하면 된다. 그런데 현실적으로는 시간이 부족해서 다 할 수가 없다. 따라서 주로 How, 즉 어떤 내용으로 해결할지를 간략히 정리하면 된다. 실제 평가자의 코멘트를 보아도 역시 이 해결방안, 즉 기획력 위주로 평가하고 있음을 알 수 있다.

> **평가자 코멘트**
> "자료에 대한 파악 및 종합적 분석이 매우 잘 되어 있고, 해결해야할 사안들의 핵심적인 정보가 대안모색에 효과적으로 ~ 활용되고 있어, 현실적이고도 효과적인 대응방안들이 제시됨. 제시한 방안의 장단점 및 가능한 다른 대안에 대해 고려하고 있고, ~ 실행 과정에 영향을 미칠 수 있는 여러 가지 변수들에 대한 예측도 하는 등 기획력과 문제해결 능력에서~"

과제는 풀어라

그런데 이렇게 중요한 핵심 단계는 생략하고 다음에 나오는 '4단계 처리계획' 위주로만 처리하라는 코칭이 의외로 많다. 본질을 잘 모르니까 현안업무를 처리하는 기법에만 관심이 있는 것이다. 〈연습 6-3〉을 보자.

A는 '해결방향'을 제시하지만, 해결하고 있지 않다. ③번 과제는 오늘 중 해결해야 하는데 며칠 후로 미루고 있기 때문이다. 이유를

<연습 6-3> 내용 없는 해결방향과 내용 있는 해결방향 비교

내용이 없는 해결방향(A)

③ 본부 T/F 차출 인력 추천(오늘 중)

- 우선순위: 2순위(중요성 중, 시급성 상)

- 해결방향: 인사문제이므로 선발기준 설정, 전 직원 희망자 공모, 해당자 면담 등에 시간이 소요되므로 워크숍에서 복귀 후 월요일에 결정해서 추천

- 처리계획: 1. 장 주무관과 세부 내용 논의 ~ 2, 3, 4 ~

내용이 있는 해결방향(B)

③ 본부 T/F에 파견할 직원 추천(오늘 중)

- 우선순위: 2순위(중요성 중, 시급성 상)

- 해결방향: 워크숍 출발 전까지 본부 지침과 지청 상황을 고려한 선발기준 마련 → 1) 7급 대상(6급 선발하면 6개월간 팀장 공석), 2) 관련 업무 2년 이상(3년 이상자 없음), 3) 공모 후 없으면 적임자 지명(비희망자 선발 시 추후 고충 우선 고려)

- 처리계획: 1. 장 주무관과 세부 내용 논의~ 2, 3, 4 ~

대지만 핑계에 불과하고 지침을 무시한다. 물론 현실에서는 전화 통화를 해서 사정 얘기를 하고 며칠 연기하는 것도 가능하다. 그러나 논리를 평가하는 역량평가에서는 그런 정치적 해법보다는 합리적 판단을 중시한다. 그런데 B는 해결하고 있다. 한 시간 후 나가야 하지만 그사이 자체 선발기준의 방향을 정했다. 6~7급 중 7급으로, 관련 업무 경력 기준을 2년으로, 선 공모 후 지명 원칙으로 정했다. 나머지는 내가 없어도 실무자가 기관장 결재를 거쳐 처리하면 된다. 과장으로서 할 일을 하고 있다.

평가자 입장에서 생각을 정리해보자. 만약 A를 보면 인터뷰에서 당연히 빠진 부분을 질문할 것이다. 필자가 평가자라면 "왜 지침대로 오늘 선발하지 않았는가? 당신이 없으면 그 업무를 전혀 추진할 수 없는가? 오늘 해야 하는데 누구를 선발할 것인가? 그 선발 기준은 무엇인가? 당신의 의사결정 지연으로 기관 전체의 인사가 지연되는데 실제로도 그렇게 처리하는가? 그런 판단은 전체를 고려하지 않은 무책임한 것 아닌가?" 등 추가질문을 계속하고 싶다. 실제로도 A처럼 대답해서 낮은 점수를 받았다는 후기도 보았다. 분명히 사례에서 '다음에 제시되는 과제는 위 시간 내에 완전히 해결하시오'라는 지시문이 있었다. 설사 없어도 풀어야 한다. 과제는 풀어야 하기 때문이다.

과제가 연결되면 답도 연결하라

과제들이 독립된 경우도 있다. 그러나 하나의 상황에서 연계되는 경우도 있다. 〈표 6-3〉의 1), 2) 중 어느 것이 더 어려울까?

2)가 더 어렵다. 1)은 각각 별도의 구두 발표처럼 처리하면 된다. 그러나 2)는 과제가 서로 연결되어 있다. 그런데도 대부분 1)과 같이 독립된 경우처럼 각각 한다. 시간부족 때문일까? 아니다. '3단계 해결방향'을 생각하지 않아서 그렇다. 연결할 것은 내용(해결방향)인데 그 내용이 없지 않은가?

고수들은 과제별 해결방향을 구체적으로 제시하니까 자연스럽게 상호 연계가 된다. 예를 들어 ④는 비판적 신문기사 대응이니까 비판과 대응의 핵심 내용을 ① 계획수립과 ⑤ 발표자료에 한 줄이

1) 과제가 독립된 경우	2) 한 상황에서 연계된 경우
상황: 없음	상황: 청년 창업 박람회 개최
① 청년인턴제 활성화 계획 수립	① 박람회 추진계획 수립
② 팀원 차기 전보 희망 해결	② 박람회 T/F 팀원 간 갈등 조정
③ 본부 행정개혁 T/F 파견 직원 추천	③ 본부에 박람회 T/F 팀장 인선 추천
④ 고령자 고용 지원금 비판기사 대응	④ 박람회 비판 신문기사 대응
⑤ 주요 정책설명회 발표자료 작성	⑤ 후원업체 설명회 발표자료 작성

라도 포함시킨다. ③ 팀장 인선추천 기준에 그 분야 전문성을 넣을 수 있다. 다른 방법으로 연결할 수도 있다. ① 박람회 추진계획을 수립한다면 그 내용을 ⑤ 발표자료에 포함시킨다. 계획추진에 필요한 역량을 ③ 팀장 인선추천 기준으로 제시하고, ④ 언론대응에서 합리적 비판은 수용해서 ① 추진계획을 일부 수정하겠다고 할 수도 있다. 정답은 없다. 어떤 논리든지 여러 과제를 기준을 세워서 묶으면 된다. 모든 것을 완벽하게 연계하기는 쉽지 않지만, 시도는 해야 한다. 그래야 평가자가 원하듯이 문제에 대한 '통합적 해결역량'을 보여줄 수 있지 않겠는가?

단계 4 | 어떻게 처리할까? - 처리방법 선택

과제별로 제시한 나의 해결방향들을(3단계의 내용) 처리하는 단계다. 과제가 보고서, 메일, 전화, 면담, 문자 등 여러 방법으로 주어졌

추상적으로 처리하기(A)

④ 섬세촉진지원금 관련 언론 보도 대응(오전 중)

- 우선순위: 1순위(중요성 상, 시급성 상)

- 해결방향: 보도내용 확인 결과 예산집행 실적 부진은 맞으나 작년 대비 실적이 2배 상승한 부분이 누락되어 오해의 소지 → 정정보도 요청이나 보도해명 자료는 아니지만, 오해가 없도록 실적 상승부분을 밝히고, 조기에 사업 활성화 방안을 수립하여 발표할 계획이라는 취지로 보도참고자료 배포

- 처리계획

  1. 대응 방향결정: 담당 오 팀장에게 지청장 보고토록 지시

  2. 보도 참고자료 작성·배포: 오 팀장에게 지시

구체적으로 처리하기(B)

④ 섬세촉진지원금 관련 언론 보도 대응(오전 중)

- 우선순위: 1순위(중요성 상, 시급성 상)

- 해결방향: 보도내용 확인 결과 예산집행 실적 부진은 맞으나 작년 대비 실적이 2배 상승한 부분이 누락되어 오해의 소지 → 정정보도 요청이나 보도해명자료는 아니지만, 오해가 없도록 실적 상승부분을 밝히고, 조기에 사업 활성화 방안을 수립하여 발표할 계획이라는 취지로 보도 참고자료 배포

- 처리계획

  1. 대응 방향결정: 지청장 보고(담당 오 팀장과 같이) → 위 방향 여부 결정

  2. 보도참고자료 작성: 오 팀장에게 지시 → 석간부터 반영하려면 오전 중 위 방향으로 작성 완료, 특히 타 지청들의 상승 폭을 확인하여 전년 대비 2배 상승한 것이 전국 최상위권임을 강조

  3. 기자 브리핑: 장 주무관에게 오후 13시 기자설명회 개최 관련 기자단 협의 지시, 개최되면 오 팀장이 설명하며 배포, 개최가 안 되면 이메일과 SNS로 배포 후 주요 기자에게는 오 팀장이 전화 설명토록 지시

  4. 활성화 계획 수립: 오 팀장에게 지시 → 전임 과장의 인수인계 사항, 언론 지적 사항, 본부 및 다른 지청 계획 등을 고려하여 금년 중 계획수립 지시

다. 그런데 처리를 모두 보고서로 하면 어색하다. 평소에 보면 여러 방법으로 처리한다. 그런데 내가 다 해야 할까? 1시간 후에 나가는데 5건을 모두 직접 할 수도 없고, 바람직하지도 않다. 실제도 부하에게 위임하거나, 동료에게 협조를 요청하거나, 상사에게 조언을 구한다. 다만 바쁘다고 대충하면 안 된다. 〈연습 6-4〉를 보면서 몇 가지 주의할 점에 대해 꼼꼼히 생각을 정리해보자.

위임은 일부만 하라

A의 '해결방향'은 아주 훌륭하다. 그런데 '처리계획'은 단 하나밖에 없다. 담당인 오 팀장에게 전부 위임하고 있다. 바쁘다고 이렇게 포괄적으로 위임하면 생각이 없어 보이고 무책임해 보인다. 역량을 평가할 수가 없다. B의 '처리계획'은 다르다. 아무리 바빠도 언론대응은 제일 시급하고 중요한 현안이다. 따라서 담당 팀장과 같이 지청장에게 들어가서 대응방향을 정리한다. 그러고 나서 나머지 처리, 즉 일부를 위임하는 것이다. 과장으로서 내가 할 수 있는 부분은 직접 해야 한다. 전부를 위임하면 나는 없어도 되는 사람이 되기 때문이다.

지시는 명확히 하라

A는 전부 위임하지만 내용이 없다. 즉, 포괄적이면서 추상적이다. 본인이 나간다고 이렇게 지시하면 받는 사람은 어떻게 할지 황당하다. 무책임하다. 그러나 B는 구체적이다. 누구에게(오 팀장, 장 주무관 등), 언제까지(오전 중, 금년 중 등), 어떤 형식으로(기자 설명회, 이

메일 등), 어떤 절차로(기자단 협의 등) 하라고 콕콕 찍어주고 있다. 특히 절차는 구체적일수록 좋다(관련자 협조 결재, 전 직원 공람, 관련 부서와 비공식 협의, 공식 의견수렴, 중간보고 등). 더 명확하게 하기 위해 달력·흐름도 등을 활용하면 좋다. 절차, 기한 등을 말로만 하면 왜곡될 수 있다.

위임해도 플러스알파를 제공하라

A는 그냥 있는 것 가지고 당신이 알아서 처리하라고 하고 있다. 바쁘다고 면피하는 것으로 보인다. B는 다르다. 여기서도 플러스알파를 제공한다. 우선 현 정보 외에 '추가정보'를 확인하라고 한다(타 지청들의 상승 폭을 확인~). '~ 통계, ~동향, 다른 기관의 보고자료, ~ 연구결과' 등을 추가로 확인해보자. 달라진다. 또 플랜 B도 검토한다(기자 설명회 개최가 안 되면~). 모두 내 맘대로만 되는 것은 아니다. 일정이 중복된다면 대참은 안 되는지, 행사 자체를 연기할 수는 없는지 등도 검토할 수 있다. 실제로도 많이 하지 않는가? 플러스알파가 있어야 직접 하지 않아도 직접하는 것처럼 처리할 수 있다. 열의도 보이지만 전문성도 돋보인다. 실제 인터뷰에서도 "과제해결을 위해 추가로 필요한 정보나 조치가 있는가? 있다면 무엇이고 그 이유는?, 당초 계획대로 해결이 되지 않았을 때의 대안은?" 등의 질문이 나왔다. 역량평가는 플러스알파를 얼마나 내놓을 수 있느냐의 게임이다.

표현하기
여러 과제 신속정확 처리 원칙 4

검토 시간 50분 중 벌써 40분이 지났다. 이제 분석한 내용을 자료로 정리해야 한다. 마음이 급하니까 타이핑도 잘 안 된다.

'이거 큰일이네. 어떻게 10분 만에 5개 과제를 글로 쓰지? 아무리 그래도 대충 보고서 형식은 갖추어야 하지 않을까? 아니야. 어차피 시간이 없으니 대충 쓰고 질문 나오면 말로 때우자. 최선이 안 되면 차선도 있잖아?'

시간은 어김없다. 정확해서 야속하다. 자료정리도 제대로 못 했는데 벌써 제출하라고 재촉이다. 결국 5개 과제 중 3개는 몇 줄 쓰고, 1개는 1줄, 1개는 제목만 썼다. 그리고 질의응답 하러 간다. 발표 없이 바로 인터뷰를 한다니까 더 떨린다.

"⑤번 과제는 왜 정리된 내용이 없나요?"

"시간이 없어서 미처….'

"그럼 말로 설명해 보세요."

"에, 전임 과장이 3년 동안이나 그 과에서 근무했기 때문에 누구보다도 현안을 정확히 파악하고~"

"그게 아니라 ⑤번 과제를 어떻게 처리할지 설명해주세요."

"네. 그분이 인수인계해준 사항은 다음과 같은 세 가지로, 첫째 섬세촉진지원금 사업 부진, 둘째 ~"

"세 가지는 저도 압니다. 그것들의 처리계획을 말씀해달라고요."

현안업무처리도 기획력 평가다. 따라서 과제별로 제대로 보고서 형식을 갖추는 것이 최선이다. 그러나 시간이 없어서 못 한다. 대충 쓰고 말로 때우기가 차선일까? 아니다. 차악이다. 그러면 어떻게 글로 정리할까? 이미 다 했다. 4단계 현안분석법에서 정리한 것이 그대로 자료가 된다. 즉, '읽고 분석하기' 단계에서 자료쓰기를 같이 해야 한다. 그런데도 '표현하기' 단계를 다시 포함한 것은 자료쓰기 방법에 대해 많은 오해가 있기 때문이다. 시간이 급해도 정확히 쓰는 방법이 있을까? 있다.

원칙 1 | 양식이 아니라 내용에 신경쓰자

최근에는 거의 유행처럼 대부분 자료정리를 '표'로 한다. 표 양식도 〈연습 6-5〉 A처럼 종횡무진이다. 그러면서 "어느 표가 더 좋아요?"라고 묻는다. 필자의 답은 "저는 표 안 그리는데요"다.

일단 표를 그리는 데 1~2분 이상 소요된다. 또 표의 특성상 문장을 자유롭게 쓰기가 어렵다. 제대로 하려면 표 안의 문장을 편집하는 데 시간이 소요된다. 더구나 표를 써야 할 이유가 없다. 〈연습 6-5〉의 A-1)을 보자. 표를 그렸는데 B와 무엇이 다른가? 똑같은데 표 만드는 시간만 낭비한다. A-2)를 보자. 횡으로 그려서 과제들 간 비교가 쉬울 것 같지만 이런 표에 문장을 넣어보라. 대단히 어렵다. 결국 고수가 아니면 단어 몇 개 정도 넣다가 만다. B처럼 해보자. 일단 표 편집에 신경 쓸 필요가 없다. 읽고 분석하면서 바로 치면 그만이다. 갑자기 생각이 잘 정리되면서 문장이 술술 쓰여도 아

〈연습 6-5〉 형식적 표 그리기와 실질적으로 정리하기 비교

A-1) 아무 이유없이 밑으로 표 그리기

과제명	④ 섬세촉진지원금 관련 언론 보도 대응(오전 중)
우선순위	1순위(중요성 상, 시급성 상)
처리대상	지청장, 오 팀장, 장 주무관
해결방향	보도내용 확인 결과~
처리방법	1. 대응 방향결정 ~ 2. 보도참고자료 작성 ~

과제명	③ 본부 T/F에 파견할 직원 추천(오늘 중)
우선순위	~
처리대상	~
해결방향	~
처리방법	~

A-2) 문장쓰기 불편하게 옆으로 표 그리기

과제명	우선순위	처리대상	해결방향	처리방법
④ 섬세촉진지원금 관련 언론 보도 대응(오전 중)	1순위 (중요성 상, 시급성 상)	지청장, 오 팀장, 장 주무관	보도내용 확인 결과~	1. 대응방향 결정 ~ 2. 보도 참고자료 작성 ~
③ 본부 T/F에 파견할 직원 추천 (오늘 중)				

B) 표 없이 자유롭고 깔끔하게 정리하기

---

④ 섬세촉진지원금 관련 언론 보도 대응(오전 중)

- **우선순위**: ~

- **해결방향**: ~

- **처리계획**

　1. 대응방향 결정: 지청장 보고(담당 오 팀장과 같이) →

　2. 보도 참고자료 작성: 오 팀장에게 ~

　3. 기자 브리핑: 장 주무관에게 ~

　4. 활성화 계획 수립: 오 팀장에게 ~

무 제한이 없다. 얼마나 자유롭고 편한가? 빨리 잘해야 한다. 표의 양식이 아니라 어떻게 정리하는가에 신경 쓰자.

원칙 2 | 곁가지보다 덩어리에 집중하자

위 〈연습 6-5〉의 A-1), 2)에서 채워야 할 내용은 5개다. 앞에서 필자가 '4단계 현안분석법'을 제시했는데 그대로 쓴 것이 바로 B 다. 차이는 '처리대상'이다. '처리대상'이라고 하니까 일견 멋있고 분석적으로 보인다. 그런데 생각을 해보면 처리대상을 빼놓고 해결 방향과 처리방법을 쓸 수 없다. 결국은 중복될 수밖에 없다. B처럼 써보라. 처리방법에 처리대상이 포함되면서 자연스럽게 정리된다. '처리대상'은 덩어리가 아니고 곁가지이기 때문이다. 덩어리인 '처리방법'에 포함시키면 자연스럽고 쉽다. 실제 여러분이 조직에서 B 처럼 지시하지 않는가? 현안업무처리는 어렵지 않다. 그런데 뿔 달린 도깨비처럼 처리하려니까 어렵다. 평소 여러분이 일상에서 처리하던 방법대로 하면 그뿐이다.

원칙 3 | 줄이되 제대로 쓰자

이게 말이 되는가? 된다. 우선 분량을 줄이자. 과제가 5개면 과제별 투자 시간은 1/5이고 분량도 초절정 고수가 아니라면 1/5, 즉 0.5쪽 정도다. 결국 몇 단어로 핵심만 표현하면 되고, 완성형 문장이 아니라 화살표 같은 기호만으로도 훌륭하게 표현할 수 있다. 핵심은 제대로 쓰기, 즉 덩어리와 스토리이니까 말이다. 〈연습 6-4〉에서 A와 B의 분량은 모두 1쪽 미만으로 큰 차이가 없다. 그런데 A는 스토리가 없고 B는 문제해결의 아이디어와 처리방법의 스토리가 정연하다. 스토리만 튼튼하면 나머지는 말로 보충할 수 있다. 그런데 그 스토리들은 주어지는 참고자료에 대부분 있다. 대다수가 제시된 것들을 제대로 파악하지 못하고 임의로 판단한 탓에 좋지 않은 성적을 받을 뿐이다. 자료의 양에 스트레스받지 말자.

원칙 4 | 과제 간의 관계를 말하자

현안업무처리에서는 발표는 없지만, 질의응답은 있다. 따라서 '대답하기'는 구두 발표와 전혀 다를 바가 없고 스토리식 근거 대기라는 핵심 원리가 그대로 적용된다.

다만 과제가 여러 개라는 특성 때문에 '과제 간의 관계성 이해도'

질문이 추가된다는 점에서 일부 차이가 난다. 정리해보면 현안업무 처리의 질문은 1) 과제내용에 대한 숙지 여부 파악 2) 과제별 해결 방향 및 처리방법 3) 추가 질문이라는 구두 발표의 기본 틀 외에 4) 과제 간의 관계성 이해도가 추가된다. 이는 구두 발표보다 훨씬 더 스토리식 근거 대기에 익숙해질 필요가 있다는 의미다. 상대적으로 짧은 시간 내에 여러 개의 과제를 숙지해야 하기 때문이다.

생각할 시간을 벌자!
상용구와 단축키

4장, 5장, 6장에서 설명한 기획력 평가방법들은 일단 글쓰기가 중요하다. 잘 쓰려면 내가 쓴 문장을 다시 보고, 생각하고, 고쳐야 한다고 했다. 이렇게 하려면 무엇이 필요할까?

'시간'이다. 빨리하려면 마우스를 버리고 자판을 활용하자. 글자 모양, 크기, 문장 간격, 기호입력 등 자판으로 가능한 것은 '단축키와 상용구'로 해보자. 두 배 이상 빨라지고 두 번 이상 고칠 수 있다. 하수는 초벌 글을 내지만 고수는 두세 번 고친 글을 낸다. 어느 것이 더 깔끔할까? 고칠수록 달라진다. 단축키와 상용구는 단순 기능이 아니다. 고수의 지름길이다.

단축키: 대부분 알지만 몇 개만 사용한다. 다음 표에서 필자가 쓰는 단축키 중 누구나 아는 것이나 평가장에서 불필요한 것은 빼고, 실제 평가장에서 빨리하는 데 정말 유용하지만 대부분 모르는 기능들만 정리했다. 이것들만 사용해도 평가장에서 보고서를 최소 2회는 고칠 수 있다. 남들보다 두 번 더 생각하기, 두 번 더 플러스알파.

상용구: 정말 편한데 대부분 모른다. '항상 사용하는 문구'를 미리 컴퓨터에 등록하는 기능이다. 자주 쓰는 특수문자, 기호, 단어들을 하수는 마우스로 찾아 헤매지만, 고수는 상용구로 등록한다. 그 순간 두 배로 빨라지고 두 번을 고칠 수 있다. 참! 평가장 컴퓨터에는 상용구가 없다. 시작 전 여유시간에 심호흡만 하지 말고 몇 개라도 입력해놓자. 정말 편하다.

[등록] Ctrl+F3 → 준말 / 본말 입력 (준말→본말 예시)
　　　　당→※, 동→○, 네→□, 올→↑, 일→①, 인→HRM, 근→근로기준법
[활용] 문서에서 '※'이 필요하면 → 당(준말) 입력 → Alt+i → ※(본말)

〈실전 평가장에서 유용한 아래한글 주요 단축키 모음〉

기 능	아래한글 단축키
1. 파일/입력	
저장하기(Save의 S)	Alt(Ctrl) + S
다른 이름으로 저장하기(Variant의 V)	Alt + V
특수 문자 입력	Ctrl + F10
상용구 등록	Ctrl + F3
상용구 사용(준말을 본말로 변환)	준말입력 → Alt + I
2. 편집	
블록 선택	F3
블록 선택 - 문서 전체	Ctrl + A
이동 - 문서의 맨 앞/맨 뒤로	Ctrl + Page up / down
이동 - 한 장 단위 앞/뒤 페이지로	Alt + Page up / down
모양(서식) 복사	그 단어 위에 커서 놓고, Alt + C
모양(서식) 복사한 것으로 바꾸기	블록 선택, Alt + C
지우기 - 그 줄 전체	Ctrl + Y
지우기 - 커서 다음의 줄 전체	Alt + Y
3. 문단 모양	
문단 모양	Alt + T
문단 위 간격 주기	Alt + T + U
가운데, 좌, 우측 정렬	Alt + T + C/L/R [Ctrl + Shift + C/L/R]
글자 간격 좁히기(Narrow의 N)	Alt + Shift + N
글자 간격 넓히기(Wide의 W)	Alt + Shift + W
줄 간격 좁히기(압축하다의 A)	Alt + Shift + A
줄 간격 넓히기(죽죽 늘리다의 Z)	Alt + Shift + Z
문단 내 앞선 정렬하기	Shift + Tap
4. 글자 모양	
글꼴 바꾸기	Alt + L + 자판으로 글꼴 입력
글자크기, 장평, 글자 간격 바로 입력	Alt + L + Z/W/P
글자크기 확대하기(Extension의 E)	Alt + Shift + E
글자크기 축소하기(Reduction의 R)	Alt + Shift + R
글자 진하게, 밑줄 긋기, 이탤릭체	Alt + Shift + B/U/I [Ctrl + B/U/I]
한→영 / 영→한 전환	Shift + Space Bar
5. 표 모양	
표 만들기(Table의 T)	Ctrl + N + T
셀 선택하기(여러 셀 선택하기)	F5 (F5 두 번 → 화살표로 선택)
셀 합치기(Merge)	여러 셀 선택 후 M
셀 나누기(Split)	셀 선택 + S
표 안에서 빈칸 한 줄 추가(밑으로)	Ctrl + Enter

7장

집단토론하기
Group Discussion

본질찾기
여러 생각을 한쪽으로 모으기

현안업무처리는 아무래도 망친 듯…, 온몸이 무너진다.

'그래도 포기할 수 없지. 토론은 자신 있으니 여기서 복구하자!'

마음을 다잡고 토론장으로 갔는데 마음이 더 심란하다. 토론 조원의 면면 때문이다. 세 명이 같은 조인데 한 명이 '한신효' 팀장이다. 무조건 들이대고 상대방 말을 전혀 듣지 않아서 애칭이 '한심해'다. 다른 한 명은 '진상모' 팀장! 풀어서 '진짜 상종하지 못할 사람', 줄여서 '진상'이다. 날카로운 독설과 치사한 행동으로 악명 높은 인물이다.

'아, 어쩌지? 하필이면 저들과 같은 조야?'

집단토론은 특정 과제에 대해 의견이 서로 다른 사람들이 회의를 통해 합의를 도출하는 것이다(인사혁신처). 즉, 몇 명의 피평가자가 모여서 과제해결을 위한 회의를 진행하고 평가자들이 이를 관찰한다. 개념은 쉽다.

본질은 더 쉽다. 토론은 사람들이 서로 치고받으며(칠 토討) 논하기다(논할 론論). 그런데 왈가왈부에 갑론을박이 십상이고, 논리로 시작해서 감정으로 끝나기 쉽다.

보고서는 잘 쓰는데 토론은 못 하는 사람이 있다. 왜 그럴까? 나혼자 과제를 푸는 평가에는 직접 대면하는 상대방이 없다. 남과 싸울 일이 없다. 그러나 토론은 여러 사람이 있고 서로 생각이 다름에도 한 방향으로 모아야 한다. 그래서 조정력이 본질이다. (나도) 토론자 중 한 사람으로서 (내 생각을 포함한) 여러 생각을 (모두 동의하는)한쪽으로 모아야 하는 것이다. 이 점이 기획력 평가와 결정적으로다르면서 어려운 이유다.

〈표 7-1〉을 보면 기획력 평가는 모두 '글'이 있지만, 토론은 '말'만 있다. 내용도 How, 즉 '정책대안'에 집중되고 Why 1, Why 2, What은 생략된다. 기획력 평가처럼 내 대안을 전체의 스토리로 완벽하게 만들 필요가 없다. 대신 다른 대안을 조정해야 하므로 '부분의 스토리'가 핵심임을 보여준다. 그러면 토론의 핵심은 무엇일까?

토론은 내용이다. 세 명의 토론자가 있다. 이 중 누가 토론을 잘하는 사람일까? 당연히 토론을 끌고 가는 사람이다. 그러면 토론은무엇으로 끌고 가야 할까? 다음의 메모들을 보자.

<표 7-1> 기획력 위주 평가방법과 집단토론(역할연기)

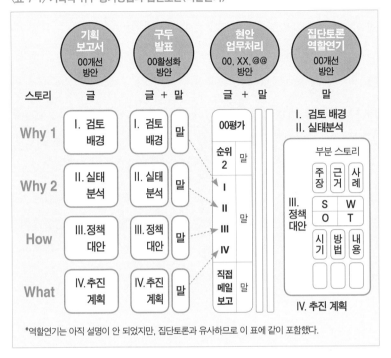

*역할연기는 아직 설명이 안 되었지만, 집단토론과 유사하므로 이 표에 같이 포함했다.

- 시작하면 제일 먼저 발언하라. (→ 토론을 주도하는 모습을 보여준다)
- 진행 방법, 순서, 발언 시간 등은 내가 제일 먼저 제안하라.
  (→ 정리를 잘하고 주도하는 모습을 보여준다)
- 상대방이 발언할 때는 중간 중간 메모하고 가끔 고개도 끄덕여 준다.
  (→ 경청하는 모습을 보여준다)
- 말할 때는 상대방 눈을 본다. 그런데 특정인만 보면 안 되고 모두 번갈아
  가며 보아야 한다. (→ 편향되지 않은 모습을 보여준다)
- 상대방 발언에 반박하려면 "좋은 의견 잘 들었습니다. 그런데 제가 반론을
  해도 되겠습니까?"라고 하라. (→ 정중한 모습을 보여준다)
- 끝낼 때는 토론의 주요 내용을 정리하고, 결론이 안 났으면 다음에 다시
  토론하자고 하라. (→ 토론을 주도했다는 모습을 끝까지 보여준다)

많은 코칭 교재와 족보, 평가자로서 실제 보았던 장면 들을 발췌한 것이다. 한마디로 '형식'으로 '진행'하고 있다. 대부분 토론을 주도해야 한다고 생각한다. 맞다. 그런데 '주도자'가 아니라 '진행자'를 준비한다. 위 메모에는 공통문구가 있다. "하는 모습을 보여준다"다. '머리로 무엇을 생각하는지'가 아니라 '겉으로 ~하는 것처럼 보여주는' 식이다. 토론의 핵심은 진행의 형식이 아니라 주장의 내용에 있다. 평가위원들은 입으로 하는 말솜씨가 아니라 머리로 하는 생각을 평가한다. '그래도 토론은 기획력보다 조정력이라면서? 그러면 매끄럽게 조정하는 진행방법, 토론기법 등이 중요하잖아? 왜 또 생각이야?'라는 의문이 들 수 있다. 토론의 목적을 생각해보자. 왜 혼자 결정하지 않고 모여서 논의할까?

하수는 내 것을 더하기 위해서 한다. 즉, 남의 것을 가져오기 위해 토론한다. 내가 최선을 가지려면 다른 사람들은 최악을 가져야 한다. 그러니까 용납이 안 되고, 내 주장의 근거에 집중하기보다 상대방을 깨는 데 골몰한다. 토론이 말싸움식, 말대꾸식, 다람쥐 쳇바퀴식이 된다. 결국 내용보다 형식에 집중할 수밖에 없게 된다.

그런데 고수는 서로의 것을 나누기 위해서 한다. 상대방을 이기는 것이 아니라 서로가 원하는 것을 얻는 과정으로 생각한다. 상대 논리의 허점을 파고들어 이용하기보다 서로의 것을 나누는 기준을 제시한다. 따라서 일방의 완전한 승리가 아니라 서로 차선의 합의를 찾아간다.

그런데 이 '서로의 차선을 합의하는 과정'이 평가자들이 보는 핵심이다. 차선을 찾아가려면 서로의 입장에서 말이 되어야 한다. 말보다 '생각'을 해야 하고, 나 이외에 다른 토론자도 같이 고려해야 한다. 그래서 토론은 나누기인 것이다. 어떻게 잘 나눌 수 있을까? 우선 다음 사례를 보고 나서 차분히 ① 쟁점 만들기(읽기) → ② 자원 나누기(분석) → ③ 상대방 대응하기(표현)라는 3단계로 생각을 정리해보자.

사례 – '첨단산업 창업지원 T/F 팀장 선정' 집단토론

2019 한국섬세공사 국장승진 역량평가

「집단토론」 참고자료

과제 개요(1쪽)

1) 요령: 40분간 자료 검토, 50분간 토론

2) 역할: 미래산업지원공단 기업지원본부 내 팀장 3명 [창업지원팀장(한 팀장), 벤처지원팀장(박 팀장), 기업협력팀장(진 팀장)]

3) 상황

– 공단은 4차 산업혁명에 대비하기 위해 기업지원본부 내 '첨단산업 창업지원팀' 신설을 추진하되 우선 현 정원 내에서 T/F 운영키로 결정

– 위 팀장 3명은 서로 협의하여 소속 과장 중 적임자 1명을 T/F 팀장으로 차출해야 함

– 후임은 정식 직제개편 때까지 공석, T/F 팀장은 '과장'급이며 팀장으로 승진 예정된 것 아님, 본부장이 회의 소집

4) 주의

– 모든 참가자들의 합의로 결정, 다수결 금지

– T/F팀 운영은 결재가 났으므로 변경 여지 없음

– 이어서 다음 회의가 있으므로 50분 회의 시간 연장 불가, T/F 팀 개시가 내일이므로 추가회의 불가, 오늘 결론이 안 나면 본부장이 결정

I. 공통자료

1) 회의소집 메일: 본부장이 3팀장에게 위 개요를 담은 회의소집 이메일 송부

2) 기업지원본부 조직도: 3팀별 주요 업무, 소속 직원현황(직급, 성명, 업무 등)

3) '첨단산업 창업지원팀' 신설 계획(이사장 결재문서): 신설 필요성, 향후 직제개편 추진계획 및 일정, 그전까지 한시 '첨단산업 창업지원 T/F' 운영계획

II-2. 토론자 역할별 자료: 벤처지원팀장(박 팀장용)

1) 직원 인적사항: 입사연도, 승진연도, 연령, 주요경력, 특이사항(육아휴직자 2명, 육아휴직 예정 1명, 병가 중 1명)

2) 직원 평균 초과근로 현황: '23년 1년간 일 평균 3.5시간, '20년 팀 신설 이후 계속 증가('20년 2.0→ '21년 2.5→ '22년 2.9)

3) 벤처기업 애로사항 접수·처리 현황: '23년 3,505건(기한 내 처리율 40%), '20년 대비 접수건수는 3배 이상 증가, 기한 내 처리율 질반으로 하락

4) 벤처기업 지원 관련 법률 및 제도 현황: 벤처기업육성에 관한 특별조치법, 지적재산보증제도, 상담·정보·기술·인력 등 행정지원, IT 벤처 창업보육센터

5) 벤처기업 관련 주요 통계: 벤처기업 신설 및 폐지 건수, 총수익 등 4년간 추이

※ 창업지원팀장, 기업협력팀장용 자료: 박 팀장에게는 주어지지 않음

덩어리로 쪼개서 쟁점을 만들자

내 자료는 다 읽었다. 그런데 상대방 자료를 알 수가 없으니 답답하다.

'각자 사연은 구구절절하고 핑계는 무궁무진하겠지. 무섭게 덤벼 올 텐데 휘둘리면 안 돼. 하나씩 풀어야 해. 이 과제의 쟁점이 뭐지? 회사 입장에서는 적임자가 필요하지만, 우리 팀에서는 과장이 빠지면 운영이 안 되거든. 빠지면 어떻게 운영을 하라고? 자, 그러면 우리 팀이 아니라 다른 팀에서 적임자를 선발해야 해. 어떻게 공격하지? 여기서 쟁점이 또 뭐지? 이거 아리송하네?'

쟁점이 정리되지 않고 계속 돌고 있다. 쟁점은 싸울(爭) 포인트(點)이고, 토론은 합의의 과정이다. 싸울 포인트가 엉킨 경우와 분리된 경우 중 어느 것이 합의가 쉬울까? 당연히 후자다. 엉킨 상태를 놓고 계속 이야기하면 어렵다. 우선 주어진 정보가 제한되어 있으므로 각자 피상적인 논리만 얘기한다. 수박 겉핥기를 하면서 다람쥐 쳇바퀴 도는 꼴이다. 겉으로만 접근하니까 말이 섞이고 길어진다. 중언부언에 장황하기까지 하다(필자는 이를 '수다중장'이라고 요약해 사용한다). 이렇게 되면 최악이다. 참가자 모두 망한다. 〈연습 7-1〉을 보면서 반대로 하는 방법을 찾아보자.

A는 과제의 본질을 잘 파악했다. 그런데 그것을 얽힌 상태 그대로 놓고 기준을 정하려 했다. 그러니까 쟁점을 파악하려 해도 같은

쟁점을 얽힌 상태 그대로 보기(A)

회사 입장에서는 적임자가 필요하지만, 우리 팀에서는 과장이 빠지면 운영이 안 되거든. 빠지면 어떻게 운영하라고? → T/F 팀장 적임자를 어떤 기준으로 선발할 것인가? (→ 원래 자료에서 주었던 그 문제 그대로이므로 쟁점이 아님)

쟁점을 의미 있게 쪼개서 보기(B)

- '회사 입장에서는 적임자가 필요하지만' → 누가 신설 팀장으로서 적임자인가? → 사람의 문제 → 쟁점 ①
- '우리 부서는 과장이 빠지면 운영이 안 되거든' → 그 부서에서 과장을 뺄 수 있는 상황인가? → 각 부서 업무상황의 문제 → 쟁점 ②
- '빠지면 어떻게 운영을 하라고?' → 과장이 빠진 부서는 어떻게 운영할 것인가? → 그 부서 보완의 문제 → 쟁점 ③

생각이 반복된다. 즉, 광범위한 상태를 놓고 한꺼번에 검토해야 하므로 기준설정이 어려운 것이다. 벌판에서 뛰어다니면 제대로 싸우지 못하고 지친다.

그런데 B는 그대로 보지 않고 한 번 더 생각했다. 전체가 세 덩어리로 쪼개졌다. 게다가 단숨에 '① 사람 → ② 각 부서의 업무상황 → ③ 차출 부서의 업무 보완방법'이라는 스토리로 정리되었다. 스토리로 쪼개면서 읽는 것, 성공적인 집단토론의 첫 번째 원칙이다. 그래야 쟁점이 만들어진다.

이렇게 읽어야 하는 이유는 무엇일까? 우선 집단토론의 결과물, 즉 최종 합의가 쉬워진다. 쟁점을 나누었다고 반드시 쟁점별로 합의해야 할 필요는 없다. 사실상 어렵고 시간만 소모된다. 단지 쟁점별로 서로의 입장 차만 명확하게 하면 된다. 그러면 요구의 수준을 보면서 최후의 마지노선을 감지할 수 있다. 주장의 강도를 보면서 관철의도를 추론할 수 있다. 그래야 마지막에 각자 대안을 더하고 빼는 조정이 쉬워지고, '전체의 조정안'이 완료될 수 있다. 쟁점을 나눠야 대안을 합칠 수 있다. 게임을 할 때 만약 단판 승부라면 죽기 살기로 덤빈다. 그러나 몇 판이 더 있다면 전략적 협력이 가능하다. 토론은 상대방이 있는 게임이기 때문이다.

또 최악의 토론, 즉 '수다중장'을 방지할 수 있다. 쟁점마다 합의가 되지 않아도 거기에 집착해 싸울 필요가 없다. 다음 쟁점에 대해 또 토론하고 주장을 펼 수 있고, 마지막에 그것들을 모아 조정할 수 있다. 논의의 범위가 압축되면서 쓸데없는 생각을 할 필요가 없으니까 합리적 판단이 된다. 그러니까 말이 짧아지고 깔끔해지면서 체계적이고 효율적인 토론이 된다. 참여자 모두에게 이익이다.

마지막으로 남과 달라질 수 있다는 점이다. 토론 시작할 때 위와 같이 스토리식 쟁점을 제시하고 그 순서대로 각각 합리적 기준을 세우자고 말해보자. 이 한마디로 처음부터 토론을 '주도'하게 된다. 형식적으로 임하는 사람과 차원이 다른 방식이다. 덩어리와 스토리라는 플러스알파 때문에 달라졌다.

분석하기
합리적으로 자원을 나누자

쟁점이 세 가지로 정리되었다.

'좋아. 그러면 우선 사람 문제부터 보자. 누가 적임자일까? 아무래도 관련 '경험과 전문'이 많아야겠지? 아니야. 이 기준으로 하면 우리 팀의 배 과장이 제일 첨단산업 업무 경험이 많으니까 위험해. 음… 신설 팀장이니까 '기획 및 업무추진력'이 중요할 거야. 아니지. 이것도 위험해. 역시 배 과장이 기획력은 최고라고 인정받잖아? 그러면 이 두 기준을 빼야만 하는 논리를 세워야 방어가 되겠네. 그럼 공격은?'

읽기에서 쟁점을 만들었으면 분석단계에서는 쟁점별로 대안을 제시해야 한다. 토론에서의 대안 제시는 한정된 자원의 배분이다. 나누려면 근거, 즉 기준이 필요하다. 합의보다 과정이 먼저이기 때문이다. 토론하면 꼭 합의해야 할까? 하면 좋지만 안 해도 문제없다. 반드시 합의하려니까 적당히 협상하게 되고 이상한 기준이 등장한다. 물론 평가기관에 따라서는 합의 내용에 대한 정답을 미리 상정하는 경우도 있다. 그러나 그런 기관에서도 결과보다 과정을 더 높이 평가한다. 그래서 적당한 합의보다 끊임없는 기준 제시가 더 중요한 것이다. 그러면 우리는 어떤 기준에 설득되는가? 〈연습 7-2〉를 보면서 여러분이 평가자라면 어떤 기준을 더 높이 평가할지 생각해 보자.

<연습 7-2> 나눠 먹기식 기준과 합리적 기준 비교

나눠 먹기식 기준(A)

① 우리 팀 방어: 예상 공격주장(업무 경험과 능력상 우리 팀 배 과장이 최적 임자), 방어논리(벤처기업 애로사항 접수증가 등 업무 가중 → 초과 근로 시간 급증 → 업무 부하로 휴직 등 증가 → 처리율 저하 등 팀 성과 저하)

② 다른 팀 공격: 주장(조정 및 협조 능력에서 창업 팀의 장 과장이 최적임 자), 공격 논리(신설 조직, 여러 부서에서 모인 T/F, 한시 조직이므로 일시 적 단순 업무 → 업무보다 인화단결이 핵심)

③ 1차 협상전략: 장 과장 소속 팀에서 끝까지 불수용할 경우 → 장 과장 차출 에 동의하면 대신 양보하는 차원에서 우리 팀의 대리 한 명을 그 팀에 지원

④ 2차 협상전략: 그래도 계속 불수용해서 조정이 안 될 경우 → 무조건 합의 해야 하니까 조직 전체를 위해서 우리 팀의 배 과장 차출에 동의, 대신 다 음 인사 때 우리 팀이 원하는 과장을 우선 데려올 수 있도록 보장을 요구

합리적 기준(B)

① 적임자의 기준 정리 – 업무(업무경험과 전문성, 기획 및 업무추진력) – 관계(팀원 간 조정능력, 대외 홍보 협조능력)

② 기준별 추천방법 정리: 팀장들이 기준별로 3개 팀의 과장 중 적임자라고 생각하는 과장을 2명씩 추천

〈추천 결과 예상〉

1) 업무 경험과 전문성 측면에서는? 배 과장(벤처팀), 지 과장(기업팀) 등
2) 기획 및 업무추진력 측면에서는? 김 과장(기업팀), 배 과장(벤처팀) 등
3) 팀원들 간 조정능력 측면에서는? 장 과장(창업팀), 천 과장(창업팀) 등
4) 대외 홍보 협조능력 측면에서는? 지 과장(기업팀), 장 과장(창업팀) 등

③ 예상 논리: 배 과장은 업무에서 적임자(관계 추천 ×), 장 과장은 관계에서 적임자(업무 추천 ×), 지 과장은 업무·관계 모두 적임자(모두 추천)

④ 마무리: 위 논리에 다른 팀장들이 동의하지 않아도 일단 추천 결과가 이렇 다고 정리하고 다음 쟁점으로 이동

분석의 시작은 합리적 기준이다

A도 방어논리, 공격논리, 1~2차 협상전략 등 나름 분석해서 기준을 세웠다. 그런데 이렇게 공격·방어의 개념으로 접근하면 결론은 나지 않고 밀당만 계속된다. 기준이 나눠 먹기, 즉 정치적, 협상적이기 때문에 다른 토론자들도 똑같이 나눠 먹기를 해야 한다. 그러다 끝내 지쳐서 박 팀장이 ③, ④처럼 양보하고 합의했다면? 멋진 조정안인가? 아니다. '적임자를 선발'한 것이 아니라 사람을 '나눠 먹기'했다. 합의는 끌어냈지만 과제는 풀지 못했다. '내가 이것을 줄 테니까 당신은 저것을 줘'라는 식이다. 즉, 결과를 중시하니까 정치적 거래를 한 것이고 과제는 못 풀게 된 것이다.

그러나 B는 공격·방어·협상이 아니라 행정적·합리적 기준으로 분석한다. 결론보다 과정이 더 중요하기 때문이다. ①에서 '적임자'를 선발하는 기준이 일과 사람, 업무와 관계다. 논리적이다. ②에서 기준별로 토론 참여자 모두에게 의견개진 기회를 준다. 공평하다. (다수결이 아니다.) 그리고 ③에서는 업무와 관계 중 한쪽이 아니라 양 측면을 모두 중시한다. 균형적이다. ④에서 전체 쟁점을 고려한 토론진행을 보여준다. 효율적이다.

중요하니까 B와 같은 사례를 또 보자. 예산배분 과제라면 '정부의 예산편성 기준', 즉 ① 정부 개입 필요성 ② 타 사업과의 중복·유사성 ③ 시급성 ④ 투입대비 효과성 ⑤ 집행 가능성 ⑥ 형평성 ⑦ 사업비 우선이란 기준을 단계적으로 제시한다. 일단 ①번을 제시한다. 잘 안 되면 ②번을 제안한다. 잘 안 되면 A는 합의하려고 다른 대안과 거래를 시도하겠지만 B는 다시 ③번을 제시한다. 결과가 아니라 과정을 평가하기 때문이다. 따라서 합의가 안 되어도 합리적 기준을 계속 내는 것이 낫다. 이렇게 하면 '필요성 측면에서는 내 의견이 합리적, 형평성은 당신 의견이 바람직, 그러니 조정하자'는 식이 된다. '내가 이것을 주면 당신은 저것을 줘'라는 A와 다르다.

마무리도 합리적 기준이다

그런데 '마지막에는 조정한다면서? 그러면 합리적 기준을 쓰라고 하면서 결국은 정치적 협상이잖아? 모순이 아닌가?'라는 생각이 들 수 있다. 아니다. 여기서 조정은 정치적 기준에서의 협상과 다른 의미다.

〈표 7-2〉를 보자. 위 쟁점 ①에서 제시한 기준 ①에 의하면 박 팀장은 사람을 뺏길 가능성이 작아지니까 유리하지만, 진 팀장은 불리하고 한 팀장은 보통이다(토론 분위기가 업무능력보다 관계능력을 중시

〈표 7-2〉 합리적 기준으로 조정하기 사례

	쟁점 ① (적임자 여부)	쟁점 ② (각 팀 업무상황)	쟁점 ③ (차출 팀 보완)	종합
	기준 ① (업무-관계)	기준 ② (업무량, 직원현황)	기준 ③ (업무경감, 직원보충)	
창업지원팀장 (한 팀장)	-	불리	유리	-
벤처지원팀장 (박 팀장)	유리	-	불리	-
기업협력팀장 (진 팀장)	불리	유리	-	-
종합	-	-	-	

하는 상황이라면). 합의가 안 된다. 그러면 쟁점 ②로 가서 합리적 기준 ② 즉, 박 팀장은 보통이지만 한 팀장은 불리, 진 팀장은 유리한 기준을 제시한다. 다음엔 쟁점 ③으로 가서 기준 ③을 제시한다. 이번엔 박 팀장이 불리하고 한 팀장은 유리, 진 팀장은 보통인 기준을 낸다. 가만히 보자.

각 쟁점에서는 합의가 되지 않았지만, 종합에서는 세 팀장이 비슷해지므로 합의할 수 있지 않을까?(물론 표 7-2처럼 정확하게 손익이 0으로 딱 떨어지는 것은 아니다!) 즉, 개개인의 능력과 각 팀의 업무상황을 모두 고려하면서도 공석이 되는 팀의 운영을 보완하는 조정안이 나올 수 있다. 이것이 쟁점별로 합리적 기준을 제시하면서 전체를 조정하는 방법이다.

분석단계에서는 이렇게 미리 생각을 정리해 놓아야 한다. 그러나 '협상'은 합리적 기준 없이 그냥 쟁점 ①, 쟁점 ②, 쟁점 ③을 서로 교환, 즉 나눠 먹기를 한다는 점에서 차이가 있다. 이렇게 하려면 굳이 분석이 필요 없다.

여기서 내가 쟁점마다 계속해서 합리적 기준을 제시해보자. 그것이 바로 토론을 내용으로 주도하는 것이다. 이렇게 하면 우선 내 주장을 합리적으로 제시하므로 기획력을 보여줄 수 있다. 상대방에게도 유리한 기준을 내세우며 양보를 하므로 조정력도 보여준다. 토론을 논리로 주도하면서도 물 흐르듯이 주도하는 회의 진행능력도 보여준다. 그래서 '합리적 기준', 즉 근거 대기가 토론에서도 핵심인 것이다. 실제 경험자의 후기를 보자.

"토론하면서 각자 패를 모아보니 퍼즐이 맞지 않았다. ~결국 합리적 기준으로 서로가 윈윈하는 결과물을 만들어야 했다. 30분간 미션을 마쳤으나 서로 공동으로 협력할 수 있는 내용에 대한 언급은 너무 부족했다. '~공동판매(위탁 판매-수익 배분)' 등 방법을 미리 강구했어야 했다는 아쉬움이~"

합리적 기준의 중요성이 실감 난다.

합리적 기준은 스토리다

'말은 그럴듯해. 그런데 그 짧은 분석단계에서 도대체 B 같은 합리적 기준을 어떻게 만들 수 있어?'라는 의문이 들 수 있다. 매번 마른 수건 짜듯이 머리를 쥐어짜서 새로 만들어야 하나? 아니다. 제3장에서 보았던 스토리가 있기 때문이다. 고수들은 이런 스토리들을 보고서 쓰기에만 활용하지 않는다. 발표하기와 대답하기에도 활용했듯이 토론하기의 기준으로도 사용한다.

그런데 '정부 예산편성 기준'은 예산 관련 과제에만 사용 가능할까? 아니다. 생각해보면 거의 모든 공공정책 분야에 기준으로 활용할 수 있다. 제3장에서 보았듯이 스토리는 대단한 융통성과 확장력을 가졌다. 나의 논리 구성방법과 과제의 특성에 따라서 얼마든지 다른 분야의 과제에도 활용할 수 있다.

대안은 더하기와 빼기다

쟁점이 나오고 합리적 기준이 정해졌다. 그 기준으로 대안을 만들면 된다. 이건 매우 쉽다. 대안은 '내가 생각한 기준'을 '상대방에게 제시'하는 것이기 때문이다. 그런데 여기서 '상대방에게 제시'한다는 부분이 중요하다. 무슨 뜻일까? 보고서나 구두 발표는 나 혼자 생각하는 것이므로 대안이 합리적이면 된다.

그러나 토론에서는 상대방이 수용해야 하므로 대안이 합리적이면서도 조정 가능해야 한다. '조정 가능한 대안'이 되려면? 우선 더하기, 즉 $1/N+a$이 필요하다. 내 것, 즉 $1/N$만 지키려 하지 말고 상대의 입장도 고려하자. 상대방 공략도 중요하지만 물러설 명분도 주어야 한다. 그런데 더하려면 빼기, 즉 $1/N-\beta$도 필요하다. 상대에게만 빼라고 하면 쉽게 빼줄까? 절대 안 빼준다. 내 $1/N$에서 얼마를 어떻게 뺄지, 상대 의견을 어디까지 수용할지 고민하자. 상대가 있으면 상대적으로 생각하자.

표현하기
상대를 내 편으로 만드는 토론 원칙 4

드디어 토론 시작이다. '이 두 사람의 평소 주특기가 토론에서도 나오면 안 되는데…. 무조건 들이대고, 자기 말만 하고, 빈정거리지 않을까? 아니야. 그래도 평가인데 나름 점잖게 하지 않겠어?' 기대했던 우아한 모습은 처음뿐이다. 모두발언이 끝나자마자 한 팀장이 박 팀장을 뭉갠다.

"T/F팀이 실적을 내려면 일과 팀 화합 중에 어떤 게 중요할까요? 뭐라고 해도 일이 먼저 아닐까요? 당연히 사업경험이 우선돼야 합니다. 팀원 화합이라면 소주 한잔 먹으면 다 끝나는 일 아닙니까. 아무것도 아닌 것 갖고 너무 고민하지 마세요."

진 팀장은 아예 엉뚱한 말로 토론 자체를 방해하고 있다.

"그러니까 지금 이 T/F가 꼭 있어야 할까요? 필요성에 의문이 있습니다. 이왕 할 거면 정식 직제로 해야지요. T/F를 만든다는 과제 자체가 잘못되었어요. 우리 팀은 바빠서 사람을 뺄 수 없으니 정원을 추가로 확보하는 방법을 토론해야 합니다."

다들 자기 팀만은 예외란다. 기관장이 지시한 신규 사업이 있다, 법령 개정으로 사업대상이 전면 확대되었다, 부서 통폐합으로 인력이 늘어 보이지만 실제는 줄었다, 등등 핑계뿐이다. 50분 중 30분이 지나도 자기 팀에서는 차출할 수 없다는 말만 반복이다.

토론은 여러 사람이 모여서 한다. 따라서 토론용 화법이 있다고 생각하고 시나리오별로 맞는 멘트를 외우기도 한다. 별도의 화법은 없다. '제5장 구두 발표하기'에서 설명했던 몇 가지 원칙에 충실하면 된다. 어디선가 '토론할 때는 두괄식으로 발언하고, 그 논거를 항상 세 가지로 제시한다'는 코칭자료를 보았다. 재밌다. 토론에서 두괄식 화법은 아주 중요하다. 그런데 근거가 두 개나 네 개는 안 될까? 체계적으로 근거를 대라는 취지는 이해하지만 중요한 것은 근거의 숫자가 아니라 내용, 즉 스토리이고 이것이 합리적이어야 한다는 점만 명심하고 넘어가자.

화법이나 멘트보다 오히려 상황 타개 능력이 훨씬 중요하다. 토론은 상대가 있다. 상대는 목석이 아니라 사람이다. 더구나 오랜 시간 열심히 평가 준비를 해서 나왔는데 내 의도대로 따라만 올까? 절대 그냥 따라오지 않는다. 나보다 잘할 수도 있고, 상상을 초월한 논리로 접근할 수도 있다. 또는 내 논리도 맞지만, 합의를 위해 내가 물러서야 할 때도 있다. 한마디로 토론은 위기의 연속이다. 이 상황에서 벗어나려면 상대방을 내쳐서는 안 되고 내 편으로 끌어들여야 한다. 여러분은 무엇으로 상대방을 내 편으로 만드는가? 이어지는 연습을 통해 비법을 찾아보자.

원칙 1 | 상대가 잘 한다면? - 인정하며 활용하자

토론을 하다 보면 당연히 상대방이 잘하는 경우가 있다. 생각보다 자주 일어난다. 이런 경우 잘못하면 의기소침해지거나 화가 나면서 흔들리기 쉽다. 위기다. 예를 들어 박 팀장이 먼저 T/F팀에는 사람이 제일 중요하니까 적임자부터 추천하자고 안을 냈다. 그랬더니 창업지원팀장이 팀별로 현안업무의 시급성과 부담 정도를 고려해서 과장을 뺄 수 있는 팀이 있는지부터 판단해야 한다고 주장한다. 맞는 말이고 논리적으로 반박하기 어렵다. 이때 어떻게 대응해야 할까? 〈연습 7-3〉을 보면서 위기에서 벗어나 보자.

A에서 박 팀장이 공격하고 있다. 창업지원팀장이 논리적이면서 현실적으로도 타당한 아이디어를 냈다. 그런데 그것을 인정하지 않고 공격하고 있다. 상대방을 이기려고 무리한 논리와 날이 선 단어

상대 장점을 무시하고 공격하기(A)

- **박**: 창업지원팀장의 대안은 팀 간 업무상황이라는 현실적 측면에서는 맞는 말씀입니다. 그러나 적임자를 선발해서 T/F팀의 실적을 올린다는 목적 측면은 고려하지 않은 매우 편향된 기준입니다. 실적 달성이 제일 중요한 기준인데 업무 부담이 제일 적은 곳에서 팀장을 뽑는다면 실적이 날까요?

- **한**: 그러면 팀장님의 대안은 균형적인가요? 실적달성을 강조하시는데 현실을 무시할 수 있나요? 그렇다면 앞으로도 모든 인사에서 업무 현실을 무시하고 일방적으로 사람을 뽑겠다는 논리가 됩니다. 직원들이 수용할까요?

- **박**: 저는 실적달성이 제일 중요하다고 했지 현실을 무시하라고 한 적은 없습니다. 따라서 제 말이 모든 인사에서 현실 상황을 무시하고 조직 필요에 따라 일방적으로 사람을 뽑는다는 논리라는 것은 지나친 과장입니다.

- **한**: 지나친 과장이라니요? '제일 중요한 기준'은 여러 기준 중 가장 우선된다는 뜻 입니다. 따라서 당연히 실적달성을 최우선 인사기준으로 한다는 말이 되지요. 그렇게 안 한다면 그게 무슨 제일 중요한 기준인가요?

활용하기(B)

- **박**: 창업지원팀장님의 대안은 각 팀의 업무 현실을 매우 적절히 강조하고 있습니다. 반면에 제 대안은 적임자 선발이라는 목적달성 측면에 집중하고 있지요. 따라서 두 대안을 합치면 서로의 약점이 보완되면서 적임자를 뽑으면서도 차출된 직원과 팀의 수용도를 높일 수 있다고 생각합니다.

- **한**: 저도 비슷한 생각입니다. 합치면 아무래도 시너지 효과가 있겠지요.

- **박**: 그러면 어떻게 합칠 수 있을까요? 제 생각으로는 T/F팀장의 요소를 정리해서 그 요소별로 적임자를 복수 추천하고, 추천된 직원 소속 팀들의 현안 등 업무상황을 고려해서 선발하되, 세 팀의 업무량을 조정해서 차출된 팀의 부하를 줄여주면 될 것 같은데 어떨까요?

- **한**: 좋습니다. 사람, 업무상황, 보완방법 등을 종합 고려할 수 있겠네요.

- **박**: 그러면 먼저 T/F팀장의 요소를 정하지요. 제 생각으로는 업무와 관계 ~

를 사용하고 있다. 그러니까 이어지는 대화가 토론이 아니라 말다툼이 되어버렸다. 결론은 못 내고 시간만 흘려보낸다.

그러나 B는 상대방이 잘한 점을 인정하고 활용하고 있다. 상대방이 좋은 아이디어를 냈다. 내가 봐도 내 대안보다 현실적 측면을 잘 짚었다. 그렇다면 그 점을 분명히 인정하면서 목적 달성에 치우친 나의 미흡한 점을 보완하는 것이다. 어떤가? 상대를 높여주지만 내가 더 높아진다. '현실고려 – 목적달성'이란 합리적 기준으로 논리적이면서도 조정력이 있고 균형적임을 보여주기 때문이다. 그리고 말다툼이 아니라 토론으로 이어가면서 조정 가능성을 높이고 있다. 결정적으로 '합치는 방법의 문제'로 프레임을 만들어 내가 미리 생각했던 방향으로 끌고 간다. '그러면 어떻게 합칠 수 있을까요? 제 생각으로는~' '그러면 먼저 T/F 팀장의 요소를 정하지요. 제 생각으로는~' 등의 멘트를 보라. 이것이 내용으로 토론을 주도하기다.

원칙 2 | 상대가 이상하면? – 논리로 대응하자

누구나 최선을 다해서 잘하려고 한다. 그런데 상대가 특이한 경우도 많다. 전혀 말이 안 되는 이유를 대면서 반대하거나, 황당무계한 대안을 내거나, 무조건 반대만 하거나 하는 경우 등이다. 아까보다 훨씬 더 큰 위기다. 말려들지 말고 잘 벗어나야 하는데 큰일이다. 〈연습 7-4〉를 보자.

A를 보면 박 팀장이 당황하고 있다. 준비한 진행방식과 합리적 주장이 안 먹히고 있다. 위기의식이 생기면서 논리적으로 이겨야

한다고 생각한다. 말싸움에 말리면서 평정심을 잃고 토론을 망치고 있다. 독특한 생각을 하는 사람이 의외로 많다. 상대가 이상한데 왜 내가 손해를 봐야 하는가?

B를 보자. 오히려 위기를 기회로 만들고 있다. 상대가 이상한 논

〈연습 7-4〉 말려들기와 돋보이기 비교

당황하며 말려들기(A)

- 진: 벤처팀장의 대안은 황당하고 비현실적입니다. 탁상공론에 불과합니다.
- 박: 무슨 말씀이신지요? 어떤 점이 비현실적이고 탁상공론이라는 건가요?
- 진: !@#$%?
- 박: !@#$%?라고 하셨는데 토론을 진행해야 하니까 대안을 말씀해주세요.
- 진: *&^%$?
- 박: *&^%$?라고 하셨는데 그게 아니라 $%#^&*가 맞아요.
- 진: #$%&!#$?
- 박: #$%&!#$?라고 하셨는데 자꾸 그러시면 우리가 어떻게 토론을 해요?

합리적으로 돋보이기(B)

- 진: 벤처팀장의 대안은 황당하고 비현실적입니다. 탁상공론에 불과합니다.
- 박: 그 주장에 대해 왜 그런지 논리적 근거를 말씀해주시겠어요?
- 진: !@#$%?
- 박: 저는 동의가 잘 안 되네요. 말씀하신 대안에 구체적 계획이 있나요?
- 진: *&^%$?
- 박: 지나치게 업무 차원의 접근으로 보입니다. 관계 차원도 필요하지 않나요?
- 진: #$%&!#$?
- 박: 지금 경험을 특히 강조하시는데, 경험이 있다고 기획능력까지 있나요?

리나 형식으로 나올수록 오직 합리적 기준에만 집중한다. 뭐라고 해도 이상한 말에는 신경 쓸 필요가 없다. 대신 계속해서 '논리적 근거', '구체적 계획' 등의 질문을 하면서 나의 합리성과 논리적 역량을 보여준다. 또는 '업무차원 – 관계차원', '경험 – 능력' 등 스토리를 활용해서 질문한다. 결국 상대는 말이 꼬이면서 제풀에 나자빠지게 된다. 이런 상대방일수록 나에겐 구세주다. 진정한 고수는 위기에서 벗어나는 것을 넘어서 돋보이게 된다.

원칙 3 │ **조정이 필요하다면? – 교환 대신 양보하자**

나도 잘했지만, 양보를 해야 한다면? 조정의 묘미는 확보가 아니라 양보에 있다. 내 논리도 맞지만, 조정을 하려면 나도 양보해야 한다. 이게 어렵다. 양보하자니 지는 것 같고, 안 하자니 고집부리는 것 같다. 멋지게 양보할 방법이 있을까?

A는 인심을 쓰며 통 크게 양보하는 모습을 보인다. 그러나 사실은 양보가 아니라 교환을 하고 있다. ①에서 신 과장은 추천이 전혀 없었다. 적임자가 아니다. 그런데 양보의 명목으로 적임자인 배 과장과 바꾼다. 근거 없는 단순한 교환이다. 이런 교환은 예산조정에서 많이 나온다. '그러면 내가 10억 원을 줄일 테니 당신은 5억 원만 양보하세요.'라는 식이다. 역시 근거 없는 단순한 계수조정이다. ②는 다른 것과의 정치적 교환이다. 팀장 차출과 직원성과급, 근무평정을 바꾸고 있다. 물론 '가치가 다른 것을 교환'하라는 협상의 원칙이 있다(《어떻게 원하는 것을 얻는가?》 스튜어트 다이아몬드, 2012). 그

러나 이것은 협상에서일 뿐 역량평가 토론에서는 바람직하지 않다. 기준이 합리적이지 않고 정치적 거래이기 때문이다.

그런데 B는 바꾸지 않고 양보하고 있다. 지금 쟁점이 '누가 적임자인가'보다 '어떤 팀 현안이 더 많고 급한가'라고 치자. 냉정하게 보면 우리 팀 현안이 중요성이나 시급성에서 좀 밀린다. 이럴 때 무조건 안 된다고 하지 않고 양보를 해보자. 물론 합리적 기준으로 양보한다. ①은 '중요성-시급성'의 스토리로, ②는 '효과성-형평성'의 스토리로 양보한다. 만약 바로 양보하기보다 한 번 더 논의를 하고

〈연습 7-5〉 교환하기와 양보하기 비교

통 크게 교환하기(A)

① 어쨌든 조정해야 하니까 대승적 차원에서 제가 양보하지요. 우리 팀 업무형편상 현안이 많은 배 과장은 안 되고 대신 신참인 신 과장을 빼겠습니다.

② 우리 팀의 배 과장 차출에 동의합니다. 그러나 그만큼 우리 팀 직원들이 고생하게 되니까 대신 기업협력팀에서는 과장급 성과급 지급에서 S등급을 양보해주시고, 창업지원팀에서는 대리급 근무평정에서 1번을 양보해주세요.

스토리로 양보하기(B)

① 우리 팀의 벤처창업센터 확대사업도 중요합니다만, 기업협력팀의 첨단기업 지역 허브구축사업보다는 장기사업입니다. 따라서 시급성에서 여유가 있으므로 배 과장이 적임자라면 빼는 데 동의합니다. 다만 공석이 장기화되면 부담이 되므로 차기 인사 때에는 반드시 배 과장 후임을 주셨으면 합니다.

② 두 사업 모두 청년 일자리 확대 효과는 있습니다만, 우리 사업은 벤처기업만 대상이라 첨단기업지역 허브구축사업보다는 형평성에서 다소 미흡합니다. 따라서 전체적으로는 허브구축사업이 더 우선순위가 높지요.

③ 그러나 집행 가능성을 보면 우리 사업이 준비기간이 길었고 기업들에게 홍보도 충분히 되었다는 점에서 허브구축사업보다는 준비가 잘 되어 있습니다.

싫다면 이어서 ③에서는 '집행 가능성'이라는 또 다른 합리적 기준을 제시해본다. 최소한 평가에서는 합리성이 정치성보다 우선한다.

원칙 4 | 내 편으로 만들려면? 부분의 스토리로 대응하자

공자 말씀에 비법이 있다. 《논어論語》의 "삼인행 필유아사三人行 必有我師"라는 구절이다. 세 사람이 있으면 반드시 스승이 있다는 말이다. 토론을 세 사람이 하면 나머지 둘 중 하나는 스승이다. 그런데 이어지는 구절이 진짜 핵심이다. "택기선자이종지 기불선자이개지擇其善者以從之 其不善者以改之", 좋은 점은 가려서 따라하고, 나쁜 점은 고쳐야 한다는 뜻이다.

다른 사람들의 장점은 인정해서 나를 보완하고, 단점에 대해서는 고칠 포인트를 합리적으로 지적하면 된다. 싸울 필요가 없다. 그런데 토론을 보다보면 다른 참가자들을 깨려는 경우가 많다. 공격·방어의 프레임이다. 그들을 상대방으로 생각해서 그렇다. 또는 반대로 토론이 아니라 대담을 하는 경우도 많다. 사전에 시나리오를 짜서 그대로 말만 맞추는 식이다. 특히 최근 공무원 공채시험 면접에서 그런 경향이 보인다. 아예 상대방이 누구인지 생각하지 않아서 그렇다. 고수는 평가자들을 상대방으로 생각한다. 평가자가 내 주장을 합리적으로 평가하게 하는 것에 집중한다. 그래서 고수는 합리적 기준으로 싸우지 않고 이긴다. 《손자병법孫子兵法》의 상지상책上之上策(여러 가지 해결책 중에서 가장 좋은 방법)이다. 그런데 이 기준들이 바로 '부분의 스토리'다. 부분의 스토리는 계속된다.

토론의 신이 되고 싶다면,
시나리오를 버려라!

기존 코칭들을 보면 대부분 토론 단계별로 진행한다. '1. 상호인사 – 2. 토론 6단계 (① 방식정리 ② 모두발언 ③ 쟁점정리 ④ 대안 제시 ⑤ 협의조정 ⑥ 결론도출) – 3. 마무리'가 대표적이다. 일견 체계적으로 보이지만 실제로 해보라. 이 단계대로 안 된다. 대단히 형식적이고 중복되어 있기 때문이다.

1. **상호인사**: 인사하며 협력적 분위기 조성을 하라고? 신경 쓰지 마라. 시작할 때 인사도 안 하고 싸움부터 거는 사람은 없다. 너무 당연하다.

2-1. **방식정리**: 모두발언 몇 분, 토론발언 몇 회, 발언순서? 신경 쓰지 마라. 이런 단순한 것은 남이 다 해준다. 때로는 아예 평가자가 상호인사, 토론방식 정리, 토론개요 설명 등을 다 해주기도 한다. 단순한 형식이므로 역량의 평가대상이 아니기 때문이다. 그동안에 나는 기준에 집중하자.

2-2. **모두발언**: 가급적 기선을 잡으려면 먼저 발언하라고? 그런데 모두 먼저 하려고 손들면 어떻게 하지? 발언의 선후가 아니라 내용이 중요하다. 내 입장의 개요를 간단히 구두 발표처럼 하라고? 단순한 개요발표 정도로는 토론을 주도할 수 없다. 차라리 쟁점정리 발언을 하자.(쟁점정리 자체는 이미 읽기 단계에서 했다!) "제가 자료를 검토한 결과 크게 ①~선정 ②~파악 ③~보완 등 세 쟁점 으로 정리됩니다. 효율적 토론을 위해서는 쟁점별로 논의할 필요가 있습니다. 첫째 쟁점인 '~선정'에 대해 저는 ~하게 생각합니다. 창업지원팀장님은 어떻게 생각하세요?" 이렇게 질문하는데 "저는 쟁점별 토론에 반대합니다. 복잡해서 싫어요."라고 말하는 사람이 있을까? 형식적인 개요발표가 아니라 실질적인 쟁점정리 한 마디에 토론은 시작부터 내가 주도하게 된다.

2-3. **쟁점정리**: 별도로 또 할 필요 없다. 이미 했다.

2-4. **대안 제시**: 첫 쟁점에 대해 한두 번 논의했다. 당연히 의견이 갈린다. 그러면 하수는 "이 토론에서는 결론을 내야 합니다. 시간이 없으니 마지막 조정을 위해 각자 1분씩만 더 발언하시지요?"라고 독촉한다. 고수는 "쟁점이 세 가지이지만 각각 별개가 아니라 서로 연계되어 있습니다. 합의하려면 전체의 맥락을 이해할 필요가 있습니다. 일단 쟁점 ①은 서로의 입장 차이를 확인했으니까 쟁점 ②로 넘어갔으면 합니다. 저는 ②에 대해 ~하게 생각하는데, 기업협력팀장님은 어떻게 생각하시나요?" 전체를 보기 위해 다음 쟁점으로 넘어가자는데 누가 반대할 수 있을까? 이런 합리적 제안에 반대하면 고립되기 때문에 두 팀장은 속으로는 싫어도 동의할 수밖에 없다. 만약 기업팀장이 반대하면 창업팀장은 내 편을 들게 된다. 기업팀장을 고립시키기 위해 나와 연합을 시도하기 때문이다. 복잡하게 진행하지 않아도 내용으로 주도한다. 고수의 토론법이다.

2-5. **협의조정**: 특별한 코칭을 찾을 수 없었다. 기존 코칭은 대부분 표현, 즉 멘트에만 집중했기 때문이다. 위에서 제시한 '분석'의 원칙만 충분히 이해해도 협의조정이 쉬워진다.

2-6. **결론도출**: 협의해서 나온 조정안이 결론이다. 그런데 다시 도출할 결론이 또 있나? 사족이다.

3. **마무리**: 오늘 회의결과 요약, 회의 참석에 감사, 회의내용 정리 후 제출, 향후 긴밀한 업무협조 필요 등을 말하라고? 신경 쓰지 마라. 이런 의례용 멘트는 시간이 많이 남아 더는 할 말이 없을 때 해도 충분하다.

그런데 기존 코칭들은 가장 중요한 자료파악에 대한 내용은 거의 없다. 있어도 대부분 쟁점별로 '공격·방어·협상'의 시나리오를 미리 준비해야 한다는 식이다. 공격·방어는 전투용어. 싸우면서 어떻게 합의와 조정을 하는가? 그래서 이 책은 앞에서 '읽기'와 '분석하기'를 집중적으로 설명한 것이다.

집단토론에는 정해진 단계도 없고 시나리오도 없다. 과제의 특성, 상대방의 개성과 전략, 나의 대응방식 등에 따라 얼마든지 달라질 수 있다. 시나리오는 실제 해보면 탁상공론일 뿐이다. 단계별 시나리오에 얽매이지 말고 부분의 스토리에 집중하자. 공격과 방어에 휩쓸리지 말고 합리적 기준을 만들자. 토론의 신이 되는 비법이다.

8장

역할연기하기
Role Play

본질찾기
나와 다른 생각을 내 쪽으로 끌고 오기

마지막이다. 이틀간에 걸친 역량평가의 대장정이 끝나간다. 집단
토론에서 '한심해'와 '진상' 팀장이란 애물단지를 만나서 고생께
나 했지만 팬찮은 느낌이다.

'상대방이 이상하다고 걱정할 필요는 없네 뭐. 이번엔 역할연기.
무슨 상황이 나올까? 가급적이면 현실과 비슷한 상황이었으면
좋겠다. '역할연기'니까 말 그대로 주어진 역할을 연기하면 되겠
지? 그나저나 이번에는 평가자가 상대 역할을 한다는데 성질이
까칠하지 않았으면 좋겠다.'

말 그대로 연기하면 될까? 개념을 보면 '부하직원, 이해관계자, 고객 등과의 상호작용 상황에서 대화를 통해 주어진 목표를 달성하는 과제'다(인사혁신처). 쉽게 말하면 피평가자가 특정인의 역할을 맡아서 상대와(평가자의 역할) 연기를 하는 것이다. 상대방이 한 명이면(1:1 방식) 부하 코칭, 기자 인터뷰, 이해관계인 면담·설득, 두 명이면(1:2 방식) 이해집단이나 행정기관 간 갈등, 직원 간 업무조정 상황이 대표적이다. 일하다 보면 많이 일어나는 난감한 상황, 즉 뭔가 문제나 불만, 갈등이 있는 상황에서 어떻게 상대방을 설득하는지를 평가하는 것이다.

그러면 본질을 생각해보자. 같은 조정력 위주의 평가인데 집단토론과 무엇이 다를까? '방향'이다. 토론은 여러 생각을 한쪽으로 끌고 가는 것이지만, 역할연기는 나와 다른 생각을 내 쪽으로 끌고 오는 것이다. 토론에서는 나도 토론자 중 하나다. 나도 양보해야 하므로 방향도 내 쪽으로만 끌고 올 수 없고 서로 합의하며 조정되는 쪽으로 가야 한다. 그러나 역할연기에서의 나는 설득자다. 내가 양보하는 것이 아니라 상대를 설득해야 한다. 부하직원을 코칭하면서, 기자와 인터뷰를 하면서, 민원인과 면담하면서, 집단 갈등을 조정하면서 여러분의 입장을 양보하지는 않지 않는가?

〈그림 8-1〉을 보자. 토론은 A, B, C 세 명의 입장이 각각 사각형, 삼각형, 오각형으로 다르다. 이 다른 모양들을 각각 A-1, B-1, C-1이라는 비슷한 타원형으로 조정하고, 결국 D라는 원형으로 끌고 가는 것이다. 나(C)를 포함한 모두가 각자의 모양을 고집하면 D가 나올 수 없다. 그러나 역할연기는 다르다. 상대방의 입장을 내 입장

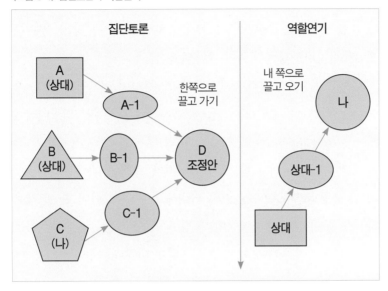

으로 끌고 온다. 즉, 내 입장인 원형을 바꾸는 것이 아니라 상대를 설득해서 사각형을 원형으로 바꾸는 것이다. 이것이 토론과의 차이다. 그렇다면 상대를 설득하기 위해서 무엇이 필요할까? 반대로 생각해보자. 여러분은 상대의 무엇에 설득당하는가?

역할연기는 연기가 아니다

토론은 결국 참가자 모두의 합동작품이다. 상대의 대안이 '합리적'이면 공감이 되고 내 것을 양보한다. 즉, 상대가 자기 대안의 합리성을 논리적으로 잘 '설명'하면 조정이 된다. 그런데 설득은 다르다. 상대의 설명이 아무리 합리적이고 명쾌해도 그것만으로는 설득되지 않는다. 더구나 지금 어떤 문제가 있어서 해결해야 하는데, 부당한 일을 당했다고 느껴서 화가 나 있는데 논리적 설명만으로 설득이 될까? 오히려 '그래 너 잘났다. 나는 가방끈이 짧아서 논리고 뭐고 잘 모르겠다. 그렇게 논리가 중요하면 논리적인 네가 하면 되겠네?'라고 반발심만 더 부추기지 않을까?

'아하! 그러면 감정적 접근이나 관계 형성이 먼저구나!'라는 생각이 들 수 있다. 그럴까? 코칭 자료들을 보자. 대부분 역할연기에서는 '라포(Rapport, 관계) 형성'이 제일 먼저란다. 즉, 설득하기 전에 공감대를 형성해야 하므로 날씨, 영화, 스포츠, 가족, 아이들 학업 등 공통화제나 이슈를 먼저 꺼내라고 한다. 그런데 한 번 해보라. 여러분이 근무평정 때문에 열 받아 있는데 상사가 불러서 가보니 애 키우기 힘들다는 둥 애들 학원비가 비싸다는 둥 관계없는 얘기를 꺼낸다. 그린다고 공감대가 형성될까? 겉으로는 "아, 네… 그렇지요"라고 동의하지만, 영혼 없는 대답이다. 속으로는 '무슨 자다가 남의 다리 긁는 소리야? 그 얘기를 지금 왜 해? 라고 생각하지 않을까? 역할연기를 '연기'라고 생각해서 그렇다. 평가라고 실제 잘하지도 않는 것을 억지로 꾸며서 보여준다. 입으로 공감하는 척, 라포가 생긴 척할 뿐이다. 그러니까 어렵고 어색하다.

연기하지 말고 진짜 행동하자

논리도 아니고 감정도 아니라면 무엇일까? 여러분이 일하면서 상사에게 진심으로 설득당했던 적을 돌이켜보자. 필자는 상사가 경청하는 척, 공감하는 척, 이해하는 척하면 고맙기는 했지만 설득되지는 않았다. 그러나 내 문제와 부족함을 자기 일처럼 해결하는 대안을 제시하면 신뢰가 생겼고 설득되었다. 진정성을 보여줄 때 믿었던 거다. 그렇다면 역할연기도 마찬가지 아닐까? 그래서 고수는 비록 평가이지만 진짜 행동한다. 진정성은 논리적 설명이나 감정적 접근과는 다르다. 상대의 문제를 내 문제로 생각하고 해결하려는 구체적 대안을 가지고 진짜 행동하는 것이다.

어떻게 할 수 있을까? 어렵지 않다. 먼저 다음 사례를 보면서 생각해보고 단계별로 따라가면 된다.

사례 – 원활한 대외협력업무 추진을 위한 직원 면담 역할연기

2019 한국섬세공사 국장승진 역량평가

「역할연기」 참고자료

과제 개요(1쪽)

1) 요령: 40분간 자료 검토, 30분간 역할수행

2) 역할: 한국섬세통신전파진흥원 기획총괄팀장 김호형

3) 상황
- 진흥원은 최근 대외협력 업무의 중요성이 높아짐에 따라 기획총괄팀에 대외협력 전담 업무 직원을 보충하기로 결정
- 한 달 전에 전 직원 대상 공모를 거쳐 고상한 대리를 발령
- 그러나 고 대리의 업무추진 방식에 불만을 품은 직원들이 협조하지 않아 업무추진이 제대로 안 되고 고 대리도 일할 의욕을 상실한 상황
- 직상급자인 귀하는 최근 고 대리에 대한 불만의 목소리를 상급자는 물론, 부하 직원, 동료, 외부 유관기관 등 여러 군데에서 반복 청취
- 귀하는 고 대리와 면담을 통해서 업무추진 방식, 인간관계의 중요성 등에 대한 코칭과 피드백을 통해 동기부여를 시키고 업무를 원활히 추진해야 함

4) 주의사항
- 고 대리가 발령받은 지 한 달밖에 되지 않았으므로 다른 부서로의 전출은 불가

- 진흥원에 직원이 부족한 상태이므로 기획총괄팀에 추가로 직원보충은 불가
- 이어서 다음 회의가 있으므로 30분보다 더 면담할 수 없음

자료 1: 고 대리에 대한 김호형 팀장의 메일

- 현재 대외협력 업무가 제대로 추진되고 있지 않아 실적 부진 우려
- 특히 고 대리에 대해 많은 사람이 우려와 걱정을 하고 있음
- 어떤 고민과 애로사항이 있는지, 어떻게 도와줄지 면담 필요

자료 2: 기획총괄팀 조직도: 주요 업무, 소속 직원현황(직급, 성명, 업무 등)

자료 3: 강혁성 본부장의 메일

- 현재 대외협력업무가 전반적으로 부진하고, 특히 원장님 주력사업인 '4개 권역별 허브센터 구축사업'은 전혀 진도가 나가지 않고 있음
- 고 대리가 보고서는 잘 쓰지만, 업무협조 방식에 문제가 있어서 그렇다는 소리가 많이 들림. 김 팀장이 고 대리를 면담해서 적극적인 코칭 필요

자료 4: 기획총괄팀 주요 사업 추진 일정 및 실적

- 기획총괄팀 소관 주요 사업들의 연간 추진 일정 및 실적
- 대외협력 사업이 거의 집행되지 못해 제일 지연되는 상황

자료 5: 대외협력업무 활성화 방안(진흥원장 결재문서)

- 대외협력업무 활성화를 위해 1) 전파진흥관련 유관기관 협의체 구성 2) 진흥원 해외홍보 홈페이지 구축 3) 4개 권역별 전파진흥 허브센터 신설 4) 언론매체와의 주기적 소통창구 마련 5) 이상 업무의 원활한 추진을 위해 전담자 배치

자료 6: 김동운 주임의 이메일

- 대외협력 업무가 제대로 추진되고 있지 못함. 책임추궁을 당할까 봐 걱정
- 상급자인 고 대리가 융통성 부족, 자기 말만 하고 다른 사람 말은 듣지 않음
- 보고서를 잘 쓴다고 모든 것을 문서로만 처리하려고 하지 사람들과 협조와 소통을 하지 않음. 다음번 인사에 다른 부서로 전보 희망

자료 7: 한국방송통신기자협회 양지욱 부장의 항의 전화내용

- 고 대리가 대외협력담당인데 전혀 방송통신기자들과 소통을 하지 않고 있음
- 홍보할 것을 물어보면 없다고 하고, 홍보한 것을 물어보면 모른다고 하는 등 황당함
- 유관기관 협의체 구성과 관련 아주 사소한 이견이 있었는데 그것을 가지고 전혀 양보하지 않아 진척이 안 됨. 하대정 기자, 이주형 기자 등 기자들 사이에서 너무 힘들다라는 여론이 있음

자료 8: 같은 팀 박정남 대리의 고충상담 내용

- 고 대리가 대외협력 업무를 자꾸 저에게 떠넘기려 하고 있음
- 같은 팀원이니까 웬만하면 도와주려고 하는데 아예 본인이 상급자인 것처럼 고압적으로 지시를 하고 안 되면 짜증을 내니까 자꾸 티격태격하게 됨. 옆 팀의 안지연, 김영섭 대리도 공식 항의를 해옴
- 게다가 너무 융통성이 없고 자의식이 강해서 저를 비롯한 다른 팀원들과 소통과 업무협조가 안 되고 있음. 팀장님이 꼭 좀 말씀해주시기를 부탁

자료읽기·분석하기
대안은 패키지로 챙기자

박 팀장이 자료를 보다 보니 마치 현실을 보는 듯하다. 몇 년 전에 비슷한 직원과 같이 일했던 적이 있기 때문이다.

'그때 정말 힘들었지. 글발이 된다고 업무가 어디 글로만 되나? 소통이 중요한데. 그래도 그 친구는 금방 전출되어서 해결되었는데. 면담해서 해결해라….'

한마디로 정리하면 고 대리는 업무능력은 있는데 업무추진 방식과 인간관계성에 문제가 있다.

'능력은 있는데 뭔가 나름대로 고충이 있겠군. 일단 그 친구 생각을 들어주고 공감하는 모습을 보이는 것이 중요해.'

문제를 풀려면 구체적으로 행동하자

무조건 들어주고 공감하는 듯한 말을 하면 될까? 그럴 것 같으면 주어지는 검토 자료의 내용을 읽고 분석할 필요도 없다. 진짜 행동하기 위해서는 상대가 처한 문제 상황을 해결해야 하고, 그러려면 구체적 대안과 근거를 제시해야 한다. 그러면 〈연습 8-1〉을 보면서 무엇이 연기이고 무엇이 행동인지 확인해보자.

A는 연기를 한다. ①처럼 공감하는 척 추임새를 넣고 있지만, 어떻게 해결할지 대안은 없다. ②처럼 실리와 명분으로 설득하는 척하지만 설명과 지시뿐 대안은 없다. 내용 없이 겉으로 연기를 한다. 그래서 설득되지 않는다. 그런데 B는 행동한다. ①처럼 분명히 네일이라는 것을 상기시키면서도 내가 직접 일부를 도와주겠다고 행동한다. ②처럼 단점을 구체적으로 지적하지만 무작정 잘못이라고 하지 않는다. 네가 지금처럼 계속 부딪히면 안 되니까 나를 보고 배우라고 대안을 낸다. 어떤가? 내가 대안을 고민하면 상대는 '척'이 아니라 '신뢰'를 느낀다. 이것이 아리스토텔레스의 '에토스', 즉 말하는 사람의 자세에서 나오는 신뢰와 진정성이 아닐까? 그런데 '진정성으로 설득하기'를 어떻게 해야 할까? 말은 쉬운데 하기는 어렵지 않을까?

공감하는 척 연기하기(A)

① "고 대리, 요즘 자네가 고생하는 것 알아. 대외협력이 일은 많아졌는데 직원은 부족하고 어렵지? 게다가 권역별 허브구축 사업까지 새로 해야 하니까 말이야. 그래도 업무분장이 그러니 어떻게 하겠어? 자네가 고생 좀 해야지."

② "특히 권역별 허브구축 사업이 성공하면 우리 진흥원이 크게 확대될 수 있어. 그러면 자네도 빨리 승진할 수 있지. 그리고 개별 팀보다는 회사가 먼저 아닌가? 조직인이라면 힘들지만, 전체를 위해서 희생할 때도 있어야 해."

문제를 해결하려고 행동하기(B)

① "권역별 허브구축 사업이 지연되고 있어. 업무분장상 자네가 해야 하는데 직원을 더 보충하기는 어려운 상황이야. 따라서 일단 담당은 자네가 하되, 업무 부담을 줄이기 위해 내가 팀장이지만 팀원의 역할을 하지. 즉, 그 사업의 홍보기획과 언론대응은 내가 담당자로서 직접 처리하되, 자네는 항상 의견을 제출하는 것은 어때? 그래야 업무 부담을 줄이면서 나에게 배울 수도 있잖아?"

② "이런 분야는 사람들과의 소통 능력이 관건이거든. 나는 홍보·언론 경험이 많고 사람들과 잘 어울리지만, 자네는 경험도 없고 성격도 원칙주의잖아. 그러니까 자꾸 부딪히고 소리가 나지. 무작정 그러지 말고 우선 내가 관련 팀장들과 홍보기획 회의를 할 때 반드시 참여해서 내부에서 협업하는 법을 배워봐. 그리고 익숙해지면 내가 언론대응할 때마다 참여해서 기자들과의 소통법도 익혀봐."

어렵다면 본질을 생각해보자. 공감이 아니라 '상대가 처한 문제를 해결'한다고 생각하는 것이다. 문제해결이라면 '기획력', 즉 '논리적 분석 능력'이 떠오르게 된다. 실제 평가자의 코멘트를 보자.

자료에 대한 이해 및 정보에 대한 분석력이 우수하고, 문제의 본질을 파악하여 핵심적 이슈에 집중함으로써 설득력 있게 상대방을 이해시킴. 다양한 의견을 수렴하고자 하고 상대방에게 동의를 구하고 자신의 이야기를 하는 등 의견수렴 및 조율역량을 지니고 있음. 조직의 목표를 달성하기 위해 논리적인 사고를 바탕으로 합리적인 의사결정을 하고, 다양한 근거로 상대방을 설득함. 가장 큰 장점은 정보에 대한 분석 및 기획 역량이고 문제의 본질을 파악하고 통합적으로 문제를 볼 수 있다는 것임

맞다. 조정력 위주의 평가인 역할연기에서도 설득이나 대안의 내용은 '기획력'이 기본이 된다. 예를 들어 설득 대상인 갈등의 원인에는 목표의 불일치, 책임의 불명확성, 배분자원의 희소성, 의사소통의 부정확·부족, 개인 특성 등이 있다. 이 중 무엇이 갈등(문제)의 원인인지 알아야(분석) 설득(개선방향)할 수 있다. 구두 발표나 현안업무처리와 유사하다. 이런 기획적·분석적 사고를 해야 구체적 행동이 가능한데 무조건 공감만 하려니까 어렵고 같은 말만 반복된다. 기획력은 이미 설명했으므로 여기서는 역할연기의 특성에 맞추어 기획력을 조정력으로 표출하는 방법, 즉 논리적 분석과 스토리를 갈등조정이나 코칭상황에 맞도록 활용하는 전략에 집중한다.

행동을 하려면 대안을 챙기자

대안 제시에 관한 기존의 코칭들을 보자. 대안은 지시가 아니라 자발적 행동유도식, 비판이 아니라 문제해결식, 일방적이 아니라 양

방 소통식, 추상적 방향 위주가 아니라 구체적 행동지향식이어야 한다고 한다. 모두 맞다. 동의한다. 그런데 이걸 다 할 수 있나?

너무 복잡하니까 '앞머리 따기 신공'을 사용한다. '자문양구', 즉 '자물쇠로 문을 열어 양파를 구한다'로 외운다. 그리고 분석단계에서 대안을 만들 때마다 하나씩 맞춰본다.

'~게 하면 자발적 행동유도식이면서 문제해결식이야. 그런데 아, 양방소통식이 아니네. 어떻게 하지?'

앞머리를 맞추다가 머리가 빠진다. 한 번에 이런 대안을 만들 수 있는 방법이 없을까?

그래서 고수들은 보따리를 챙긴다. 읽기/분석을 하면서 몇 개의 대안을 '보따리(패키지)'로 묶는 것이다. 대안의 핵심은 '상대'가 동의할 수 있는 명분이다. 격하게 반대하던 상대가 단편적·기계적인 대안에 동의할까? 아니다. 그가 포기할 수 없는 부분은 지키면서 양보할 수 있는 명분을 주어야 한다. 내가 할 수 없는 부분은 선을 긋고 가능한 부분은 선을 강조해야 한다. 그래서 복합적·전략적 대안, 즉 '보따리'를 사용한다. 그 안에는 '~하되, ~하기'가 들어 있다. 부분의 스토리들이다. 세 종류의 보따리를 보자.

1) 단계적 접근 한 번에 다하지 않고 시간을 두고 하는 방법이다. 〈연습 8-1〉 B의 ②번 코칭을 보자. 내부 직원과의 협업에서 외부 기자들과의 소통으로 옮기고 있다(방향). 그 외에도 수도권부터 도입하되 연차적으로 지방으로 확대하기(지역), 대기업부터 도입하되 점차 중소기업으로 확대하기(규모), 보조금을 지급하되 저소

득층부터 소득수준별로 확대하기(대상) 등도 있다. 단계적 접근에는 시간이 걸린다. 따라서 무조건 하는 것이 아니라 평가를 통해 성과를 검증한다는 특징이 있다. 이 '평가와 검증 과정'이 상대방에게 동의와 양보의 명분을 주는 것이다. 그런데 가만히 보면 내부와 외부, 수도권과 지방, 대기업과 중소기업, 저소득층과 고소득층이 모두 부분의 스토리다. 또는 '방향, 지역, 규모, 대상'으로 묶어 보면 또 하나의 스토리다.

2) 보완적 접근 하나의 대안만으로는 완벽하지 않으므로 다른 대안을 보완하는 것이다. 〈연습 8-1〉 B의 ①을 보자. 팀장이 홍보 기획·언론대응은 직접 처리하되 팀원(고 대리)은 항상 의견을 제출해야 한다. 무조건 일을 덜어주기만 하는 것이 아니라 교육을 시키려는 의도가 있다. 규제는 강화하되 연구 인프라도 확충하기, 일반 사무직원은 지역 주민을 우선 특채하되 전문가는 전국 공채하기, 지역 주민을 우선 특채하되 청년을 그중 50% 이상 채용하기 등도 있다. 또는 차등화의 방법도 있다. 보험가입은 의무화하되 보험료는 소득별로 차등화하기, 허가제를 도입하되 업종은 전수조사를 거쳐 선별하기, 보험료율은 올리되 인상률은 업종·규모별로 차등화하기 등이다. 단일 기준의 위험성을 보완하기 위해 여러 기준을 복합적으로 활용하는 것이다. 이 '~하되, ~하기'는 협상과 다르다. 협상은 가치가 다른 것을 교환하는 것이지만, '~하되, ~하기'는 같은 가치를 보완하는 것이기 때문이다.

3) 참여적 접근 의사결정 과정에 상대의 참여를 보장해서 절차를 관리하는 것이다. 〈연습 8-1〉 B의 ①을 보자. 팀장이 자기 업무를 덜어주지만 자기의 참여를 유도하고 있다. 자기가 완전히 배제되면 불신이 생기고 무책임해진다. 그래서 의견제출이란 명분으로 책임감과 교육효과를 유도한다. 이렇게 하면 아무리 외골수라도 '싫어요. 팀장님이 하시려면 다 하세요!'라고 반대할 수 있을까? 환경오염시설을 설치하되 주민들이 선정하는 전문가를 통해 모니터링하기, 정기적 자료공개 및 의견반영을 위한 이해관계자 협의체 만들기 등도 있다. 대의에는 어쩔 수 없이 따르지만, 과정에 참여해서 투명하게 보고, 듣고, 말하기가 보장된다면 감정적 반대는 줄고 이성적 논의가 시작되지 않을까? 갈등상황에서는 결과와는 관계없이 과정이 더 중요하다. 결과가 미흡하면 불만을 느끼지만 과정이 잘못되면 분노하기 때문이다. 그래서 과정을 통해 양보의 명분을 주는 것이다.

보따리 전략은 장점이 많다. 첫째, 상대에게 입장의 여유를 준다. '~하되, ~하기'를 통해 명분과 실리를 동시에 주기 때문이다. 일부를 철회하는 명분과 일부를 얻어가는 실리를 같이 갖게 된다.

둘째, 나의 진정성을 보여줄 수 있다. '~하되, ~하기'는 복합적 대안이다. 고민해야 나온다. 따라서 나는 진정 상대의 문제해결을 위해 대안을 고민하는 사람이 된다. '하기'만 던지면 상대는 반대한다. 그러나 '~하되, ~하기'를 펼치면 상대도 고민한다. '하되'에 '하기'를 더하는 것, 바로 플러스알파가 아닌가?

셋째, 프레임 효과다. '~하되, ~하기'는 스토리다. 그 자체가 복잡한 문제를 간단히 정리해주는 프레임이다. 어떤 기업에서 임금인상 때문에 파업 직전까지 간 적이 있었다. 당시 마지막에 필자가 제시한 조정권고안은 단 두 줄이었다.

"(기존 체계의) 임금은 타 시도 수준으로 인상한다(하되). 신 임금제 관련 사항은 별도 합의기구를 구성, 기한을 정하여 논의한다(하기)."

엄청나게 복잡했던 쟁점들이 이 프레임으로 정리되면서 노사 양측에 서로 물러날 명분과 실리를 제시했고 극적으로 타결되었다. 문제를 풀려면 상대에게 보따리를 던져주자. 그래야 궁금해서라도 풀어볼 것 아닌가?

고수의 플러스알파 TIP 기존의 코칭들을 보면 이런 보따리들, 즉 대안을 표로 정리해야 한다고 한다. 그래서 많은 사람이 어떤 표가 좋은지 문의한다. 필자의 답은 "그냥 편한 대로 하세요"다. 역할연기에서는 글로 정리해서 제출하지 않는다. 내가 말할 때 참고하는 보따리니까 나중에 보기 편하면 그뿐이다. 다만 글이든 표 양식이든, 표도 종이든 횡이든 쟁점별로 '상대의 주장-근거'와 '나의 보따리-근거'만 비교가 되도록 정리하면 충분하다.

누구나 공감하게 만드는 설득법 4단계

단계 1 | 신뢰주기 → 상대의 마음을 열자!

박 팀장은 역할연기 상대를 기다리면서 잠시 생각을 정리한다.

'제일 먼저 뭐라고 할까? 우선 우리 기획총괄팀의 특성을 명확히 설명해 줘야겠지? 즉, 개별사업만 하는 부서와는 달리 항상 여러 부서나 외부 기관들과 협업하므로 융통성이 핵심이라는 점을 강조해 줘야 해. 자료에 기획력은 좋다고 되어 있으니까 논리적으로 설명해주면 설득될 거야.'

갑자기 작년에 연수원에서 교육받은 코칭 스킬이 생각난다.

'아냐. 그때 무조건 논리로 들이대면 안 된다고 했어. 뭐라더라? 맞아. 라포를 형성하라고 그랬잖아? 뭐로 해야 하지?'

드디어 고 대리 역할을 연기하는 평가자가 들어선다. 자존심과 냉소, 짜증과 불만이 가득하다.

'큰일이군. 저런 얼굴에 어떻게 편안한 분위기를 열지?'

역할연기의 상황을 현실로 바꿔보자. 대부분 어색하거나 경직된 분위기다. 또는 항의하는 민원인과 면담을 하거나 서로 갈등 중인 양측을 조정할 때는 격앙되거나 흥분되기도 하다. 이런 분위기에서 상대방을 설득하려면 무엇부터 해야 할까? 먼저 열어야 한다. 그런데 누구를 열지? 〈연습 8-2〉를 보면서 나를 열지, 상대를 열지 생각을 정리해보자.

A는 전형적인 '라포 형성'이다. ①은 상대 관심사에(축구) 관심 있는 척한다. 그리고 '나는 열려 있어. 들을 준비가 되어 있으니 당신이 들어오면 돼!'라는 자세다. 나를 연다고 상대방이 들어올까? ②는 이해관계자들 조정용 멘트다. 날씨 얘기를 하다가 결국 '당신들끼리 잘 얘기해 보라'는 식이다. 다투고 있는 사람들이 나를 믿어줄까? 이론상은 그럴듯해도 실제로는 아니다. 실제 평가에서 라포를 하려는데 평가자가 "지금 라포 하려는 거지요? 안 해도 됩니다.

〈연습 8-2〉 나를 여는 척하기와 상대를 열기 비교

라포형성으로 나를 여는 척하기(A)

① "어젯밤에 월드컵 축구 예선 봤어? 오랜만에 시원한 경기를 보니까 가슴이 아주 뻥 뚫리던데? 참, 자네도 우리 진흥원의 축구동호회 회원이잖아? 오늘도 뻥 뚫리게 자네가 툭 털어놓고 얘기 좀 해보면 어떨까?"

② "오늘 날씨가 아주 화창하네요. 화창한 날씨처럼 문제도 화끈하게 잘 풀렸으면 좋겠습니다. 서로의 입장에서 허심탄회하게 대화를 나누시면 좋은 결과가 있지 않을까요?"

신뢰 형성으로 상대를 열기(B)

① "2년 전에 자네와 같이 전파진흥 청년인턴사업을 했었잖아? 그때 신규사업이고 반대도 많아 정말 힘들었지만, 서로 호흡이 잘 맞아서 성공했었지. 회사에서 능력도 인정받았고. 자네도 기억나지?"

② "저는 고용노동부에서만 20년 이상 일했습니다. 지금도 노동위원회 위원장으로서 각종 법령과 판례를 정확히 알고 있지요. 여기 와서 지금 이 사건 같은 해고 사건을 300건 이상 심판했고 지금도 거의 매일 2~3건 판단하고 있습니다. 오늘 여기에 화해를 통해 문제를 해결하러 오신 것 아닌가요?"

바로 본론으로 가시지요"라고 잘라서 당황했다는 후기도 보았다.

B는 '신뢰 형성'을 하고 있다. 나에 대한 상대의 불신과 색안경을 없애는 데 집중한다. 분위기를 만들려고 연기하기보다 서로 신뢰가 있고 나를 믿을 수 있음을 확인시켜준다. ①처럼 내부 상황이라면 과거에 같이 좋게 일했던 경험을 꺼낸다. 지금은 몰라도 최소한 기본적 신뢰는 있음을 상기시킨다. ②는 민원인 면담 또는 이해관계인 조정 같은 조직 외부 상황이니까 전문성과 공정성을 강조한다. 사실 ②번은 필자가 경북지방노동위원회에서 도입했던 '화해권고회의'의 시작 멘트다. 이 회의는 사건에 대해 법적 심판을 내리기 전 화해를 목적으로 한다. 이 말을 하는 순간 상대편에 대한 불신으로 가득 찼던 양 당사자의 눈초리가 살짝 바뀌는 것이 보인다. 필자의 전문성과 공정성을 믿고 해결의 기대를 하는 것이다. 솔직히 이 멘트 개발 전에는 A-②번처럼 했고, 아무 반응도 없었다. 그냥 '너무슨 소리 하나 한번 들어보자'라는 느낌이었다. 필자는 화해권고회의에서 성공률 100%를 기록했다.

물론 분위기를 무겁게 만들 필요는 없다. 편안한 스몰 토크small-talk도 필요하다. 다만 필자의 업무 경험이나 평가자로서의 경험상 '라포 형성'은 큰 의미가 없고, '신뢰 형성'이 효과적임을 강조하는 것이다. 같이 일했던 좋은 기억 또는 전문성과 공정성을 가볍게 확인하는 정도면 충분하다.

역량평가에서 보면 외부 사람과의 면담에서 원래 면담 예정자(주로 상급자) 대신 하급자인 내가 대신하는 상황이 가끔 나온다. 이때 겸손한 모습을 보인다고 "과장님 대리로 나와서 죄송하게 생각합니다(대리가 왜 죄송한가?). 과장님이 안 계셔서 제가 직접 판단하기에는 한계가 있어요(모든 사람이 혼자 판단하는가?). 말씀하신 내용을 과장님께 잘 전달하겠습니다.(면피작전 아닌가?)"라고 한다. 아니다. 이렇게 하는데 상대방이 나를 신뢰할 수 있을까?

시작을 '라포 형성'의 관점에서 보니까 이런 말이 나온다. '신뢰 형성'의 관점에서 생각하면 다르다.

(과장이 못 나온 이유를 설명한 후) "저는 과장의 위임을 받고 나왔습니다. 실무담당자로서 책임과 권한을 가지고 있으니 걱정 안 하셔도 됩니다. 말씀을 잘 듣고 오해가 있으시면 설명해 드리고 문제가 있다면 해결방안을 같이 상의하러 나왔습니다"라고 해보자. 기대했던 과장은 안 나왔지만, 문제해결의 기대감은 더 커지지 않을까?

단계 2 | 확인하기 → 상대의 속을 읽자

시작했다. 박 팀장은 조금 어색하지만, 연기를 해야 하니까 뻔뻔해지기로 했다. 몇 마디 인사를 하고 푹 찔렀다. "고 대리. 요즘 왜 그래? 팀원들하고도 좀 그런 것 같고, 밖에서도 협조가 안 된다는 말이 많이 들려. 문제가 뭐지?"

"별거 아닙니다. 그런데요…"

별거 아니라면서 하소연이 5분을 넘어간다. 듣는데 들리지 않는다. 연수원 코칭 교육 때 배운 대로 적극적으로 경청하는 모습을 보였다. 고개도 끄덕여주고, 눈도 맞추고, 메모도 해준다. 그랬더니 말이 더 길어지면서 점점 무슨 말인지 모르겠다.

'뭐라고 코칭을 해야 하는데 중간에 끊을 수가 없어. 말은 하는데 속을 안 보이네. 속을 알아야 코칭이든 뭐든 할 텐데….'

상대를 설득하려면 입장부터 정확히 알아야 한다. 자료에도 있지만 직접 말을 들으면서 상대의 주장과 이유를 확인해야 한다. 어떻게 확인할까? 일단 듣고 궁금하면 물으면 된다. 간단하다. 그런데 쉽지 않다. 겉과 속이 다르기 때문이다. 대부분 말을 할 때 항상 속에 있는 생각을 처음부터 다 하지는 않는다. 따라서 단순히 듣고 묻기가 아니라 플러스알파, 즉 속으로 무엇을 원하는지 근본적 요구를 파악하는 '잘 듣기'와 '잘 묻기'가 필요하다.

잘 듣기: 필자가 확인했던 코칭 자료와 후기들은 모두 '적극적 경청'을 강조했다. 지금 상대의 말을 열심히 듣고 있고 적극적으로 공감하고 있음을 보여주라고 한다. 중요하니까 그럴 텐데 왜 실전에서는 잘 안 될까? 〈연습 8-3〉을 보면서 경청이란 무엇인지 생각을 정리해보자.

A는 열심히 들었다는 모습을 보여준다. 그러면서 상대의 말을 '반복하기, 바꿔 말하기, 요약하기'를 하고 있다. 입으로 적극적 경청을 하는 '언어적 스킬'이다. 게다가 가끔 '맞아!'라고 호응하기도 한다. 그러면서 (〈연습 8-3〉에서 글로 표현하지는 못했지만) 몸으로 하는 '비언어적 스킬'도 한다. 눈을 맞추고, 고개를 끄덕이고 있다. 얼굴에는 과하지 않은 미소를 짓고, 손으로는 열심히 메모도 하고 있다. 그런데 경청을 하는 느낌이 안 든다.

그런데 B는 진짜 듣고 있다. 무엇이 진짜인가? 상대의 주장에서 문제를 찾아내고 왜 그런지 이유를 생각해보라고 한다. 듣기의 목

적극적으로 경청하는 척하기(A)

"지금까지 고 대리 말을 다시 말하면 고 대리의 원칙주의를 사람들이 오해해서 억울하다는 말이지? 음. 맞아. 그럴 수도 있지. 바꿔 말하면 자네는 원칙대로 하려는데 다른 사람들은 대충하기 때문이라는 말이네, 오해할 수도 있어. 결국 요약하면 제대로 일하려는 자네의 업무처리 방식을 사람들이 이해하지 못하고 있다는 말이지? 사실 그런 사소한 오해가 정말 큰 문제를 야기해."

맥락을 파악하며 진짜 경청하기(B)

"지금까지 잘 들었어. 고 대리 입장에서는 억울할 수도 있겠네. 그런데 들으면서 의문이 생기는걸? 왜 많은 사람이 똑같은 불만을 말할까? 그 이유를 생각해 본 적이 있어? 억울하다고만 하면 아무도 자네를 이해하지 않을 거야. 그들이 왜 그런지 차분하게 그들의 입장에서 이유를 생각해봐야 해. 많은 사람이 똑같은 오해를 하는 것일까? 아니면 자네가 지나친 것일까?"

적은 공감이 아니라 문제해결이다. 그래서 '억울하다면 왜 그런지? 그런데 다른 사람들은 왜 반대로 말하는지?'라는 핵심적 흐름을 짚어주고 있다. 맥락적 경청이다.

'맥락'은 그 말이 흘러가는 이유다. 경청傾聽은 기울(뒤집을) 경, 들을 청, 즉 상대에게 머리를 기울이고 상대 입장으로 뒤집어 듣기다. 듣는 것은 상대의 말이지만 생각하는 것은 '왜' 그 말을 하는지 '이유'다. 억울하다면 왜 그런지, 다른 사람들이 오해한다면 왜 그들이 그렇게 생각하는지 그들 입장에서 생각하도록 해야 한다. 이것이 진짜 경청이다.

많은 코칭이 '반복하기, 바꿔 말하기, 요약하기'를 하라고 한다. 그런데 이것들이 뭐가 다른지 필자는 도저히 구분할 수 없었다. 결국 '한 말 또 하기'다. 그런데 '한 말 또 하기'가 적극적 경청의 비법일까? 실제 듣는 '귀'와 그것을 이해하는 '생각'에 대해서는 왜 코칭이 없는지 의문이었다. 게다가 제스처를 하라고 하니 진짜 연기를 하라는 것일까? 고수는 일부러 고개를 끄덕이지 않는다. 듣다가 이해되면 끄덕여지고, 기억할 내용이 나오면 메모를 할 뿐이다. 그러다 보면 상대의 눈을 보게 되고, 동감하면 웃음이, 생각이 다르면 찌푸려지지 않을까? '적극적 경청'은 전부 다 한다. 그들과 달라지려면 '맥락적 경청'이 필요하다.

고수의 플러스알파 TIP 경청한다고 계속 들으면 될까? 지나치게 오래 들으면 나는 지치고 상대방은 취한다. 말을 하면서 점점 감정이 상승하고 자신의 말에 취하다가 열이 나게 된다. 지금 이 면담은 상대방의 감정 힐링이 아니라 문제해결을 위한 설득이다. 따라서 적절할 때 개입해야 한다. 말을 중간에 끊는 것과는 다르다. 상대방 말이 옆으로 빠진다 싶으면 "여하튼 그 문제를 해결하려면 무엇을 도와드리면 될까요?"라고 하면서 다시 본론으로 끌고 가자. 말이 길어지는데 생각이 정리되는 사람은 없다.

잘 묻기: 일단 만나서 얘기를 시작하면 상대방은 방어와 공격 본능이 활성화된다. 자기 속을 감추고 적개심이 앞선다. 그러니까 듣는 사람은 질문을 통해 상대의 문제를 해결할 단서를 발견해야 한다. 그런데 쉽지 않아 보인다고? 〈연습 8-4〉를 보면 어렵지 않다.

A는 질문하지만 묻지 않는다. ①은 반복형 질문이다. 바꿔 말하기, 요약하기를 질문형태로 할 뿐이다. ②는 지적형 질문이다. 상대의 말에서 통계, 숫자 등의 잘못을 지적하고 후벼 판다. 불만 있는 사람들에게 잘못된 숫자 지적은 불붙는 데 기름 붓기다. ③은 회피

면피용으로 질문하는 척하기(A)

① "다시 말하면 고 대리는 원칙주의자이고 다른 사람들은 그렇지 않은데, 왜 원칙을 지키는 내가 이상하다고 지적을 받아야 하느냐라는 말이지?"

② "그런데 고 대리 말 중에서 몇 가지 팩트가 아닌 것이 있어. 진흥원의 직원이 590명이 아니라 605명이잖아? 이런 사소한 것부터 정확하지 않은데 누가 자네 말을 믿을 수가 있을까?"

③ "여하튼 이 권역별 허브구축 사업을 빨리해야 하는데 고 대리가 못한다면 어쩌지? 누가 해야 할까? 적당한 사람이 없는데. 걱정이네."

④ "기본적으로 어떻게 생각해? 어떻게 느끼지?"

맥락을 찾기 위해 진짜 질문하기(B)

① "고 대리의 '원칙주의'란 어떤 뜻일까? 여러 가지로 해석되니까 구체적 설명이 필요해. 팀원, 동료, 또는 유관기관 직원들도 모두 원칙을 얘기하는데, 그들의 원칙과 어떤 차이가 있을까? 똑같은 원칙주의인데 왜 차이가 나지?"

② "사람들이 고 대리에 대해 불만을 느끼는 진짜 이유가 무엇일까? 그 사람들의 의도, 즉 진짜 목적이 무엇인지 생각해본 적이 있어? 고 대리가 이유 없이 그냥 싫어서 그럴까? 아니면 일부러 불이익을 주려고 그렇게 할까?"

③ "팀원들이 어떻게 하면 그 문제가 해결될까? 즉, 그들이 어디에 제일 집중해야 한다고 생각해? 그리고 고 대리는 문제해결을 위해 무엇을 할 생각이지? 그것을 왜 하려고 하지? 그리고 왜 지금 해야 할까?"

형 질문이다. '나는 강요 안 해. 해도 네 입으로 하겠다고 한 거야'라고 무책임해 보인다. ④는 탐색적 질문이라지만 사실은 시간 때우기형 질문이다. 질문의 범위가 지나치게 넓으면 답변도 초점을 찾기 어렵다.

그런데 B는 뭔가를 찾아내는 질문이다. 발견적 질문이다. ①은 구체성과 차별성을 찾아낸다. 상대의 속내가 무엇인지, 어디에 논리적 허점이 있는지 알 수 있다. ②는 취지의 이해도를 묻는다. 겉표현이 아니라 속에 있는 취지나 의도를 정확히 아는지 묻는다. ③은 요구를 확인한다. 정확하게 무엇을 원하는지, 상대는 무엇을 할 계획인지를 질문하면서 상대가 생각을 점점 정리하게끔 한다.

이런 것이 질문이다. 고수는 질문을 통해 상대가 자신의 문제를 이해할 수 있도록 하고(①), 문제의 취지를 이해하고 공감대를 형성하도록 한다(②). 그리고 문제의 원인과 해결 대안을 정리해서 나에게 말을 하도록 한다(③). 이 과정에서 설득의 가능성과 방법론을 발견한다. 기존 코칭은 적극적 경청의 스킬로 질문을 활용하라고 한다. A처럼 '나는 네 말을 잘 듣고 있다'라고 확인시키는 질문을 한다고 치자. 과연 무엇을 발견할 수 있을까?

단계 3 | 설득하기 → 상대에게 여유를 주자

에라, 모르겠다. 고 대리의 장광설을 중간에 자르고 설득을 시작한다.

"내가 기획팀에만 장장 5년 근무했어. 자네처럼 하면 버틸 수가 없어. 자네가 일은 잘해도 조직은 혼자 일하는 게 아니잖아. 내 경험상 기획팀은 일보다 사람과의 소통과 협업이 먼저야."

나름 진지하게 말했다. 그런데 반응이 영 시원찮다. 겉으로는 "네, 네" 하지만 눈빛은 아니다. 그러다 들이댄다.

"그런데 각자 자기 일만 잘하면 되지 않나요? 못하면 책임지면 되고요. 왜 다른 사람들까지 신경을 써야 하나요? 일도 벅찬데 무조건 소통하라는 것은 구닥다리 사고예요. 시대가 변했어요."

'뭐야? 구닥다리?'

아무리 평가라고 하지만 열이 오른다. 한마디 확 질렀으면 좋겠는데 그럴 수도 없고….

"음… 뭐… 그렇게 볼 수도 있겠지만, 그렇게만 보기에는 쉽지 않은 면이 있는 것이 현실이라…."

답답하다.

상대방을 '열고' 그 속을 확인했다. 드디어 본격적 설득 단계다. 엉킨 실타래를 풀어야 한다. 팽팽한 긴장감이 흐른다. 설득은 변화시키는 것이고 변화에는 저항이 따른다. 읽기/분석 단계를 거치면서 이미 대안들을 보따리로 만들어놓았다. 이제 그 보따리를 잘 풀기만 하면 된다. 그런데 저항을 줄이려면 어떻게 풀어야 할까? 〈연습 8-5〉를 보면서 실타래를 풀어보자.

A는 바로 대안(What)을 들이대고 있다. 대안은 모두 보따리, 즉 '~하되, ~하기'가 잘 되어 있다. 이 대안들이 합리적 해결책일 수 있다. 그러나 제안의 합리성과는 관계없이 이렇게 들이대니까 상대는 방어부터 한다. 구체적 각론부터 나오니까 각이 세워지기 때문이다. 그런데 B를 보자. 보따리를 보여주기 전에 먼저 가치, 즉 Why부터 시작한다. Why는 전체적 총론이라 범위가 넓다. 판단에 여유가 있으므로 생각을 공유하기 쉽다. 그러니까 상대의 대응도 무조건 거부가 아니라 '~하되, ~하기'다. 즉, 일부 동감을 하면

차이를 줄인다고 What으로 들이대기(A)

① "자네 말대로 사람들이 오해한다면 내 경험상 직접 대놓고 말하는 것이 최고야. 불만이 많은 팀원 몇 사람하고 툭 터놓고 난상토론을 하자. 대신 그냥 하면 난장판이 될 수 있으니 내가 팀원 워크숍을 열어주고 참관을 할게. 복잡하게 할 것 뭐 있어? 예전에는 다 그렇게 했어."

→ "그렇게 워크숍 한 번 한다고 되겠습니까? 시간 낭비죠."

② "우리 진흥원의 비전이 '창의와 혁신'이야. 자네도 창의적 아이디어를 좀 내려면 당장 팀원들과 오늘 소주도 한잔하고, 다른 유관기관들의 직원들하고 저녁도 먹고 해야지. 대신 자네가 직접 제안하기가 좀 어색하면 자리는 내가 만들되 중간에 빠질게. 경험상 같이 먹고 마셔야 친해져."

→ "글쎄요. 그 사람들하고 굳이 먹고 마시고 할 이유가 있나요?"

③ "정부가 어떤 정책을 추진할 때는 다 이유가 있습니다. 이렇게 주장하신다고 해서 지금 해결해 드릴 수는 없습니다. 공식방법으로 민원을 제기하시되, 다만 오늘 오셔서 말씀하신 것은 정확히 메모해서 검토에 참고하겠습니다."

→ "참고한다는 것은 안 한다는 것 아닙니까? 이 자리에서 답을 주세요!"

공감대를 키우려고 Why로 여유 주기(B)

① "조직은 여러 사람이 같이 일하는 곳이잖아? 그러면 제일 중요한 가치가 같이 일하는 사람 간의 신뢰라고 생각해. 자네 생각은 어때?"

→ "저도 신뢰가 중요하다고는 생각합니다. 다만 신뢰도 서로 같이해야지요."

② "우리 진흥원의 비전은 '창의와 혁신'이잖아? 그런데 창의와 혁신도 원칙에서 발전되는 것 아닐까? 그렇다면 자네의 원칙을 무조건 지키려만 하지 말고 약간의 탄력성을 더한다면 발전적으로 변화시킬 수도 있지 않을까?"

→ "저도 고집불통은 아니고, 아이디어도 있어요. 다만 안 믿어줄 뿐이에요."

③ "이 정책의 취지가 무엇일까요? 정부가 그런 정책을 왜 추진할까요? 정부가 그 단체에 특혜를 주려고 일부러 그렇게 할까요? 정부는 기본적으로 사익이 아니라 공익을 추구하지요. 그렇지 않나요?"

→ "물론 정부가 일부러 나쁜 일을 하겠습니까? 다만 과정에서 손해를 보는 사람도 있고 그 사람들 말이라도 들어달라는 것이에요."

서 자기도 모르게 본인의 속내를 드러내는 것이다.

처음부터 대안으로 시작하면 구체적이지만 범위가 좁다. 여유가 줄면서 저항이 커지고 시작부터 입장이 부딪힌다. 대신 '왜 변화해야 하는지, 왜 이것이 바람직한지' 등과 같은 Why, 즉 대의, 의미, 가치 등으로 시작해보자. 그러면 상대가 '~하되, ~하기'로 자기의 입장에 여유를 두고 말하게 된다. 그러면 또 나도 '~하되, ~하기'로 대안을 제시하기 쉬워지고 결국 설득에 가까워진다. 이 Why부터 시작하기는 생각보다 활용도가 높다. 만약 인사 불만 직원에 대한 코칭을 해야 한다면 "근무평정의(인사배치의) 기본원칙은 공정성과 객관성(적재적소)이라고 생각하는데 자네는 어때?"라는 식이다. 그리고 위에서 설명한 빌견적 질문이 이럴 때 유용한 짓이다.

아무리 갈등이 커도 차이는 20%에 불과하다. 그런데 하수는 처음부터 20%의 차이점을 줄이려 하지만, 고수는 80%의 공감대를 키우려 한다. What으로 들이대기와 Why로 여유 주기는 다르다. 그 사람과 감정(感)을 함께(共)하려면 우리의 가치가 무엇인지부터 같이해야 하지 않을까? '엉킨 실타래는 당기지 마라'는 말이 있다. 당길수록 꽁꽁 동여지고, 너무 당기면 끊어지기 때문이다. 실 머리를 찾아 살살 풀어내기 위해서 Why부터 시작해보자.

단계 4 | 정리하기 → **'상대'가 아니라 '우리'가 되자**

박 팀장은 할 수 있는 말은 다 했다. 점점 몰입하다 보니 연기가 아니라 진짜 행동하듯이 되었다. 만족스럽지는 않지만, 고 대리 역할을 한 평가자도 나름 고쳐보겠다는 말을 할 정도였다. 그런데 마지막에 "자. 오늘은 그만하고 언제 소주나 한잔하자"라고 끝냈다. 하고 나서 보니 '아뿔싸, 이게 아니잖아?' 실제로는 이렇게 하지만 지금은 평가가 아닌가? 너무 몰입해서 그만 평소처럼 해버린 것이다. '뭐 약간 웃기기는 하지만 큰 실수는 아니니까'라고 생각하는데, 고 대리가 "아, 예…. 그러면 다 끝나셨나요?"라고 어색하게 말하며 엉거주춤 일어선다. 뭔가 부족해 보인다.

'여기서 마무리를 한마디 해야 할 것 같은데…, 한 말 또 할 수도 없고, 뭐라고 해야 인상 깊게 끝내지?'

그 사이 상대방 주장도 들었고 반박도 했다. 대안을 제시해서 상대방이 일부 받아들였다. 설득이 끝났다. 이제 잘 마무리하면 된다. 오늘 나왔던 얘기를 잘 정리하고, 서로가 할 일을 챙기면 된다. 〈연습 8-6〉을 보면서 마지막으로 생각을 잘 정리해보자.

A를 보자. ①에서는 '적극적 경청'에서 보았던 반복하기, 바꿔 말하기를 하면서 또 요약까지 하고 있다. 한 얘기를 또 하니까 상대는 안 듣는다. 그리고 ②처럼 영혼 없이 격려하고 칭찬한다. 상대는 듣고 있지만 아무런 느낌이 없다. 오직 언제 끝나나 하고 생각한다. 게다가 ③은 상대가 할 일을 계속 확인한다. 할 일의 구체화는 좋다. 그러나 이렇게 내용, 중간점검, 일정 등을 계속 확인하면 상대는 지금까지의 진정성을 의심한다. 확인이 쌓이면 지시가 되고 지시가 겹치면 벽이 되기 때문이다.

B는 어떨까? 글이든 말이든 중복은 있을 수 없으니까 한 말을 또

요약하기로 벽을 쌓기(A)

① "마지막으로 다시 말하면 오늘 했던 말은 자네가 조금 더 직원들하고 소통하란 얘기야(반복). 바꿔 말하면 조직생활에서는 인간관계도 일만큼 중요하다는 말이지(바꾸기). 한마디로 사람을 배려하면서 일하라는 말이었어(요약)."

→ '아까 잘 끝냈는데 왜 또 한 얘기 또 하지?'

② "자네는 기본 소양과 능력이 있으니까 충분히 잘할 수 있을 거야(칭찬)."

→ '또 영혼 없는 칭찬이구나. 그나저나 언제 끝나지?'

③ "그런데 이렇게 끝나면 밋밋하니까 워크숍에서 토론할 주제를 정리하고, 유관기관 간담회 자료도 한두 장 준비 좀 해봐(지시). 한 2주 후 정도에 다시 한번 만나서 보자(확인). 안 그러면 밥만 먹고 성과 없이 끝나니까(벽을 쌓기)."

→ '그럼 그렇지. 끝까지 집요하게 지시를 하는구나. 지금까지의 면담도 결국 이것을 위한 것이었겠지. 역시 조직은 어쩔 수가 없어.'

의미 찾기로 일체감 형성하기(B)

① "오늘 모두 해결되지는 않았지만 자네 고민을 이해하고 내가 도울 방법을 찾아서 좋았어(의미 찾기)."

→ '나름 이해할 수 있는 계기는 된 것 같아. 팀장님도 고민을 많이 했구나.'

② "특히 처음에는 자네 방식이 이기적이라고 단정했는데 오히려 업무추진에 효과적인 면도 있을 수 있어. 자네 방식을 좀 다듬어서 '업무프로세스 혁신제안'으로 올리고 채택되도록 같이 한번 뛰어 보자(자존감 부여)."

→ '내 방식도 의미가 있구나. 조직에 도움이 될 수 있겠다는 말은 처음이야…'

② "오늘 정리되지 못한 것들은 언제쯤 다시 얘기할까? 서로 내용을 구체화하려면 한 달 정도는 걸리겠지? 그때까지 우리가 무엇을 해야 할까? 나는 워크숍과 간담회를 준비할게. 자네는 제안을 정리하면 어때(일체감 형성)?"

→ '팀장님이 고맙네. 워크숍과 간담회를 준비하신다니. 혁신제안 내용 정리는 내가 일하는 방식이니 당연히 내가 해야지.'

하지 않는다. 대신 ①처럼 의미를 덧붙이니까 상대는 나를 인정한다. ②에서는 장점을 인정하고 더 발전시키자고 한다. 그러니까 상대는 자존감이 높아진다. ③을 보자. 상대와 내가 할 일을 같이 상의한다. 즉, 내가 할 일을 정리하고 상대방이 할 일을 생각하게 한다. 똑같은 확인이지만 끝까지 챙겨주는 섬세함이 진정성이 되고 서로가 존재감을 느낀다. 서로 할 일을 상의하면 상대방은 나를 우리로 느끼기 때문이다. 벽이 아니라 일체감 형성이다.

마무리에 대해 기존의 코칭은 대부분 '요약하기-칭찬하기-확인·지시하기'다. 멋있어 보이지만 해놓고 나면 이상하다. '요약'은 긴 것을 줄이는 것이다. 그런데 역할연기는 길어야 30분 정도다. 요약할 것이 없다. 그러니까 반복하기, 바꿔 말하기를 하게 된다. 요약하고 나면 '칭찬'을 하라는데 갑자기 웬 칭찬? 요약과 칭찬이 논리적으로 연결이 되나? 안되니까 억지로 이어 붙인다. 그리고 앞으로 할 일을 구체적으로 '확인·지시'해야 한단다. 단골 메뉴도 있다. 1) 상시 협의·의견 수렴 시스템 마련(운영위원회, 협의체, T/F팀 등) 2) 진행 상황의 중간 점검(정기 모니터링과 피드백 등) 3) 구체적이고 실현 가능한 목표 제시 4) 직무 재설계(팀원들의 자격·경력 등 전문성 위주) 등이다. 이런 조치들은 분명히 필요하다. 그런데 그것을 표현하는 방법에 따라 확인·지시가 될 수도 있고 상의하며 일체감을 형성하는 계기가 될 수도 있다.

그래서 고수는 '의미 찾기-자존감 부여-일체감 형성'의 스토리를 사용한다. 상대가 할 일의 확인·지시가 아니라 서로 할 일을 같이 상의한다. A에서 한 번 더 생각해야 나올 수 있는 스토리다. 플러스알파가 아닌가? 최대한 상대에게 의미를 찾아주자. 그러면 자존감이 올라가고 우리라는 일체감이 형성된다. 그러면 내가 의미 있는 사람이 된다.

상황별 설득 문구
분위기 파악 좀 하자!

역할연기에서 상대방은 나와 생각이 다른 데다가 통상 감정까지 격한 상황이다. 따라서 설득을 하다 보면 자칫 말 칭찬(lip service)으로 도배하거나 감정적인 말싸움으로 번지기 쉽다. 설득에 진정성을 담고 감정을 억제하려면 말이 아니라 생각을 나누어야 한다. 어떻게 할까? 조직 내에서 자주 발생하는 몇 가지 상황에 유용한 설득 문구를 생각해보자.

● 〔직원 간〕 팀원 간 의견조율이 안돼요!

"열심히 일하는 팀에는 항상 큰 소리가 나. 오히려 일을 안 하면 갈등이 없겠지. 갈등이 나쁜 것만은 아니고 오히려 발전의 계기가 될 수 있어. 신경 쓰지 말고 열심히 하자."

말은 맞지만 먹히지 않는다. 감정적 격려는 되지만 의견조율은 안 되기 때문이다.

→ "일하다 보면 의견이 다를 수 있어. 여하튼 이번을 계기로 문제를 해결하려면 생각을 좀 바꿔보자. 나와 다른 의견을 불만이 아니라 팀을 위한 제안으로 생각해보면 어때? 기존과 달리 생각하면 새로운 해법이 나올 수 있어. 도대체 왜 의견조율이 안 될까? 의사소통, 아니면 뭘까? (뭐라고 답을 하면) 그걸 해결하려면 무엇을 바꿔야 할까?"

격려만 하면 생각하지 않는다. 고수는 스스로 생각하게 만든다.

● 〔동료 간〕 직군 사이에 불화가 심해요!

"지금 두 직군 간에 융화가 안 되는데 사실 직군은 편의상 구분한 거라 큰 의미 없어. 직군은 다르지만 다 같은 한 회사의 직원이잖아? 자꾸 만나서 얘기하면 돼!"

서로가 다르다고 느끼는데 무조건 '우리는 하나다'라고 외치기만 하면 하나가 될까?

→ "직군에 따라 입장이 다른 것은 당연해. 그런데 구체적으로 무엇이 다르지? 그 차이는 왜 발생할까? 그 차이를 줄이려면 어떻게 해야 하지?" 다름을 인정하고 원

인을 찾아야 차이를 줄이고 서로를 이해한다. 그냥 "우리는 하나야. 술 한잔하면서 얘기하자. 단합대회 하자"는 코칭이 아니다.

● 〔상하 간〕 팀원과의 소통이 부족해!

"자네가 팀장으로서 열린 자세를 갖는 것이 필요해. 팀원들과 먼저 소통의 기회를 마련해 봐."

대표적인 멘트이지만 구체적이지 못하다. 내가 열기만 하면 팀원들이 들어올까? 내가 먼저 그들 속으로 들어가야 한다. 그런데 뭘 알아야 들어갈 수 있지 않을까?

→ "자네는 팀의 리더야. 팀원들은 자네를 가장 중요한 사람으로 생각해. 그런데 자네는 팀을 어떻게 생각해? 팀은 같이 일하는 거야. 그러려면 자네가 열기만 하면 안 되고 팀원들 속으로 들어가야 해. 그들이 무엇을 좋아하는지 먼저 물어본 적 있어? 다가가서 열어봐"

뭉툭한 송곳으로는 두꺼운 벽을 뚫을 수 없다.

● 〔상하 간〕 근무평정이 공정하지 않아요!

"인사가 다 그런 거야. 같이 들어왔다고 모두 같이 갈 수는 없잖아? 대신 성과급 때 도와줄게."

근무평정과 성과급의 교환이 합리적인가? 교환으로 불만을 무마한다. 그러면 '역시 일단 들이대야 뭔가 얻는구나. 그럼 다른 것도?'라고 생각하지 않을까?

→ "평가에는 이유가 있어. 자네가 낮게 평가된 이유가 뭐라고 생각해? (이유를 말하면) ~라는 점에서 자네 말이 일리는 있지만, 전체를 보면 ~라는 점에서 기준에는 문제가 없다고 생각해. 그렇다면 자네가 어떻게 일을 하면 더 좋게 평가될 수 있을까? 같이 고민해보자. 그런데 아직도 수용이 잘 안 된다면 내가 한번 평정권자에게 확인해 볼까? 하지만 자네가 직접 평정권자에게 정중하게 여쭤보는 것이 더 좋아. 그래야 자네가 어떻게 개선해야 할지를 정확히 알 수 있거든."

생각하게 하고 해결 방법을 알려준다. 설득은 협상이 아니다. 가치가 다른 것을 교환하지 말자. 결과가 아니라 과정을 평가하기 때문이다.

● 〔상하 간〕 새로운 일까지 추가하기는 너무 힘들어요!

"힘든 건 잘 알아. 그러나 업무성과나 경험, 전문성, 판단력 등을 볼 때 자네밖에 없어. 총괄 주무라는 책임감으로 조금 더 고생해주었으면 해."

이런 식의 인정도 필요하다. 그러나 칭찬일 뿐 문제해결이 아니다. 하수다.

→ "일단 자네 업무를 줄여야겠네. 우선 업무분장의 재검토가 필요해. 맡은 일 중에서 다른 사람에게 맡길만한 일은 없을까? 그리고 불필요해서 없앨 것은 없을까? 보고서 대신 메모 보고를 원칙으로 하고 회의도 줄이는 등 일하는 방식도 개선하자."

앞서 칭찬에 문제해결 방법을 더했다. 좋다. 그런데 신선하다는 느낌이 없다. 중수다. 한 단계 더는 없을까?

→ "생각을 좀 넓게 할 필요가 있어. 자네가 힘들다는 것은 잘 알지만 그래도 회사가 자네를 신뢰해서 맡긴 거야. 그렇다면 차라리 그 일을 잘하려면 무엇이 필요한지, 어떻게 확보할지를 생각하는 것이 낫지 않을까? 안 되는 이유 100가지보다 되는 방법 10가지를 생각하자. 자네 업무도 줄여야겠지만 사람도 필요하잖아? 당장 정식 팀원 추가는 어렵지만 다른 팀에서 파견은 가능. 또 한시 업무니까 경력자를 계약직으로 채용할 수도 있어. 그리고 내가 아는 그 분야 전문가를 섭외해서 공식 자문과 연구를 요청할게. 그러면 자네는 그 업무를 총괄만 하면 되잖아?"

전체적 관점에서 상대에게 무엇이 도움이 되는지 판단하도록 일러준다. 그리고 업무감축과 아울러 사실상 인원보강의 대안도 제시한다. 플러스알파. 그런데 업무감축과 인원보강? 내실화와 외연의 확대라는 스토리다. 그래서 고수다.

→ "그리고 이 프로젝트가 성공하면 자네 발전을 위해 원하는 곳으로 옮기도록 도와줄게."

살살 넘어오는 것같이 보인다. 그래서 마지막에 쐐기를 박기 위해 한마디 추가했다. 초절정 고수일까? 아니다. 가치가 다른 것을 교환하지 말라고 하지 않았는가?

● [부서 간] 저 팀이 비협조적이에요!

"그 팀의 직원들이 비협조적인 상황을 구체적으로 말해봐. 그래야 필요하면 내가 그 팀 직원들을 불러서 얘기할 수도 있잖아?"

구체적으로 코칭하는 것 같지만 현실적으로 이런 방법이 도움이 될까? 오히려 더 왕따가 될 것 같다.

→ "그들이 왜 그렇게 비협조적이라고 생각해? 그들도 잘못이지만 혹시 그 원인이 자네에게도 있지 않을까?" 경험상 조직에서 상대방만 잘못하는 경우는 거의 없다. 대부분 양쪽에 원인이 있다. 일방적으로 동조하거나 비난하지 말자. 양비론兩非論이 아니라 균형감이다. 균형 잡기 어렵다고? 그러면 설득은 포기하라.

9장

역량 / NCS 기반 면접보기

Interview

본질찾기
상대방과 나를 이어주기

운명처럼 다가왔던 평가도 바람과 함께 사라졌다. 그리고 다시 일상이다. 회사에서 신입사원 정기 공채를 했다. 면접시험을 치르는데 박 팀장이 면접위원으로 선정됐단다. 박 팀장은 솔직히 좀 귀찮다. '밀린 일이 산더민데 웬 신참들 면접이야? 뭐 특별히 이상하지 않으면 성적순으로 떨어뜨리면 되겠지. 대충하자.' 그런데 면접위원 교육까지 다녀와야 한단다. 가서 자료를 보니, 두둥 ~ '신입사원 공채 역량면접 실시계획'이라고 적혀있다.

'이제는 신입사원 면접까지 역량으로 뭘 하나 보네. 역량이라? 그러면 내가 치른 역량평가하고 비슷한 것 아니야?'

맞다. 거의 같다. 다만 채용시험이므로 서류, 필기와 구별하기 위해 '면접'이 붙었을 뿐 본질은 역량평가와 같다. 따라서 여기에서는 '면접'이란 단어가 갖는 고유한 특성이 있기 때문에 그것을 위주로 설명한다.

역량면접은 NCS 기반 면접, 구조화 면접, 직무능력 중심 면접 등 다양하게 불리고 있으나 여기서는 '역량면접'으로 통칭한다. 정의하자면 '직무별로 필요한 역량을 구조화된 방법을 통해 객관적으로 평가하는 면접'이다. 공무원 공채에서 사용되는 '발표면접, 토론면접, 경험면접, 상황면접' 등이 대표적이다.

역량면접이 최근에 관심을 끌게 된 것은 국가공무원 채용 즉 5급, 7급, 9급 공채와 경력경쟁 채용시험에 사용되면서부터다. 특히 필기시험 합격 후에 이 면접에서 떨어지는 비율이 20~30%나 되다 보니 많은 사람이 준비에 애를 먹고 있다. 최근에는 공공기관 직원 채용시험에도 채택하고 있다. '국가직무능력표준National Competency Standards 기반 채용(이하 NCS 기반 면접으로 약칭한다)' 때문이다. 직무와 관계없는 오버 스펙Over-spec 채용이 아니라 그 직무에 필요한 직무능력On-spec 중심의 채용이다. 즉, 채용할 직무에 필요한 능력을 미리 공지해서 그것 위주의 자기기술서를 쓰도록 하고, 그 위주로 역량면접을 한다(발표면접, 토론면접, 경험면접, 상황면접이 권장된다). 국가가 나서서 공무원은 물론 공공기관 직원선발에도 역량면접을 치르도록 유도하고 있다. 왜 그럴까?

역량평가와 같다. 즉, 전통적인 일반면접으로는 급변하는 환경에 맞는 문제해결 역량을 가진 인재를 선발하기가 어렵기 때문이다.

〈표 9-1〉에서 양자의 차이를 보자. 일반면접은 개인적 특성이나 지원동기 등 일반적 내용을 '비구조화된 방법'으로 평가한다. 따라서 피평가자들도 개인상황, 지원동기, 미래희망, 희망직무 등 일반적 내용을 준비한다. 그러나 역량면접은 채용할 직무에 대한 구체적 관심, 업무 경험, 상황 판단력, 문제해결 역량 등을 '구조화된 방법'으로 평가한다. 그렇다면 피평가자들은 어떻게 준비해야 할까?

역량면접의 종류 중 '발표면접'과 '토론면접'은 앞에서 본 역량평가의 '구두 발표'와 '집단토론'과 비슷하다. '경험면접'과 '상황면접'도 기본적으로 문제해결 능력을 평가하는 것은 같지만, '경험면접'은 '과거의 업무상 실제 경험 행동'을, '상황면접'은 '미래의 업

〈표 9-1〉 일반면접과 역량면접

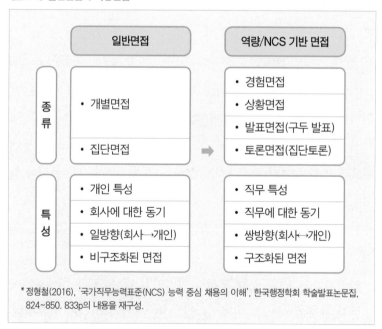

일반면접	역량/NCS 기반 면접
종류 • 개별면접 • 집단면접	• 경험면접 • 상황면접 • 발표면접(구두 발표) • 토론면접(집단토론)
특성 • 개인 특성 • 회사에 대한 동기 • 일방향(회사→개인) • 비구조화된 면접	• 직무 특성 • 직무에 대한 동기 • 쌍방향(회사↔개인) • 구조화된 면접

*정형철(2016), '국가직무능력표준(NCS) 능력 중심 채용의 이해', 한국행정학회 학술발표논문집, 824~850. 833p의 내용을 재구성.

무상황에 대한 예상 행동을 주로 확인한다. 또한 발표면접과 토론 면접에서 면접기법의 하나로 경험·상황 면접을 활용할 수도 있다.

따라서 이 책에서는 기존 역량평가 기법과 구별되는 '경험면접, 상황면접' 그리고 '일반면접'만 설명한다(이하 세 가지를 '면접'으로 통칭). 여기에 일반면접을 포함한 것은 역량면접이 도입되지 않은 기관들도 있고, 역량면접이 도입되어도 일반면접의 요소가 살아있는 경우도 있기 때문이다.

면접은 이어주기다

"앉으세요. 5번 최하수 씨이지요? 먼저 1분 이내로 간단히 자기소개를 좀 해주시겠어요?"

"네. 최하수입니다. 2남 중 장남이고 고향은 ○○입니다. ○○대 ○○과를~"

"잠깐. 다 쓰여 있는 건 말고 남과 다른 점을 좀 말씀해주세요."

"아… 예… 제가 한국섬세공사에 지원한 동기는~"

"아니, 그런 것 말고. 뭔가 특별한 것 없나요? 특! 별! 한! 거 욧!"

참아야 하는데…. 박 팀장이 드디어 폭발했다. 오전 내내 발표와 토론에 시달렸다. 어쩌면 그렇게 50여 명의 응시자가 같은 말투로 발표하고 똑같은 형식으로 토론하는지 웃다가 못해 울고 싶다. 지금은 오후, 개별면접이 진행 중인데 역시 다섯 명째 똑같다. 자기소개해보라면 자기소개서를 반복한다. 이어서 경험면접과 상황면접을 해도 답변의 틀과 스토리가 똑같다. 왜 그럴까?

어떤 면접이든 자기소개부터 시작된다. 자기소개서를 가지고 하든, 없이 하든 일단 간단히 자기소개부터 하라고 한다. 피면접자의 전반적인 역량을 아주 쉽게 압축해서 판단할 수 있기 때문이다.

발표나 토론은 주어지는 자료를 검토해서 특정 과제를 해결한다. 그러나 면접은 제시되는 자료가 없다. 대부분 본인이 쓴 자기소개서나 직무수행계획서를 토대로 면접자가 질문하면 자신의 상황, 경험, 또는 판단을 말할 뿐이다. 즉, 면접의 기본은 나의 소개紹介다. 이을 소紹, 낄 개介다. 나를 연결하고 끼우려면 상대방이 있어야 한다. 즉, 자기소개에는 이미 상대방의 개념이 내포되어 있다. 철저히 상대방 입장에서 생각하지 않으면 상대방과 끊어져 버린다. 그러면 어떻게 해야 할까?

어떻게 이어갈까?

상대방이 원하는 것을 알아야 한다. 나를 표현하는 것은 누구나 한다. 따라서 상대방은 나에게 플러스알파를 원한다. 남과 다른 사람을 원하기 때문이다. 몇 년 전 조사 결과다. 회사의 인사팀장들이 꼽는 신입사원의 채용 자질은 첫 번째가 직업윤리, 마지막이 외국어였는데, 취업준비생들은 첫 번째가 외국어, 마지막이 직업윤리였다. 회사와 나를 잘 연결하려면 외국어와 직업윤리 중 무엇이 우선일까? 신입직원이 외국어를 잘 못한다고 회사가 망하지는 않는다. 그러나 그에게 직업윤리가 없다면 회사는 위험해질 수 있다. 그래서 하수가 토익점수를 자랑할 때 고수는 영어로 읽은 책 중 그 회사의 가치나 자신의 직업윤리에 비추어 감명받았던 부분을 설명한다.

자연스럽게 나와 회사가 이어지지 않을까? 이것이 바로 플러스알 파식 자기소개다.

무엇을 이어갈까?

그러면 나의 무엇을 소개해야 할까? 일부가 아니라 전체다. 지금 의 나는 하늘에서 뚝 떨어진 것이 아니다. 과거는 매 순간 의미 있 는 경험의 연속이다. 그 경험들이 논리적이었다면 앞으로 어떤 상 황이 닥쳐도 합리적으로 판단하지 않을까? 〈표 9-2〉를 보자. '경험 면접'은 과거의 실제 경험을 보고 나의 문제해결 능력을, '상황면 접'은 미래의 상황 판단을 보고 나의 논리성을 그리고 '일반면접'은 현재의 자질과 인성을 보고 조직인으로서의 적격성을 확인하려 한 다. 즉, 면접자는 모든 수단과 방법을 동원해서 나의 과거, 현재, 미 래를 파악하려 한다. 그렇다면 면접을 준비하는 나도 나의 과거, 현 재, 미래를 미리 정리해놓아야 하지 않을까?

그리고 상대방의 전체도 알아야 한다. 취업하려면 그 회사의 과

〈표 9-2〉 경험·상황·일반면접의 기본 특성

종류	시제	면접자의 확인 대상
경험면접	과거	실제 경험(직무)
상황면접	미래	상황 판단(직무)
일반면접	현재	자질, 인성(개인)

거 역사는 기본이다. 하수는 1981년 노동부로 시작해서 2010년 고용노동부로 바뀐 것을 외운다. 그러나 고수는 부처명칭 변경의 의미를 분석한다. 왜 '고용'이란 단어가 '노동' 앞에 추가되었는지, 그것이 주요 역할에 어떤 변화를 뜻하는지, 그것이 당시 경제·사회적 환경의 변화와 어떻게 연관되어 있는지, 그렇지만 그 부처가 추구하는 일관된 가치는 무엇인지, 그러면서 자연스럽게 그 부처와 이어질 수 있는 나의 연결고리는 무엇인지에 대한 생각을 정리한다. 어떤가? 그 부처의 역사가 생생하게 나와 연결되지 않는가?

그리고 이 부처가 현재 추진하는 주요 정책 정도는 확인해야 한다. 하수는 근로감독관이 3,000명이고 지방고용노동관서가 48개라는 현황을 외운다. 그러나 고수는 최근 3년간 대통령 주요업무 보고를 다운받아 출력한다. 세부 정책 내용은 어렵더라도 목차라도 비교 검토한다. '아하! 고용부 업무의 중점이 최근에 이렇게 변화하고 있구나!'를 확인한다.

그러면서 이 부처의 미래 과제도 알아간다. 향후 검토과제 등을 보면서 '이런 과제들이 앞으로 쟁점이 되겠구나!'를 알 수 있다. 왜 이런 것이 필요할까? 면접에서 "혹시 우리 부에 하고 싶은 말이 있으면 해보세요. (또는) 우리 부에 들어오면 구체적으로 어떤 일을 하고 싶은가요?"라는 질문이 있다면? 하수는 "청년실업 대책과 취약계층 근로자의 보호에 조금 더 노력해주셨으면 좋겠습니다. (또는) 근로감독관이 되어 근로자의 권익 보호에 최선을 다하겠습니다"라고 한다. 추상적이고 일반적이다. 다른 응시자와 비슷하다.

고수는 다르다. "청년실업 대책이 가짓수는 많은데 막상 우리들은 잘 몰라서 정책의 효율성이 떨어진다고 생각합니다. 또한 대책들도 지나치게 대학생 위주라 고졸자들 입장에서는 형평성 문제를 제기할 수 있습니다. 따라서 정책 홍보와 취약계층 청년 대책의 보완이 필요하다고 생각합니다. (또는) 정책 홍보나 취약계층 청년 대책을 담당하게 되면 같은 청년으로서 갖는 공감대를 실감나게 정책에 반영할 수 있다고 생각합니다."

이렇게 해야 다른 사람과 달라지고, 고용부와 이어지고, 면접이 낯설지 않고 편안해진다. 경험면접이든 상황면접이든 다 똑같다.

경험면접
구체적으로 나의 행동 설명하기

5번 최하수가 소개를 끝냈다. 자기소개가 아니라 자기소실을 했지만, 박 팀장은 꾹 참고 경험면접을 시도했다.

"편의점에서 아르바이트를 한 적이 있다고 했는데 점장이 잘못된 판단을 해서 문제 된 적이 있나요? 있으면 그때 경험을 설명해주세요."

"예. 영수증 없이 반품을 요구하는 고객과 점장이 다투는 상황이었습니다. 싸움이 길어지면서 저는 싸우면 안 된다고 말려야 했습니다."

"어떻게 말렸나요? 자세히 말해주시겠어요?"

"고객의 무리한 요구에 대해 점장이 싸우기에 일단 참으라고 말렸습니다."

"어떻게 행동했는지 조금 더 구체적으로 설명해주세요!!"

"고객이 황당한 요구를 해도 싸우기보다는 참아야 한다고 했습니다."

"구체적으로 어떤 논리, 즉 어떤 말을 하면서 말렸나욧!!!"

"고객이 비합리적 행동을 해도 참는 것이 싸우는 것보다는….."

'아흐~'

화가 날 만하다. 박 팀장은 구체적으로 행동을 말해달라고 하는데 최하수는 계속 같은 말을 반복하고 있다. 과장한 것이 아니다. 실제 면접을 보면 비슷한 경우가 많다. 왜 그럴까? 간단하다. 상대방, 즉 면접자가 무엇을 원하는지 전혀 생각하지 않기 때문이다.

경험면접Behavioral Event Interview이란 말 그대로 응시자의 '경험', 즉 과거에 실제 어떤 '행동'을 했는지를 확인한다. 상황면접Situational Interview과 함께 역량/NCS 기반 면접의 대표적 기법이다. 면접자는 응시자의 자기소개서나 자기소개 말을 토대로 '경험 확인 질문'을 한다. 사람이라면 매 순간 합리적 판단을 하려고 노력한다. 따라서 과거 행동을 보면 앞으로 비슷한 상황에서의 처리방법을 알 수 있다. '과거 행동 → 미래 행동'이다. 그러면 면접자는 무엇을 원할까?

단순하다. 실제 경험을 그대로 알고 싶을 뿐이다. 〈표 9-3〉을 보면 응시자의 '행동 설명', 즉 당시 상황, 실제 행동, 판단한 이유, 그

<표 9-3> 경험면접의 특징

종류	시제	면접자의 확인 대상	응시자의 표현 형태	확인·표현의 포인트
경험 면접	과거	실제 경험 (직무)	행동 설명	구체성

결과 등 행동 전반에 대한 구체적인 설명을 원한다. 그래야 진짜 경험인지 꾸며낸 것인지 알 수 있기 때문이다. 따라서 '행동설명'에 대한 면접자의 확인 포인트는 '구체성'이다. 그러니까 응시자가 정확하게 설명하지 못하면 질문을 계속하게 된다. "당시 상황이 어땠는지, 그래서 당신은 무엇을 했는지? 어떻게 했는지? 왜 그렇게 판단했는지? 결과는 어땠는지?" 등의 후속 질문으로 경험의 구체성을 알아내는 것이다.

그렇다면 당연히 응시자의 표현 포인트도 '구체성'이 되어야 한다. 여기서 사용되는 대표적인 프레임이 STAR, 즉 당시 상황 (Situation), 해야 할 과제(Task), 실제 한 행동(Action), 행동의 결과 (Result)다. 대다수 코칭은 경험면접에서 응시자들에게 STAR로 대답하도록 한다. 면접자에게는 응시자가 STAR 중 빼먹는 부분이 있으면 확인 질문하라고 교육도 한다(한국능률협회, "효과적인 면접평가 스킬", 2017). STAR에 대해서 검색을 하면 요소별 예상 후속 질문과 대답 요령까지 상세히 나온다. 따라서 여기서는 더는 STAR의 개념을 설명하지 않고 그것의 플러스알파를 설명한다. 경험면접은 '구조화된 면접'이므로 답변도 STAR와 같이 구조화된 프레임이 필요한 것은 맞다. 그런데 STAR가 전부일까?

진정한 STAR는 내면이 충실하다

STAR 프레임은 경험의 전모를 간단하면서도 효과적으로 전달하기 위한 것이다. 그렇다면 다른 방법도 있지 않을까? 보고서 작성에서 보았던 4개의 생각 덩어리를 써보자. Why 1이 Situation 아닌가? Why 2가 Task다. How와 What이 Action이다. 여기에 Result만 붙이면 똑같다. 하늘에 STAR가 하나만 있는 것은 아니다. 각자 편한 프레임을 사용하면 된다. STAR든 4개의 생각 덩어리든 프레임은 중요하다. 그러나 그 '내용'이 훨씬 더 중요하다. 보고서를 쓸 때 목차를 '검토배경'이라고 써놓고 엉뚱한 내용이나 이상한 문장을 쓴다면 프레임의 효과가 없어지는 것과 같다. 그러면 고수는 그 내용을 어떻게 채울까?

구체적이어야 진짜다

면접관들은 응시자의 경험이 진짜인지를 구체성으로 판단한다. 실제 경험은 구체적으로 설명할 수 있지만, 꾸며낸 일은 아무리 연기해도 자기모순에 빠지게 된다. 그런데 중요한 것은 실제 경험이라도 구체적으로 표현하지 못하면 꾸민 것처럼 보인다는 점이다. 따라서 구체적으로 설명하는 연습이 필요하다. 〈연습 9-1〉을 보자.

A는 자세한 설명 같다. 그러나 자세히 보면 구체적인 정보가 없고 추상적이다. 자세한 설명과 구체적인 설명은 다르다. '자세한'은 각각을 많이 설명하는 것이지만, '구체적'은 모양 그대로 설명하는

추상적 설명(A)

응시자: 구체적으로 어떤 논리, 즉 어떤 말을 하면서 말렸나요?

면접자: 당시 다른 대부분 점장들은 고객이 무리한 요구를 해도 통상 먼저 참고 설명을 시도했습니다. 규정에도 어떤 경우이든 싸우지 말고 먼저 지침을 설명하라고 되어 있고요. 이런 말을 하면서 말렸습니다.

구체적 설명(B)

응시자: 구체적으로 어떤 논리, 즉 어떤 말을 하면서 말렸나요?

면접자: 2년 전 제가 이미 겪었던 다른 세 명의 점장들은 고객이 무리한 요구를 할 때마다 설명을 시도했습니다. 고객 대응 매뉴얼에도 어떤 경우에도 싸우지 말고 환불불가 조항을 보여주라고 되어있었습니다. 이런 말을 하면서 말렸습니다.

〈표 9-4〉 추상적 문구와 구체적 문구 비교

A의 추상적 문구	B의 구체적 문구
• 당시 • 대부분 • 통상 • 규정에도 • 지침을	• 2년 전 • 이미 겪었던 세 명의 • ~를 할 때마다 • 고객대응 매뉴얼에도 • 환불불가 조항을
〈추가 예시〉 • 때때로 • 훌륭한 • 팀워크가 좋은 편 • 높은 평가를	• 분기별로 한 번씩 • 3년 만에 1등을 하는 • 팀원 간 소통이 잘 되는 • 상위 10%에 들어가는 평가

것이다. 그런데 B는 구체적이다. 〈연습 9-1〉을 다시 보면서 A와 B 중 서로 다른 문구를 확인해보고 〈표 9-4〉와 비교해보자.

A는 일반적이지만 B는 정보가 명확하다. 경험면접에서는 STAR도 좋지만, 구체적으로 말하는 이 연습이 더 필요하다. 구체적 표현을 쓰자고 아무리 다짐해도 실제 말해보면 어렵다. 연습이 되어 있지 않으면 '추상적인 말을 길게'할 뿐이다.

의견보다 행동이다

또 하나 필요한 것이 행동 위주의 객관적 표현이다. 면접자는 응시자의 주관적인 의견이 아니라 행동을 보고 판단한다. 의지나 견해 등은 화려한 수식어로 꾸밀 수 있을 뿐 아니라 미리 준비할 수 있기 때문이다. 무엇이 의견이고 무엇이 행동인지 〈연습 9-2〉를 보고 구별해보자.

A처럼 말하면 논리적으로 보인다. 그러나 실제로 한 행동은 설명이 없이 나의 의견에 불과하다. '경험면접'인데 경험이 없고, '행동확인 질문'인데 행동이 없다. 논리만 있을 뿐이다. 게다가 면접자가 요구한 '결과'는 아예 말이 없다. 그런데 B를 보자. 점장과 고객에게 했던 행동을 그대로 설명한다. 그리고 면접자가 질문한 대로 그 결과까지 행동으로 설명하고 있다.

〈표 9-5〉에서 보듯이 "~중요하다고 보았습니다"는 나의 의견이다. 면접자들은 이것을 평가하지 않는다. 역량이 아니기 때문이다. 그것보다 "그래서 ~을 했다"에서의 행동을 보면서 그것이 합리적이었는지 문제를 해결한 것인지를 판단한다.

주관적 의견 위주로 설명하기(A)

응시자: 당시 했던 행동과 그 결과를 조금 더 구체적으로 설명해주시겠어요?

면접자: 점장은 편의점의 대표이므로 고객과 싸우는 것이 아니라 고객을 합리적으로 이해시키는 역할이 중요하다고 보았습니다. 저라면 우선 고객을 안정시키는 데 주력했을 것입니다. 싸운다는 것은 나도 비합리적이라는 것을 보이는 것과 같기 때문입니다.

객관적 행동으로 설명하기(B)

응시자: 당시 했던 행동과 그 결과를 조금 더 구체적으로 설명해주시겠어요?

면접자: 점장에게는 편의점의 대표이므로 고객을 합리적으로 이해시키는 역할이 중요하다고 설득했습니다. 고객에게도 매뉴얼의 환불 조항을 읽어주고 필요하면 복사해드리겠다고 설명했습니다. 이렇게 양측에 합리성을 강조했더니 각자 이성을 되찾고 싸움을 그치게 되었습니다.

〈표 9-5〉 의견의 표현과 행동의 표현 문구 비교

A. 의견을 나타내는 표현	B. 행동을 나타내는 표현
• ~이 중요하다고 보았습니다. • ~데 주력했었을 것입니다. • ~것과 같기 때문입니다.	• ~이 중요하다고 설득했습니다. • ~해드리겠다고 설명했습니다. • ~을 그치게 되었습니다.
〈추가 예시〉 • ~이 중요하다고 생각한다. • ~해야 한다고 판단된다. • ~할 예정이다. • ~게 하는 것이 바람직하다.	• ~이 중요하므로 이메일을 보냈다. • ~하는 것이 필요하다고 설명했다. • ~할 예정이므로 추진계획을 세웠다. • ~하는 것이 효율적이라고 보고했다.

이렇게 하면 말이 길어지지 않을까 하는 의문이 생길 수 있다. 위에서 A와 B의 말 길이를 보라. 〈연습 9-1〉에서는 세 줄, 〈연습 9-2〉는 네 줄 똑같다. '길게'는 '짧게'의, '구체적'은 '추상적'의 반대말이다. 행동 위주로 말한답시고 길게 말하는 것은 연습부족의 결과일 뿐이다.

스토리는 계속된다

'또 스토리야' 싶은가? 그렇다. 느긋하게 생각하자. 스토리는 쓸데가 무궁무진하고, 그 효과가 무한대이기 때문이다. 그런데 스토리는 내가 만드는 것인데 객관적 경험 설명에 사용할 수 있을까? 〈연습 9-3〉은 〈연습 9-2〉와 같다. 다시 보면서 '의견위주 – 행동위주 설명'이라는 차이 외에 어떤 차이가 또 있는지 찾아보자.

큰 차이가 보여야 한다. A에는 스토리가 없다. 그냥 본인 주장을 말하고 있을 뿐이다. B에는 '점장 – 고객'이란 스토리가 있다. 점장과 고객 양측 모두를 균형 있게 설득하고 있다. 이것을 보면 '아하! 저 친구는 균형감이 있구나!'라는 생각이 든다. 공사든 공무원이든 공공분야에서는 균형감이 중요하다. 그렇다면 이 한 줄로 면접의 당락이 바뀔 수도 있다. 중요한 것은 실제 최하수가 내면으로는 아무리 균형감이 뛰어나도 A처럼 말하면 평가자는 알 수가 없다는 점이다.

그러면 '점장 – 고객'의 스토리를 내 목록에 넣어 놓고 외워야 할까? 물론 스토리를 습관화한다는 차원에서 할 수도 있다. 그러나 여기까지 읽은 독자라면 그렇게 안 해도 된다는 것을 알 수 있을 것이

생각나는 대로 그냥 말하기(A)

응시자: 당시 했던 행동과 그 결과를 조금 더 구체적으로 설명해주시겠어요?

면접자: 특히 점장은 편의점의 대표이므로 고객과 싸우는 것이 아니라 고객을 합리적으로 이해시키는 역할이 중요하다고 보였습니다. 저라면 우선 고객을 안정시키는 데 주력했었을 것입니다. 싸운다는 것은 나도 비합리적이라는 것을 보이는 것과 같기 때문입니다.

스토리로 말하기(B)

응시자: 당시 했던 행동과 그 결과를 조금 더 구체적으로 설명해주시겠어요?

면접자: 특히 점장에게는 편의점의 대표이므로 고객을 합리적으로 이해시키는 역할이 중요하다고 설득했습니다. 고객에게도 매뉴얼의 환불 조항을 읽어주고 필요하면 복사해드리겠다고 설명했습니다. 이렇게 양측에 합리성을 강조했더니 각자 이성을 되찾고 싸움을 그치게 되었습니다.

다. 지금쯤이면 어떤 주제가 나와도, 글을 쓰든 말을 하든 스토리식으로 생각을 정리하는 연습이 되어 있을 것이기 때문이다.

과거는 흘러가지 않는다

*과거는 흘러갔다*는 노래가 있다. 그런데 면접에서는 아니다. 과거는 현재·미래와 연결되어야 한다. 면접은 '나'라는 사람 전체를 보여주는 것이기 때문이다. 경험면접은 '과거'지향이니까 과거만 잘 얘기해도 괜찮다. 그런데 살짝 과거를 현재·미래와 연결해보면 어떨까? 한 발짝 더 나가고 싶은 마음이 있다면 〈연습 9-4〉를 보며 생각을 정리해보자.

스토리로 말하기(B)

① (상황) "~ 상황이었습니다."

② (과제) " ~을 해야 했습니다."

③ (말/행동) "~이런 말을 하면서 말렸습니다." "특히 점장에게는 ~ 고객에게도 ~라고 설명했습니다."

④ (결과) "이렇게 양측에 합리성을 강조했더니 각자 이성을 되찾고 싸움을 그치게 되었습니다."

현재와 미래까지 연결하기(C)

① (상황) "~ 상황이었습니다."

② (과제) " ~을 해야 했습니다."

③ (말/행동) "~이런 말을 하면서 말렸습니다." "특히 점장에게는 ~ 고객에게도 ~라고 설명했습니다."

④ (결과) "이렇게 양측에 합리성을 강조했더니 각자 이성을 되찾고 싸움을 그치게 되었습니다."

⑤ (현재/미래) "다만 지금 생각해보니 서로 웃으면서 사과까지 하도록 했으면 더 좋았을 것 같습니다. 그랬다면 그 이후로 그 편의점의 단골이 될 수도 있었으니까요.

B는 상황, 과제, 행동, 결과까지 구체적으로, 행동 위주로 나의 과거 경험을 잘 설명했다. 이렇게만 하면 훌륭한 고수다. 그런데 살짝 아쉽다면 한 번만 더 생각해보자. C를 보자. 지금 생각해보니 아쉬웠던 점을 약간 더했다. 그리고 그 이유를 미래 차원에서 설명했다. 어떤가? 과거의 경험을 통해 조금이라도 발전적 생각을 하는 사람, 미래지향적 가능성을 보이는 사람이 되었다. 플러스알파 능력이다.

그런데 주의할 것이 있다. 말 그대로 '살짝' 더 해야 한다. 지나치게 오래 하거나 화려하게 강조하면 오히려 잘해온 '과거'까지 가식으로 보이기 때문이다. 앞에서 고수처럼 잘했다는 생각이 들면 이 '살짝'을 '살짝' 검토해보자.

상황면접
논리적으로 나의 판단 제시하기

박 팀장은 경험면접을 하다가 결국 포기했다. 그래도 혹시 모르니 상황면접을 시도했다.

"최하수 씨는 지금 회사의 인사팀장이 된 상황입니다. 인력부족으로 모든 과에는 한 명씩 결원이 있습니다. 그런데 만약 ○○과가 신규사업 때문에 오히려 2명을 증원해달라고 요구하면 어떻게 하시겠습니까?"

"인력이 부족해서 증원은 안 되는 것이 원칙이라고 하겠습니다."

"그렇게 판단하는 이유가 무엇인가요?"

"모든 과에 한 명씩 결원을 유지하는 게 원칙이기 때문입니다."

"신규사업에도 예외를 두지 않는 이유를 구체적으로 설명해주시겠습니까?"

"그래도 직원이 부족하므로 결원 유지 원칙을 깰 수 없습니다."

"도대체 사업보다 결원 유지가 우선이라는 논리적 근거가 뭐냐고요?"

"인력이 부족하므로 각 과가 똑같이 결원을 유지하는 것이 바람
직하다고~"

'아흐~'

박 팀장은 참을 수가 없다. 판단의 이유, 논리적 근거를 아무리
물어도 계속 '원칙 유지'라는 주장만 할 뿐이다. 실제 면접을 하다
보면 이런 경우가 정말 많다. 면접자가 답답해서 논리, 이유 등이라
고 아예 대놓고 힌트를 주어도 응시자는 주장뿐이다. 귀를 막고 자
기 눈으로만 보기 때문이다.

상황면접이란 미래의 상황을 제시하고 어떻게 판단할지를 묻는
것이다. 경험면접이 과거 행동으로 역량을 확인한다면(경험 확인 질
문) 상황면접은 미래의 상황판단으로 확인한다(판단 확인 질문). 기본
적으로 역량은 미래지향적 개념이다. 과거의 실적이나 개인적 인성
보다는 앞으로 문제들을 잘 해결할 수 있는 능력이다. 즉, '미래 판
단 → 미래 행동'이다. 따라서 상황면접은 앞서 본 구두 발표, 현안
업무처리 등 역량평가와 유사하다. 상황면접에서 면접자는 무엇을
알고 싶을까?

면접자는 무엇을 원하는가

역량평가의 본질과 비슷하다. 주어진 상황에 대한 응시자의 판단
과 그 '근거'를 논리적으로 제시해주기를 원한다. 즉, 상황면접에서
는 '논리성'이 면접자의 확인 포인트인 것이다. 〈표 9-6〉에서 보듯
이 경험면접의 '구체성'과 다르다.

〈표 9-6〉 상황면접의 특징

종류	시제	면접자의 확인 대상	응시자의 표현 형태	확인·표현의 포인트
경험면접	과거	실제 경험 (직무)	행동 설명	구체성
상황면접	미래	상황 판단 (직무)	근거 제시	논리성

　그렇다면 당연히 응시자도 '논리성' 위주로 표현해야 한다. '논리'는 많이 설명했다. 우선 4개의 생각 덩어리(Why 1 - Why 2 - How - What)가 있다. 주로 기획보고서 전체의 논리를 잡을 때 쓰는 프레임이다. 또 '주장 - 근거'도 있다. 각각의 덩어리 내에서 인과관계를 논리적으로 표현하는 프레임이다. 따라서 역량면접에도 이 두 프레임을 그대로 사용할 수 있다.

상황면접은 말로 하는 기획보고서다

　예를 들어 상황면접의 대표적 프레임인 PAR를 보자. PAR은 상황인식(Perception), 행동(Action), 판단의 근거(Rationale)의 약자다. '상황인식'은 응시자가 해결할 문제가 무엇인지, 그 원인은 정확하게 알고 있는지 확인하는 것이다. '행동'은 그 일을 어떻게 해결할지, 무엇을 할지를 보려는 것이고, '판단의 근거'는 그렇게 행동한 이유가 무엇인지를 파악하는 것이다. 이 PAR는 경험면접의 STAR와 같이 구조화된 면접에서 대표적인 대답 프레임으로 제시된다.

응시자들은 상황면접에서는 PAR로 답해야 한다고 코칭을 받고, 면접자들도 PAR를 확인하라고 교육을 받는다(한국능률협회, "효과적인 면접평가 스킬", 2017).

그런데 P는 Why 1 및 Why 2와 똑같다. A는 영락없이 How 와 What이 아닌가? R은 말 그대로 '주장 – 근거'다. 즉, PAR = 4개 의 생각 덩어리 + 주장과 근거다. 따라서 상황면접은 말로 하는 기획보고서다. 경험면접의 STAR도 4개의 생각 덩어리와 비슷하다. 결국 4개의 생각 덩어리가 면접에 적용되면서 PAR나 STAR로 표현만 달라진 것이다. 기획보고서를 잘 쓰면 상황이든 경험면접이든 거저먹기가 된다. 그만큼 논리적 분석력이 핵심인 것이다. 상황면접은 구두 발표와 유사한 점이 많으므로 하수의 A와 고수의 B를 비교하지 않는다. 다만 몇 가지 주의점만 강조한다.

'만약'이라고 묻거든 '3종 세트'로 답하라

PAR = 4개의 생각 덩어리 + 주장과 근거라는 공식에서 '주장과 근거'를 다시 보자. 즉, 나의 주장을 상대방(면접자)이 수긍하기 위해서는 합리적 근거, 즉 논리, 통계, 경험 등이 있어야 한다. 그런데 '통계'는 상황면접에서 제시하기 어렵다. 대부분 면접 중 즉석에서 물어보기 때문이다. '경험'도 근거가 되지만 상식적이지 않은 경험은 위험하다. 결국 '논리'의 중요성이 상대적으로 높고 면접자들도 논리에 질문을 집중한다. 그렇다고 '논리적 근거'를 잘 제시하기 위해 지금 와서 논리학·철학을 별도로 공부할 수도 없다. 다만 평소에 분석적으로 사고하는 연습, 즉 Why 2 또는 현황·문제·원인을 분석하는 연습을 하는 수밖에 없다. 그래도 뭔가 있어야 한다면 역시 '스토리'다.

'근거'를 묻는 말은 여러 형태로 변형된다. 면접자는 우선순위, 배분 기준, 선정이유, 고려요인, 조치근거 등 다양한 단어들로 근거를 물어본다. 필자는 이럴 때마다 무조건 '스토리'를 생각한다. 그 순간 바로 '논리적 분석' 모드로 사고가 전환된다. '주장 – 근거 – 스토리'의 3종 세트가 습관화되어 있기 때문이다.

여러분도 '만약'이란 상황질문을 받으면 3종 세트로 생각하자. 그러면 근거들이 정치적·경제적·사회적·문화적 측면이든, 형평성·효율성 측면이든, 개인적·사회적·국가적 측면이든, 계획· 집행·평가 측면이든 뭐든 스토리로 분석된다. 그러면 아주 정교하고 치밀한 인과관계는 아니라도 논리는 세울 수 있다. 이처럼 거의 반사적으로 사고를 3종 세트화하려는 것이 계속 스토리를 강조하는 이유이기도 하다.

경험과 상황은 동전의 양면이다

경험면접과 상황면접은 다른 것일까? 질문의 형태는 다르지만, 답변의 본질은 같다고 설명했다. 그런데도 구별해서 설명한 것은 독자들의 혼란을 방지하기 위해서다. 즉, 공무원 공채용 구조화된 면접이나 공공기관 공채용 NCS 기반 면접에 관한 대부분의 기존 코칭은 양자가 전혀 다른 종류인 것처럼 설명해왔기 때문이다.

준비하는 입장에서는 차라리 양자를 면접 종류가 아니라 질문 방식으로 생각하면 쉽다. 즉, 경험면접 끝내고 상황면접을 시작하는 방식도 있지만, 대부분 면접 중 경험을 묻는 말과 상황을 묻는 말을 혼용하기 때문이다. 예를 들면 경험을 묻다가 필요하면 상황을 제시하는(또는 반대로 하거나) 식이다. 따라서 경험질문과 상황질문이라는 표현이 더 적합하다. 이것을 굳이 언급하는 것은 답변 때문이다. '경험면접에는 STAR로, 상황면접에는 PAR로' 외웠다고 하자. 경험질문이 나오면 STAR로 대답하다가 상황질문으로 바뀌면 대답도 PAR로 바꾸고, 또 경험으로 바뀌면 STAR로 바꾸고…. 헷갈린다. 경험이든 상황이든 질문방식에 불과하다. 중요한 것은 STAR든 PAR든 답변의 프레임이 아니라 논리적 분석인 것이다.

일반면접
진정성으로 나의 내면 소개하기

다음은 6번 김하수다. 박 팀장은 이제 질문도 요령있게 한다.

"자기소개서는 보았으니까 가급적 거기에는 없는 내용으로 1분 이내에 자기소개를 해주세요."

"네? 잠시 생각할 시간을 주시겠습니까? … 네. 이렇게 자기 소개할 기회를 주셔서 고맙습니다. 저의 자기소개서를 모두 읽어보셨다니까 거기에 없는 내용으로 간단히 1분 이내로 소개해 드리겠습니다. 제가 이 회사를 지원한 이유는 섬세함이란 회사의 비전이 저와 ~"

"(끙… 그래도 참자) 됐습니다. 차라리 제가 질문을 하지요. 역사학을 전공했던데 섬세함을 역사적으로 보면 어떻게 해석할 수 있을까요?"

"잠시 생각할 시간을 주시겠습니까?… 저는 사학을 전공하면서 역사란 무엇인가, 섬세함과 어떤 관계가 있는지에 항상 관심을 가져왔으며, 그것이 이 회사를 지원하게 된 동기라고~"

"(끄응… 못 참겠다) 됐습니다. 그러면 역사학은 인문학인데 사회과학과 방법론에서 어떤 맥락적 차이가 있지요?"

"저기 맥락적 차이라면? 차이라면? … 잠시 생각할 시간을 주시겠습니까?

일반면접이란 평소 알고 있는 전통적 형태의 면접이다. 면접자는 비정형적 질문을 통해 자유롭게 응시자의 인성, 능력, 태도, 즉 현재의 '자질 확인 질문'을 한다. 가장 큰 특징은 평가방법이 역량면접처럼 구조화·객관화·정형화되어 있지 않고 주관적이라는 점이다. 물론 실시 기관에서 평가요소 등 기본 틀을 정하지만, 역량면접만큼 체계적·객관적이지 않다. 사실 이런 점이 문제라고 인식되면서 구조화된 역량면접을 도입한 것이다.

그런데 왜 아직도 이 방법이 사용될까? 주관적이라는 특성에 장점도 있기 때문이다. 즉, 면접자들의 오랜 경험과 내공에 의한 '촉'으로 사람을 평가하는 것이 유용한 면도 있다. 면접위원을 해보면 위원들끼리 하는 얘기가 있다. 예를 들면 "00번은 결정적 단점은 잘 안 보이지만 뭔가 조직에 적응하기 어려워 보입니다"라는 식이다. 그런데 이런 위원들의 눈이 대부분 비슷하다는 점에서 의미가 있다. 이렇게 면접자들의 촉이 중요하다면 그럴수록 면접자들이 무엇을 원하는지 알아야 하지 않을까?

일반적으로 물어보면 특별하게 대답하라

계속 면접을 보다 보면 사람을 보는 감각이 극대화된다. 응시자의 과거를 보는 순간 현재를 판단하려 한다. 화려한 스펙을 제출했다. 과거다. 그러나 면접자는 그것의 현재 의미를 확인한다. 예를 들어, '토익 950점'이라면 "지금 영어로 외국인과 회사업무 관련 소통이 가능한가?"를 질문한다. '자전거로 세계 일주'를 했다면 "그 여행이 지금의 당신과 무슨 관계가 있는지? 면접에서 왜 그 여행을 거론하는지?"를 확인한다. 그러다가 미심쩍으면 바로 경험 질문으로 전환한다. 면접자는 응시자가 포장이 아니라 내면을 소개하기를 원한다. 〈표 9-7〉에서 보듯이 무엇이 '현재 그 사람의 진짜 자질'인가, 즉 '진정성'이 면접자의 판단 포인트가 된다.

따라서 응시자의 답변에서도 당연히 진정성이 포인트다. 대부분 화려한 스펙(과거)을 자랑한다. 그러나 과거는 색칠이 되고 껍데기가 씌워진다. 또는 희망찬 의지(미래)를 역설한다. 그러나 미래는 추상적인 수식어로 미리 준비할 수 있다. 그래서 고수는 현재를 말한다. 그 과거가 지금의 나를 만드는 데 어떤 의미가 있는지, 미래를 위해 지금 무엇을 하고 있는지를 말한다. 이러니까 점점 처음에는 쉬워 보였던 일반면접이 어려워진다는 생각이 든다. 어떻게 준비하면 될까?

〈표 9-7〉 일반면접의 특징

종류	시제	면접자의 확인 대상	응시자의 표현 형태	확인·표현의 포인트
경험면접	과거	실제 경험 (직무)	행동 설명	구체성
상황면접	미래	상황 판단 (직무)	근거 제시	논리성
일반면접	현재	인성, 자질 (개인)	내면 소개	진정성

발표면접은 발표 자료가 있다. 말은 좀 못해도 보고서가 괜찮으면 보완이 된다. 토론면접과 집단면접은 사실상 상대평가다. 원칙적으로는 응시자 전원이 비교 대상이지만, 현실적으로는 내 그룹 내에서 잘하면 된다. 그런데 개별면접은 오롯이 나 하나다. 도와줄 자료도, 비교될 동료도 없다. 게다가 역량면접은 경험·상황이라는 대답의 준거라도 있다. 그런데 일반면접은 질문이 일반적이다. 그래서 대부분 일반적으로 대답하고 비슷하게 평가받는다. 특별하게 대답해야 남달리 평가받을 수 있다. 특별하게 대답하기 위해 몇 가지 생각을 정리해보자.

회사니까 직무로 승부 걸자

일반면접은 대부분 자기소개로 시작한다. 정말 들어가고 싶은 회사라면? 남과 달라야 한다. 승부를 걸고 싶다. 〈연습 9-5〉를 보면서

그냥 자기 소개하기(A)

"~될 수 있는 한 거기에는 없는 내용으로 1분 이내에 자기소개를 해주세요."

① "네. 저는 2남 중 장남이고, OO대학 사학과를 졸업했습니다. 여행을 좋아해서 자전거로 세계 일주를 한 적도 있습니다."

② "대학 다닐 때는 학과 회장과 영어 동아리 회장을 하면서 리더십을 길렀으며, 지금도 친구들 간에 리더십이 뛰어나다는 평을 듣는 편입니다."

③ "제가 이 회사에 지원한 동기는 '섬세함'이라는 이 회사의 비전이 제 인생관과 일치하기 때문입니다. 저는 평소에 섬세해야 다른 사람과 달라질 수 있다고 생각하고 있습니다.~"

직무로 자기 소개하기(B)

"~ 될 수 있는 한 거기에는 없는 내용으로 1분 이내에 자기소개를 해주세요."

① "회사에서 인사노무 업무를 하고 싶습니다. 이를 위해 대학 때부터 꾸준히 준비했습니다. ~과목들을 수강했고, ~동아리를 만들었고, ~인사팀에서 인턴을 했습니다. 지금은 공인노무사를 준비하고 있고, 앞으로 입사해도 공기업 HRM의 전문가가 되기 위해 노동법 공부를 더 할 계획입니다."

② "제가 역사 전공자로서 여기에 관심을 가진 것은 역사의 주체는 사람이라고 생각하기 때문입니다. 사람에 의해 역사가 발전되어 왔듯이 기업도 지속가능한 발전을 위해서는 인적자원관리가 핵심이라고 믿기 때문입니다."

무엇으로 승부를 걸고 있는지 비교해보자.

A는 승부를 걸었다고 볼 수 없다. ①은 가족관계, 학력, 취미 등 일반적인 내용이다. ②는 경력과 리더십 등 특별할 수 있는 내용인데도 일반적으로 말한다. ③은 열심히 준비한 것 같지만 일반적이다. 이렇게 하면 '대충하자'가 비전인 회사에 가서는 '대충하자라는 이 회사의 가치가~'라고 할 것 아닌가? B는 승부를 건다. A의 ①같

은 것은 생략하고 직무에 집중하니까 ①처럼 '과거-현재-미래'가 스토리로 쓱 연결되면서 면접자 귀에 쏙 들어온다. 게다가 ②처럼 전공과 직무가 불일치되는 부분을 질문이 나오기 전에 먼저 인문학의 기초 소양이라는 한마디로 해결한다.

특별한 것이 없지만 남과 달라지고 싶다. 그러면 남들도 하는 것은 빼고 한두 가지에 집중하자. 필자는 특히 '직무'를 권한다. 그러면 관심 있는 직무, 그 이유, 그것을 위한 지금까지의 준비, 앞으로의 계획 등이 자연스럽게 나온다. 나만 알 수 있는, 내가 직접 한, 나만의 특별한 소개가 된다. 직무를 말하면 우선 면접자들이 관심을 갖는다. 회사에서 일하려고 면접 보는 것 아닌가? 그리고 내 페이스대로 판 만들기가 가능하다. '특별'이란 튀는 내용이 아니라 내게 특화된 내용이기 때문이다. 이렇게 소개해야 면접자들이 저 '김하수'는 이 회사에 빨리 이어주고 싶다고 생각한다. 고수는 일반적으로 물을수록 특별하게 대답한다. 1분 동안 하는 말의 분량은 비슷하다. A와 B는 똑같이 일곱 줄이다. 그러나 특별함의 차이가 눈에 띈다.

어려울수록 단순하게 풀어내자

면접을 통해 우리는 사람을 평가한다. 정확하게는 그 사람의 '생각'을 평가한다. 서류와 필기전형만 하지 않고 군이 면접을 보는 이유가 있다. 사람의 생각을 보기 위해서다. 따라서 일부러 포괄적이지만 쉽지 않은 질문을 할 때가 있다. 잘못하면 함정에 빠진다. 〈연습 9-6〉을 보면서 벗어나 보자.

복잡하게 허우적대기(A)

"~역사학은 인문학인데 사회과학과 방법론에 있어서 어떤 맥락적 차이가 있지요?"

"저기 맥락적 차이라면? ~ 아니. 잠시 생각할 시간을 주시겠습니까? … 인문학은 문학, 철학, 사학 등을 일컫는 말로 인간의 근원적 문제를 사변적·비판적으로 탐구하는 학문인 반면, 사회과학은 사회적 현상을 과학적·경험적으로 설명하는 학문입니다. 이와 관련해서 토머스 쿤의 과학철학에서 보면~"

단순하게 풀어내기(B)

"~역사학은 인문학인데 사회과학과 방법론에 있어서 어떤 맥락적 차이가 있지요?"

"보통 인문학적 성찰, 사회과학 조사방법론이란 용어를 씁니다. 그런데 인문학적 조사방법론, 사회과학적 성찰이란 말은 쓰지 않습니다. 성찰과 조사라는 두 단어에 본질적 차이가 있습니다. 성찰은 생각을 통해 스스로 답을 찾는 것이지만, 조사는 객관적으로 남에게 답을 증명해 보이는 것이기 때문입니다."

A는 함정에서 허우적거린다. '방법론·맥락적' 등의 단어들은 현학적이지만 여기서는 지엽적이다. 이런 단어들 때문에 방향을 잃어버린 것이다. 지금은 회사 면접인데 철학과 대학원 입학시험으로 생각한다. 그러니까 멋지게 대답하려고 난해한 단어를 사용하고 결국 실수까지 한다. 토머스 쿤은 '과학혁명의 구조'이고 '과학철학'은 칼 포퍼다. (철학교수가 면접자라면 바로 밑천이 드러난다!) 그런데 B는 질문의 방향을 따라잡고 있다. 현학적 표현 없이 상식적인 두 단어를 비교할 뿐이지만 본질이 드러나고 특별해 보인다.

그 이유는 단순함에 있다. 단순해지는 방법은 질문과 생각이다.

회사면접인데 왜 그런 질문을 할까? (역사학을 전공했다고 하니까 기본적 이해도를 보기 위해서다!) 그러면 그 취지가 방법론에 대한 학문적 분석까지 요구하는 것일까? (박사과정도 아닌데 그럴 리는 절대 없다!) 잘 모르는데 어떻게 스토리로 표현할까? (아는 단어로만 만들면 된다!) 아는 단어는 인문학적 성찰과 사회과학조사방법론 정도인데? (성찰과 조사? 주관과 객관이다!) 계속 질문과 생각을 하는 과정에서 복잡한 현상들이 단순화된다. 어려울수록 질문과 생각으로 단순하게 풀어가자. 누구나 할 수 있지만 하는 사람은 많지 않다. 그래서 하면 할수록 나를 특별하게 만드는 비법이 된다.

특별함과 튀는 것은 다르다

그런데 너무 특별하면 튀는 것은 아닌지 걱정이다. 특별함과 튀는 것은 다르다. 튀는 것은 잘 보이게 꾸미는 것이지만, 특별함은 본질에 집중하는 것이다. 〈연습 9-7〉을 보면서 차이를 생각해보자.

A는 남들처럼 말하면서 튀려고 한다. ①은 어떤 리더십인지 모르겠다. 권위적인가 민주적인가? 상황마다 리더십이 다르다는 이론이 나온 지 50년도 더 된다. ②는 자기소개서의 과거 경력을 다시 늘어놓고 있다. 중복이고 자랑이다. ③은 일방적 주장일 뿐 근거가 없다. 어떻게 먼저 나서는지, 무슨 일을 차질 없이 해냈는지 면접자는 모른다. 계속 자랑일 뿐이다. ④는 동문서답이다. 리더십의 단점을 말하라고 했는데 성격이 급하다고 한다.

B를 보자. ①은 질문의 취지대로 리더십의 장단점을 말한다. ②는 실패사례를 말하면서 면접자가 집중하도록 한다. ③은 그 실패

비슷하게 말하면서 튀어 보이기(A)

"김하수 씨의 리더십에 대해 스스로 생각하는 장점과 단점을 말씀해주세요."

"① 저는 리더십이 뛰어난 편입니다. ② 초등학교 3학년 때부터 고3까지 10년 간 계속 반장을 해왔으며, 대학에서도 학과 회장을 했고, 군에서도 분대장을 했습니다. ③ 지금까지 소속했던 그룹마다 동료들이나 부하들을 리드하는 역할을 하는 편이었습니다. 특히 남들이 싫어하는 일일수록 먼저 나서는 편인데 그럴수록 사람들이 저를 믿고 따라왔고 그때마다 맡은 일들을 차질 없이 해냈습니다. ④ 단점은 특별한 것은 없지만, 굳이 말씀드린다면 성격이 좀 급한 편이라 사람이 오해하는 경우가 있어서 고치려고 노력하고 있습니다."

나만의 내용으로 특화하기(B)

"김하수 씨의 리더십에 대해 스스로 생각하는 장점과 단점을 말씀해주세요."

"① 저의 리더십은 기본적으로 민주형이지만, 카리스마적 성격을 보완하려고 노력하고 있습니다. ② 군 시절 분대원들 간 갈등이 있었는데 분대장인 제가 해결 못하고 소대장이 개입했습니다. ③ 저는 자율성을 강조했지만, 소대원들의 다양한 의견을 끌고 갈 카리스마가 부족했기 때문이었습니다. 이때부터 리더십은 부하들의 수용성이 중요하고 상황에 따라 달라져야 한다는 점을 느꼈습니다. ④ 그래서 그 점을 보완하기 위해 리더십과 멘토링 교육도 이수했고, 앞으로도 상황에 맞는 리더십을 개발하도록 코칭 프로그램에 참여할 계획입니다."

의 원인을 분석하고 대안을 말한다. ④는 그 대안을 위해 지금까지의 노력과 앞으로의 계획을 말한다. 지금 리더십의 본질을 토대로 나의 '과거-현재-미래'를 연결하고 있다. 게다가 부하의 수용성을 거론하면서 '리더-부하'까지 연결한다.

똑같은 리더십이지만 내게 특화된 내용, 즉 남과 다른 나만의 이야기를 하고 있다. 내용도 군대시절 얘기로 지극히 평범하다. 그러나 종적으로는 과거-현재-미래라는, 횡적으로는 리더-부하라는 스토리로 설명한다. 그래서 달라 보이고 특별해 보인다. 고수다.

묻는 취지대로 답하자

면접은 질문과 대답이다. 여러분은 묻는 것에 답할 수 있는가? 만만치 않다. 겉과 속, 즉 표현과 맥락을 동시에 알아야 가능하다. 그런데 이것이 '맥락적 차이' 같은 어려운 질문에서만 적용되는 것은 아니다. '자전거 세계여행의 소감'을 물었다. 질문은 쉽지만, 답변에는 상당한 내공이 필요하다. 〈연습 9-8〉을 보면서 왜 그런지 생각을 정리해 보자.

A는 묻는 대로 그냥 답하고 있다. 과거의 경험을 물으니까 계속 과거로 대답한다. ①은 여행을 상세하게 설명하지만 단순한 개요다. 그런데 면접자는 여행 개요가 아니라 소감을 묻고 있다. ②는 2만 명이 공감했다는데 역시 소감은 아니다. ③은 소감이지만 너무 일반적이다. '넓은 세상, 많은 사람과 교감, 학업보다 더 도움' 등이 왜 특별한지 설명이 없다. 그런데 B는 전혀 다르다. ①에서 여행경험을 블로그로 정리했다고 간단히 과거를 설명한다. ②부터 바로 소감이다. 문제와 그 원인을 말한다. ③에서 현재 나의 관심과 앞으로의 희망 직무까지 연결한다. 나에게만 특화된 특별한 답변이다.

질문이 아니라 그 취지를 생각해보자. '자전거 세계여행이란 경험 소개'가 아니라 '그 경험이 너의 현재와 미래에 어떻게 연결되는가?'를 묻고 있다. 이것을 이해해야 '경험 - 정리 / 문제 - 원인 / 현재 관심 - 미래 직무'와 같은 스토리로 연결할 수 있다. 면접자의 질

묻는 대로 그냥 답하기(A)

"자전거로 세계여행을 했다고 하는데 소감을 좀 말해주세요."

"① 대학 2학년 때 휴학을 하고 50개국을 250일에 걸쳐서 자전거로 일주했습니다. 경비는 부모님 도움을 받지 않고 2년간 아르바이트를 해서 스스로 충당했습니다. ② 여행을 다니면서 그 내용을 매일 블로그에 올렸고, 방문자가 2만 명이 넘을 정도로 공감을 얻기도 했습니다. ③ 그때 세상이 넓다는 것을 실감했고 많은 사람을 만나 교감하면서 많은 것을 느꼈습니다. 비록 1년 휴학을 했지만, 학업보다 더 많이 도움이 된 것 같습니다."

묻는 취지대로 답하기(B)

"자전거로 세계여행을 했다고 하는데 소감을 좀 말해주세요."

"① 대학 2학년 때 50개국을 250일에 걸쳐서 자전거로 일주했고, 그 내용을 매일 블로그에 올렸습니다. ② 나중에 그 내용을 다시 보니 대부분 '사람과의 소통'에 대한 글이었습니다. 그런데 소통에 힘들었던 경우를 돌이켜 보면 다른 언어나 문화가 아니라 대부분 다른 생각 때문이었습니다. ③ 그 이후로 지금까지 조직 내 소통에 관심을 가지고 공부하고 있으며, 특히 기업에서 인사노무 업무를 하고 싶다고 생각하게 된 직접적 계기가 되었습니다."

문에 진짜 답하는 것이다. 단순히 과거의 경험 정리에서 끝나면 응시자는 쉽게 말할 수 있지만, 면접자는 "그래서? 그게 지금 어떤 의미가 있는데?"라는 의문을 품게 된다. 고수는 묻는 취지를 한 번 더 생각하며 답한다. 플러스알파다.

묻는 말에 답하지 못하는 대표적인 사례가 쓸데없는 말 늘리기다. 질문을 했더니 5분 가까이 열변을 토한다. 참다못한 면접자가 한마디 한다.

"그런데 말씀 중 ○○○은 이 주제와 무슨 관계가 있나요?"

순간 머리가 하얘진다. 그리고 "잠시 생각할…"이란 말만 한다. 형용사와 부사는 수식어다. 주어, 동사, 목적어가 핵심이다. 화려한 수식어로 길게 하면 면접자는 '이 사람은 질문의 취지를 모르는구나'라고 생각한다. 그리고 계속 주어, 동사, 목적어를 제대로 사용하는지를 유심히 본다. 화려함보다는 본질이 우선이기 때문이다. 말이 길어지면 면접자에게 꼬투리를 잡힐 뿐이다.

표현하기
앵무새가 되지 않는 면접 원칙 4

드디어 50여 명에 대한 역량면접이 끝났다. 면접위원들이 저녁 식사를 하러 갔다. 박 팀장이 맥주를 잔에 따르면서 말을 꺼낸다.

"교수님들 어떠세요? 모두 면접 준비 엄청 많이 한 것 같지요?"

"네. 그런데 재밌네요. 모두 똑같아요. 완전히 앵무새 같아요. 발표에서는 전부 '먼저 발표 순서를 말씀드리면~'이라고 목차부터 읽어요. 토론에서는 자기들끼리 나름 시나리오를 짜는데, 보면 똑같아요. 그리고 토론 멘트도 다 비슷해요."

"동감입니다. 답변하다가 막히면 왜들 그렇게 '잠시 생각할 시간을~'이라고 똑같은 멘트를 하는지. 같은 학원에서 배우기라도 한듯이요."

"참, 모두 옷도 똑같이 입네요. 펭귄 같아요. 남자는 감색 정장에 파란색 넥타이, 여자는 검은색 투피스 정장에 올림머리…. 박 팀 장님은 직접 데리고 쓸 직원들 뽑는 건데 어떠세요?"

"사실 고민입니다. 모두 준비는 많이 했는데 겉으로만 한 것 같아요. 우리 팀에 쓸 직원을 뽑으라면 그나마 생각하는 연습이 된 친구를…."

'앵무새와 펭귄 되지 않기'는 필자가 몇 년 전 어떤 채용시험의 면접위원을 경험한 후 후기에 썼던 말이다. 그 이후 역량평가나 면접을 준비하는 이들에게 꼭 하는 말이 되었다. 사실 면접에서는 '질문에 대답하기'라는 수동적 구조 때문에 움츠러들고 안전 위주로 가게 된다. 그런데 반드시 그래야 할까? 응시자는 질문을 하면 안되나? 때로는 '판 만들기'도 필요하다. 그렇다고 면접자를 거스르려고 해도 안 된다. 모든 면접에서 면접자 입장을 고려하면서도 내 의도를 제대로 표현하는 절묘한 방법이 있을까?

원칙 1 | 애매하다고? – 질문으로 정리하자

질문이 애매하거나 전혀 생각지도 못한 내용이라서 이해가 안 될 때가 있다. 자주 나오는 상황인데 깔끔하게 넘어가기 쉽지 않다. 우둔하게 보이기는 싫다. 그렇다고 내용을 잘 아는 것도 아니다. 위기다. 어떻게 벗어나야 할지 〈연습 9-9〉에서 생각을 정리해보자.

대부분 A처럼 한다. ①은 솔직한 것 같지만 집중력과 이해력이

무조건 시간 벌기(A)

"세계여행과 섬세함의 관계를 존재론적 관점에서 설명을 좀 해주시겠어요?"

① "죄송합니다. 다시 한번 말씀해주시겠습니까?"

② "죄송합니다. 잠시 생각할 시간을 주시겠습니까?"

질문으로 정리하기(B)

"세계여행과 섬세함의 관계를 존재론적 관점에서 설명을 좀 해주시겠어요?"

① "지금 주신 질문을 정리하면 존재론에 대한 기본적 이해에 포인트가 있는 것 같은데, 제 생각이 맞는지요?"

② "지금 그 질문은 존재론에 대한 기본 개념을 설명하라는 취지로 이해가 되는데, 그렇게 이해하고 답변을 해도 될까요?"

부족하게 보일 수 있다. 또는 내용은 아는데 진짜 생각 정리가 필요하다면 ②도 가능하다. 하지만 지금처럼 질문 자체가 이해되지 않는다면 시간을 준다고 생각나는 것은 아니다. ①, ②는 앵무새와 펭귄의 대표적인 단골 메뉴다.

　B를 보자. 질문을 통해 내 페이스로 전환한다. ①은 '~에 포인트가 있다고 생각되는데'라고 질문을 정리하는 질문이다. ②는 '~라는 취지로 이해가 되는데'라고 질문의 취지를 확인하는 질문이다. 세계여행과 섬세함의 관계를 존재론적 관점으로 설명하는 것은 도저히 못 하겠다. 그러나 존재론의 기본 개념은 상식으로라도 한두 줄 말할 수 있다. 그렇다면 내가 잘 모르는 질문이지만 내가 아는 대로 답변하기 위해서 ①, ②의 질문을 한다. 위기를 기회로 바꾸는 것이다. 이렇게 하면 1) 질문의 포인트를 정확히 확인하게 되면서

2) 복잡한 것을 정리하는 능력을 보여준다. 3) 게다가 나의 집중력 부족이나 이해력 미흡은 살짝 덮을 수 있으니 일석삼조一石三鳥가 아닌가? 모르면 질문하고 정리해서 확인하자. 엉뚱한 사오정식 답변보다 백번 낫다.

원칙 2 | 잘 안다고? - 흥분하지 말자

면접자가 질문을 하다 보면 그 취지를 잘 이해시키려고 길게 하는 경우가 있다. 그런데 들다 보니 준비한 예상 질의답변에 딱 걸리는 경우가 있다. 또는 질문이 길지 않아도 듣자마자 바로 잘 아는 내용인 것처럼 보일 때가 있다. 행운인가 불행인가? 〈연습 9-10〉을 보자.

A는 '섬세'의 연혁과 이유를 미리 준비했다. 그런데 딱 그 문제가 나온 것 같으니까 일단 ①처럼 흥분하면서 끼어들고, 준비한 내용을 줄줄 외운다. 그러다가 ②처럼 중간을 잊어버리면 당황해서 '죄송합니다'라며 처음부터 다시 시작하기도 한다. 심지어 ③번처럼 중간에 헷갈려서 엉뚱한 다른 단락의 내용을(전문인력 지원사업) 끼워 넣기도 한다.

실제 있었던 일이다. 헷갈린 것 아니냐고 말했더니 '너무 열심히 외워서 죄송합니다'라고 무척 솔직한(?) 답이 돌아왔다. B는 죄송할 일을 하지 않는다. 〈 〉까지 다 듣고 냉정하게 생각한다. 그러니까 '섬세한 지원을 위한 사업 아이디어'를 묻는 질문의 취지에 맞는 답변을 '내부-외부'라는 스토리로 하고 있다.

흥분해서 중간에 끼어들기(A)

"한국섬세공사는 중소기업지원사업을 전담하는 우리나라의 대표적인 공기업으로서 설립된 이후 중소기업들의 창업, 성장, 해외진출 등에 큰 도움을 주고 있는 기관입니다. 그렇다면 한국섬세공사에 '섬세'라는 단어가 들어간 것은~

① (걸렸다!) "예, 한국섬세공사는 원래 기업지원공사였는데 2011년 중소기업만 전담하도록 분리되었습니다. 다양한 중소기업들에 맞춤형 지원을 하려면 섬세한 접근이 중요하다는 차원에서 이렇게 한 것으로 알고 있습니다."

② "그리고, 2012년부터는… 저, 거시기, 죄송합니다. 다시 하겠습니다. 한국섬세공사는 원래 기업지원공사였는데 2011년부터는"

③ (걸렸다!) "예, 한국섬세공사는 원래 기업지원공사였는데 2011년 중소기업만 전담하도록 분리되었습니다. 이는 중소기업들의 지속가능한 성장을 위해서는 세제지원 확대보다는 회계 · 마케팅 등 전문 인력 지원이~ #$%^?"

냉정하게 다 듣고 말하기(B)

"한국섬세공사는 중소기업지원사업을 전담하는 우리나라의 대표적인 공기업으로서 설립된 이후 중소기업들의 창업, 성장, 해외진출 등에 큰 도움을 주고 있는 기관입니다. 그렇다면 한국섬세공사에 '섬세'라는 단어가 들어간 것은 〈중소기업들에 맞는 맞춤형 지원을 하려면 섬세한 자세가 필요하다는 점을 강조하는 것인데, 섬세해지기 위해서는 구체적으로 어떤 사업이 더 필요할까요?〉"

"중소기업들은 아이디어가 많고 탄력적이라는 장점과 인력과 자금이 부족하다는 단점이 있습니다. 기업별로 이러한 내부 역량의 장 · 단점을 정확히 확인해서 외부 환경의 기회 · 위협 요인과 매칭시키기 위해서는 경력이 많은 전문가가 장기간에 걸쳐 1:1로 컨설팅을 해주는 사업이 시급하다고 생각합니다."

어떤 질문자도 자기 질문이 중간에 끊기는 것을 좋아하지 않는다. 그리고 괜히 질문을 길게 하지 않는다. 무엇인가 알려주고 싶어서 길게 하는 것이니까 잘 들으면 그 힌트를 챙길 수 있다. 또 들으면서 생각을 정리할 수 있다. 준비한 내용과 비슷하다는 흥분은 가라앉히고, 맥락이나 강조 포인트가 살짝 다르지는 않은지, 어떤 스토리가 가장 적합한지 등을 정리할 시간을 벌어줄 수 있다.

원칙 3 | 말 잘 하고 싶다면? – 끊어치고 정리하자

글은 남지만, 말은 남지 않는다. 다시 들을 수 없으므로 한 번에 이해되어야 한다. 그렇게 되려면 말의 문장이 짧아야 한다. 필자가 기획재정담당관 시절에 노동부에서 고용노동부로 바뀌었다. 장관께서 하실 기념사 초안을 들고 들어갔다. 그런데 초안을 잘 고치지 않던 그분이 "이거는 조금 수정을 해야 되겠네"라고 하시면서 고치기 시작했다. 그분이 고친 것은 간단했다. 중문과 복문을 단문으로 끊어쳤을 뿐이었다. 그 순간, 수식어로 가득 찼던 긴 문장들이 주어와 동사 위주로 바뀌면서 경쾌하지만 힘 있는 연설문으로 바뀌었다. 그러면서 "자네 초안은 매우 잘 쓴 글이었어. 그러나 연설은 글이 아니라서 말이야. 말의 문장이 한 줄 이상 넘어가면 호흡이 길어지고 메시지가 흐려지지. 글을 쓴 사람은 자네지만 말할 사람은 나야. 그래서 내 식으로 고친 것뿐이네"라고 설명했다. 지금도 희한한 것은 그 단문들을 눈으로 보면 이상한데 귀로 들으면 깔끔하다는 점이다. 면접의 대답도 마찬가지다. 앵무새가 되지 않으려면 중문, 복문을 줄이고 단문으로 끊어 보라. 말이 쉬워지고 논리가 간명하게 보인다.

다음은 의도적인 미리 생각 정리하기다. 이미 설명했듯 말은 걸러지지 않고 그냥 나온다. 그래서 미리 생각을 정리할 필요가 더 크다. 그런데 자기소개를 하라고 하면 안전하게 한다고 대부분 쓴 것을 반복한다. 그러니까 플러스알파가 없다. 고수는 자료에 코를 박지 않고 눈을 면접자들에게 향한다. 그리고 쓴 내용의 의미와 맥락을 말한다. 그런데 '그런 것을 어떻게 그 짧은 시간에 생각할 수 있어? 말도 안 돼!'라고 생각하는가? 맞다. 짧은 시간에, 엄청 긴장되는 면접장에서 절대 생각나지 않는다. 그래서 평소에, 대기시간에, 화장실에서, 식당에서 미리 생각을 정리해야 한다. 사람은 시간에 쫓기면 초인이 된다. 앵무새가 되지 않으려면 이 정도는 해야 한다.

원칙 4 | 위기라면? – 진정성으로 탈출하자

말은 휘발성이 강하지만 사람을 보면서 감정을 전달할 수 있다. 대면 접촉에 따른 교감이 가능한 것이다. 따라서 속칭 스펙이 조금 달려도, 보고서가 조금 약해도, 내용을 잘 이해하지 못해도 진정성 있는 말로 보완하고 역전시킬 수 있다.

전혀 예상치 못한 질문을 받았다. 잠시 생각해서 답을 찾아내면 최선이다. 또는 위에서처럼 질문으로 정리할 수도 있다. 그런데 그것도 안 될 경우가 있다. 전혀 감을 잡을 수 없는 질문이 나올 수 있다. 정말 위기다! "이럴 때는 절대 잘못이나 실수를 인정하지 마라. 계속 방어하라"는 코칭도 보았다. 대단히 위험하다. 회사에서 보고나 토론하면서 내 의견과 다르다고 무조건 우기지 않는다. 말꼬리 잡는 직원이 될 뿐이다. 생각이 다를 수도 있고, 내 판단이 틀릴 수도 있고, 지금처럼 모를 수도 있다. 이럴 때는 차라리 인정하자.

그런데 그냥 인정하면 너무 억울하지 않은가? "죄송합니다. 제가 그 문제까지는 미처 생각하지 못했습니다. 면접이 끝나고라도 진지하게 고민해서 답을 찾겠습니다"라고 해보자. 바로 이부분이 중요하다. 이 문구는 '나는 오늘 이 자리를 지나가는 자리로 생각하지 않는다. 내 삶에 의미 있는 중요한 자리다. 당신의 질문은 내가 나중에라도 다시 생각할 가치가 있는 질문이다. 오늘은 비록 답을 못 했지만 나의 발전에 도움이 되도록 반드시 깊이 생각해보겠다. 나를 일깨워줘서 고맙다'라는 내 마음을 한 문장으로 전하고 있다. 물론 말도 안 되는 질문이라면 이런 말을 할 필요가 없다. 비록 몰라서 답은 못 했지만, 좋은 질문이라면 그때 해보자. 진정은 통하니까.

루이 암스트롱Louis Armstrong은 '음악을 만드는 것은 음표가 아니라 음표 사이의 여백이다'는 말을 했다. 대부분의 사람은 음표를 돋보이게 하려 노력하지만, 고수는 음표 사이의 여백을 중시한다. 모르는 질문이 나오더라도 음표를 억지로 만들려고 하지 말자. 나의 부족함을 인정하면서 잠시 여백을 두어보자. 듣는 사람은 진정성으로 느껴질 수 있다.

참! 깜빡할 뻔했다. 박 팀장은 결국 합격했다. 평가대상자 총 35명 중 서열로는 34번이었지만 역량평가에서 3등을 했다. 3명의 특별승진 자리에 간당간당하게 걸렸다. 끊임없이 박 고수에게 깨지면서도 끊임없이 '생각을 정리'해온 박 팀장의 분투에 박수를 보낸다.

자기소개서 쓰기
나의 과거를 알리지 말라!

자기소개서가 중요해졌다. 특목고를 가려면 중학생도 써야 한다. 대학에 가려면 고등학생도, 취업하려면 대학생도 써야 한다. 회사에서 승진할 때도, 회사를 옮기려 해도 써야 한다. 고민하다가 부모들은 여기저기 부탁한다. 성인들은 직접 쓰려고 서점을 가보면 책이 산더미다. 그런데 서술 원칙, 모범 자기소개서 샘플, 자기소개서 양식 등 다 비슷하다. 모두 상대방 입장에서 쓰란다. 그런데 상대방 입장이 뭐지? 고민하다가 인터넷을 검색해서 합격점을 받은 자기소개서를 찾는다. 긁어서 붙이고 수정한다. 이것이 현실이다.

자기소개를 말로 하면 면접(인터뷰)이고, 글로 하면 자기소개서다. 기존 코칭들은 대부분 구분한다. 그런데 본질은 똑같이 '자기소개'다. 둘 다 자기를 소개하는 방법이다. 그래서 필자는 '자소법'이라고 한다. 앞에서 말로 하는 자소법에 대해 상세히 말했다. 여기서는 잠깐 쉬어가기 위해 글로 하는 자소법에 대해 간략히 글로 소개한다.

1. 거꾸로 이해해야 똑바로 쓸 수 있다! _질문 이해하기

자기소개서는 자유양식도 있지만 질문이 주어지기도 한다. 고수는 그 질문을 거꾸로 이해한다. 그런데 거꾸로라니? '묻는 취지대로 답하라'고 한 앞의 설명과 다르지 않은가? 아니면 역발상이나 튀라는 얘기인가? 아니다.

성장배경을 물어보면? 성장배경이 궁금한 것이 아니다. 현재 그 사람이 어떤 철학을 가지고, 앞으로 발전할 역량이 있는지가 궁금하다. 성장배경만 쓰면 안 된다. 고수는 한 단계 더 나아가 현재와 미래에 연결한다. 자기소개서는 나의 과거, 현재 그리고 미래와의 대화다.

입사 10년 후 희망을 물어보면? "의사소통에 능한 귀사의 인사팀장이 되고 싶다"가 인터넷과 기존의 코칭이다. 이는 잘못된 코칭이다. 희망을 물어본다는 것은 '그것을 위해 과거에 무엇을 준비했는가? 그래서 지금은 어떤 상태인가'가 궁금한 것이다. 앞으로의 희망만 추상적으로 쓰지 말고, 그것을 위해서 그동안 구체적으로 어떻게 준비했는지를 써라. 자기소개서가 확 달라진다.

지원 동기는 단골 메뉴다. 그런데 이 질문은 동기가 아니라 앞으로 어떤 자세로 일할 것인지가 궁금한 것이다. "왜 공직에 지원했는가?"라는 질문에 '안정적', '정년보장', '연금이 많아서'라고 쓴다. 솔직하지만 공직에 개인적 의미만 부여한다. 하수다. 또는 '국가와 민족에 봉사하려고'라는 식으로 쓴다. 맞는 말이지만 너무 거창해서 진정성이 안 느껴진다. 역시 하수다. "내 노력의 결과가 특정 집단보다는 더 많은 사람에게 돌아가면 더 큰 의미… 국가공무원법에 있는 여러 의무 중 성실의 의무를 보고 많은 생각… 성실은 개인적 차원을 벗어나 법령 준수나 청렴 의무 등 다른 공적 의무의 기초… 앞으로 진정성과 성실한 자세로 일하고 싶어서…"라는 식으로 써보자. 지원동기에서 앞으로 어떤 자세로 일하고, 왜 그런지 쓴다. 국가공무원법상 의무를 언급함으로써 공직을 맡을 준비도 열심히 하고 있음도 보여준다. 고수다.

질문을 거꾸로 이해해야 한다는 것은 '묻는 취지에 답하라'는 앞의 설명과 같다. 나의 과거만 평가자에게 보이지 말자. 나에게는 아직도 열정에 충만한 현재와 가능성 있는 미래가 남아있지 않은가? 같이 보여주자.

2. 스토리가 있어야 끝까지 읽힌다! _스토리텔링

사람들은 소설이나 영화를 볼 때 몇 시간 동안 몰입한다. 재미있어서 그렇다. 재미는 기승전결의 스토리 때문이다. 자기소개서도 그래야 한다. 읽는 사람이 몰입하려면 전후좌우의 스토리가 탄탄해야 한다. 물론 스토리가 없어도 읽기는 하지만 읽자마자 바로 휴지통에 들어간다. 끝까지 버티려면 스토리가 힘이다. 스토리의 중요성은 자기소개서라고 다르지 않다. 그런데 왜 더 어렵게 느껴질까?

스토리 텔링을 하기 전에 먼저 무엇을 써야할지 자체를 몰라서 그렇다. 보고서는 이미 특정된 자기의 업무나 주제를 가지고 쓴다. 무엇을 쓸지 아니까 스토리텔링에만 집중하면 된다. 그런데 자기소개서는 쓸 대상이 특정되어 있지 않다. 양식이 주어져도 무엇을 채울지는 불특정이다. 따라서 먼저 쓸거리를 정리해야 하는데 그냥 다른 사람의 합격 샘플을 놓고 말만 바꾼다. 그러니까 그 사람 스토리에서 못 벗어나고 내 스토리를 못 쓰는 것이다.

그러면 어떻게 정리할까? 앞서 본 업무기술서 쓰기와 비슷하다.

① **콘텐츠 목록 만들기**: 분량과 양식에 구애받지 않고 자기를 소개할 내용을 생각나는 대로 목록 형식으로 적는다.

② **콘텐츠 좌표 만들기**: 목록을 십자형으로 정리한다. 종으로는 과거·현재·미래의 시점 기준으로, 횡으로는 일(관심 분야)·사람(소통 능력, 대인관계)·가치관(성격, 철학) 등 행동기준으로 정리한다. 그러면 종횡이 묶여 좌표가 생긴다.

③ **메시지 부여하기**: 각 좌표가 갖는 메시지를 키워드 형식으로 이름 붙인다.

④ **스토리텔링 하기**: 키워드들을 놓고 말과 글로 스토리텔링 해본다. 비논리적이거나 애매한 것들은 빼고, 말이 쉽게 이어지는 것들을 추린다.

⑤ **문장으로 쓰기**: 이것으로 주어진 양식과 분량에 맞게 문장을 작성한다.

물론 처음부터 이렇게 하는 것이 쉽지는 않다. 그러나 한 번 해보면 누구와도 다른 나만의 자기소개서가 된다.

3. 맥락이 있어야 덩어리가 연결된다! _맥락 연결하기

조금 더 설명해보자. 무엇을 소개할지 덩어리를 결정했다. 덩어리가 살아 숨을 쉬려면 연결되어야 한다. 예를 들어 성장배경, 지원 동기, 희망 직무를 묻는 항목이 나왔다고 하자. 그 항목별로 답을 채워야 하지만 그 답들은 서로 연결되어야 한다.

〈그림 9-1〉을 보자. 횡으로 성장배경에는 사람에 대한 관심, 지원동기에는 의사소통, 희망직무에는 인적자원개발이란 키워드를 붙였다. 그리고 각각 과거 · 현재 · 미래라고 종으로 엮었다. 여기서 고수는 한 번 더 나간다. 이 키워드들을 나만의 콘셉트로 관통시키는 것이다. 예컨대 '진정성'으로 잡았다. 그러면 그 진정성이 '사람에 대한 관심', '의사소통', '인적자원개발'이란 각 메시지와 답변내용에 포함되어야 한다. 그런데 써보니까 진정성과 사람에 대한 관심이 잘 연결되지 않는다면 내용을 고쳐야 한다. 또는 사람에 대한 관심이라는 메시지 자체를 바꿀 수도 있다. 바꿔 생각하면 쉽다. 만약 기본 콘셉트를 '섬세함'으로 한다면 '진정성'일 때와 작성 방향이 달라지는 것은 당연하지 않은가?

이처럼 '내용서술 → 메시지 추출 → 기본 콘셉트 추출'의 순서로 해도 되지만(귀납식) 반대도 가능하다. 즉, '기본 콘셉트 설정→ 메시지 설정 → 내용 서술'도 된다(연역식). 각자 편한 방법으로 하면 된다. 중요한 것은 일관성을 유지하는 것이다. 나를 소개하려면 천방지축하기보다는 수미일관首尾一貫하는 것이 더 쉽지 않을까?

〈그림 9-1〉 자기소개서 답변서술의 구조: 메시지와 콘셉트

질문	성장배경은?	지원동기는?	향후 관심 직무는?			
답변	내용들	내용들	내용들			
답변 메시지 (종적)	과거	현재	미래			
답변 메시지 (횡적)	사람에 대한 관심	의사소통	인적자원 개발			
	진정성 차원에서의 ~	진정성 차원에서의 ~	진정성 차원에서의 ~			
기본 콘셉트		진정성				

4. 두 얼굴이 있어야 잘 보인다!_균형적 관점 갖기

튀는 것과 특별한 것은 다르다고 했다. 채용이든 승진이든 면접의 이유는 인재의 선발이다. 조직은 정상분포를 벗어나기보다는 그 안에서 특별함을 보이는 인재를 원한다. 그러기 위해 필요한 것이 '두 얼굴의 자기소개서'다. 앞뒤가 다른 것이 아니라 양측을 모두 가진 균형감을 뜻한다.

특정 분야의 '현미경'적 시각만 있는 구성원과 멀리 보는 '망원경'까지 겸비한 구성원 중 누가 더 조직에 필요하다고 평가될까? 칼같이 '논리'만 뛰어난 직원과 사람에 대한 '배려'까지 겸비한 직원이 있다면 누구와 같이 일하고 싶을까? 나의 두 얼굴을 균형 있게 보여주자. 한쪽이 못났다고 감추고 잘난 얼굴만 보이면 오히려 감춘 것이 잘 드러나고 평가자들이 쉽게 알 수 있다. 감추지 말고 부족함을 채우려는 노력을 진솔하게 보여주자. 우리는 지금 이 순간까지 정말 최선을 다해 살아오지 않았던가?

자기소개서가 보고서와 같다고 그랬다. '그러면 논리적으로 쓰면 되겠네?'라고 생각할 수 있다. 논리만 있는 사람은 없다. 기존의 코칭은 지나치게 정보와 스킬 위주다. 그렇다고 감성을 자극하는 소설을 쓸 필요도 없다. 가슴으로는 사람을 쓰고 머리로는 논리를 써보자. 기본 콘셉트로 '진정성'을 잡았다면 그것은 내가 '가슴'으로 지켜온 나의 가치다. 그 하부 개념인 메시지와 서술내용과의 일관성은 머리로 만들어낸 논리다. 나의 가슴과 논리를 같이 보여주면 읽는 사람이 진정성을 느낀다.

5. 기초가 튼튼해야 집이 지어진다! _기본적 문장쓰기

한마디로 문장이 제대로 되어야 한다. 필자는 문장쓰기의 5대 원칙을 ABCDE로 정리한다(세부적인 문장쓰기의 원칙과 방법은《고수의 보고법》제2장 참조).

① **Accurately**(정확하게): 오탈자와 비문 없애기다. 이것이 있으면 합격은 없다. 문법 부족이 아니라 성의 부족이기 때문이다.

② **Briefly**(간단하게): 긴 문장은 수식이 많은 것이고, 많은 수식은 본질을 모르는 것이다. 문장이 길면 평가자가 숨을 못 쉬고, 숨을 못 쉬면 읽지를 못한다.

③ **Creatively**(창의적으로): 숫자만 쓰면 의미가 안 보인다. 남들이 '청년실업률 10%'라고 쓰면 '나는 학생·군인 빼고 10명 중 1명이 실업'이라고 써보자. 안 보이던 의미가 만들어지고, 남과 달라진다.

④ **Detailed**(구체적으로): 짧게 쓴다고 추상적으로 쓰지 마라. 내용이 사라진다. 구체적 단어와 사례를 들면서 콕콕 짚어주자. 그래야 살아 숨 쉰다.

⑤ **Easily**(쉽게): 어렵게 쓰면 평가자도 모르고, 모르면 평가점수는 떨어진다. 어려운 단어, 꽈배기 문장 대신 말하듯이 쓰자. 그러려면 쓰고 나서 읽어보라.

문장의 기본이 안 되어 있으면 사상누각이고 스토리텔링도 아무 의미가 없다. 기본 소양 부족이기 때문이다.

특히 인터넷과 모바일이 대세가 되면서 온라인 식 줄임말을 쓰는 경우가 있다. ㅠㅠ, 멘붕 등이 들어간 것도 본 적이 있다. 자기소개서에서는 최악이다. 진정성을 다해서 나의 인생을 소개하고 나의 미래를 결정짓는 글이다. 이런 글에서 오탈자나 비문, SNS 글쓰기 습관이 나오면 '우리 회사에 별로 관심이 없는 것 아닌가?'라는 생각이 든다. 한마디로 성의 부족과 생각 부족으로 보인다. 제출하기 전에 한 번 더 읽어보지 않으면 못 찾는다. 두세 번 더 읽어보아도 부족하다. 마지막까지 계속 읽어보자. 그래야 남과 달라진다.

플러스알파는 무엇으로 얻어지는가?

대장정이 끝났다. 지난번에는 박 대리에서 박 팀장으로, 이번에는 박 국장으로 승진했다. 승진이 인생의 끝은 아니겠지만 노력의 끝을 보았기에 일단락을 짓는다. 필자의 대장정도《고수의 보고법》에서 이《고수의 역량평가 대처법》까지 일단락되었다. 그동안 숨 가쁘게 달려오면서도 독자들에게 일관된 메시지를 제시하려 노력했다. '상대방 입장'과 '플러스알파'다. 이 두 지향성을 놓치지 않기 위해 지난 4년 동안 노력하다 보니 지금에 와서야 나름의 '관점'이 세워진 것 같다. 써놓고 보니 약간 웃기다. 왜냐하면 두 권에 걸친 책을 통해 그렇게 상대방 입장과 플러스알파를 외쳐놓고 정작 저자 본인은 지금서야 그 관점이 섰다니 말이다.

언젠가 후배가 있던 기관에 가서 강의한 적이 있었다. 강의 후 그 후배가 한마디 했다. "형 강의를 들으니까 솔직히 그 내용이 모든 사람에게 적용될는지는 잘 모르겠어요. 그런데 분명한 것은 형 나름대로 관점이 있다는 것이에요." 맞다. 모든 사람에게 적용되지는 않을 수 있다. 그러나 필자는 이 관점이 옳다고 생각하고 모든 것에 적용된다고 생각한다.

관점은 세상을 보는(觀) 포인트(點)다. 상대방 입장이 어디로 가야 하는지를 보는 목적적 관점이라면 플러스알파는 어떻게 해야 하는지에 대한 수단적 관점이다. 전작《고수의 보고법》에서는 방향을 제시하기 위해 '상대방 입장'에 집중했다면 이번에는 방법을 제공하기 위해 '플러스알파'를 강조했다. 일관되면서도 중복되지 않는 정보를 제공하고 싶었기 때문이다.

$$\text{Plus } \alpha = D \times M \times P$$

수학 공식인가? 플러스알파를 얻는 공식이다. 필자는 공식을 대단히 싫어함에도 공식이라고 했을 만큼 쉽게 표현하고 싶었다. 플러스알파는 섬세Detail, 의미Meaning, 연습Practice의 함수다. 섬세는 '가늘 섬纖', '가늘 세細'다. 둘 다 실사변(糸)이 들어가 있다. 실들은 그 자체로서는 가늘지만, 전후좌우로 연결되면 튼튼한 직물이 짜지 듯 섬세함은 미흡한 역량이라도 스토리로 연결되어 남다른 의미를 만들어주는 관점이다.

그 의미는 '뜻 의意', '맛 미味'다. 정보·숫자·통계의 뜻만 가지고는 맛이 없다. 그 뜻의 맛을 찾아야 한다. 정보를 구하는 것은 누구나 다 하고 기계가 도와준다. 그러나 그 의미를 찾고 만들어내는 것은 오롯이 사람인 나다. 그래서 정보만 찾는 사람과 그 맛을 만들어

내는 사람은 차이가 난다.

그렇게 하려면 연습이 필요하다. '익힐 연練' '익힐 습習'이다. 익히고 또 익혀야 한다. 보고서를 잘 쓰고 싶은가? 쓰고 또 써야 한다. 타율이든 자율이든 보고서가 쌓여야 한다. 써보지 않으면 잘 쓸 수 없다. '수적천석水滴穿石', 물방울이 바위를 뚫는다는 말이다. 사실 플러스알파는 쉽지 않다. 자신에게 너그럽고 현실에 안주하면 손에 쥘 수 없다. 섬세·의미·연습, 나를 남과 다르게 만들어주는 이 세 가지를 기억해보자.

대학 신입생 때 칸트를 읽었다. 문과대학 신입생이란 이유만으로 특별한 이유없이 그냥 읽었다. 35년이 지난 지금 대부분 잊어버렸지만 단 두 가지는 기억에 남아있다. 하나가 이 책 본문에서 언급한 '코페르니쿠스적 전환'이고, 또 하나는 '가언명령과 정언명령'이다.

가언명령假言命令이란 언제나 조건이 붙는 것, 다른 것의 수단으로서만 바람직하다고 주장되는 것이다. 즉, "출세하려면 도둑질을 하지 마라"는 식이다. 윤리 자체가 목적이 아니라 다른 목적을 가지고 윤리를 실천하려 한다. 그러나 정언명령定言命令은 아무 조건 없이 그 자체로 바람직하고 이성에 부합되는 명제다. "도둑질 하지 마라"는 그 자체로서 옳다. 따라서 옳다는 그 이유만으로 해야 하고, 이것만이 도덕적이다. 그런데 역량평가 준비를 마무리하는데 갑자기 웬 가언, 정언 타령인가?

에필로그이니까 프롤로그로 돌아가자. 앞에서 역량의 본질을 '생각을 정리하는 힘'이라고 했다. '역량평가에서 점수를 잘 받으려면 생각을 잘 정리하라'는 가언명령식 사고이다. 이성을 도구로 활용한다. 승진도 좋지만, 승진에 얽매인 내가 너무 슬프지 않은가? 욕망과 결부되어 있다. 욕망도 필요하지만, 욕심이 있는데 제대로 효과가 나올까? 그냥 생각을 정리하자. 분연히 욕심을 떨치고 '생각을 정리하라'는 정언명령을 내리자. '생각 정리하기'가 칸트가 말하는 모든 행위자가 절대적으로 지켜야 할 도덕률道德律까지는 아니다. 그러나 조직인이라면 누구나 당연히 해야 할, 조건이 필요 없는, 그 자체로 바람직하고, 이성에 부합되는 기본 틀임은 분명하다.

앞에서 이 책은 수많은 직장인 또는 예비 직장인들의 간절함에 대답하려는 필자의 공감과 간절함이라고 했다. 깨져도 안 아픈 척, 밀려도 안 밀린 척, 취해도 안 취한 척, 비록 지금은 가언명령처럼 살지라도 나는 정언명령을 추구한다. 승진을 위해 아등바등하는 소심한 직장인이지만 나의 존재마저 소박하지는 않다. 취업을 위해 노력하는 예비 직장인이지만, 나의 미래는 언제나 대박이다. 그러기 위해서라도 더욱 가언명령이 아니라 정언명령으로 나에게 당당히 명령하자. 생각을 정리하자! 이 책이 모든 직장인과 예비 직장인에게 새롭게 생각을 정리하는 계기가 되기를 기대한다.

역량평가,
일상에서 준비하기

기초 역량 키우기

박 팀장은 역량평가 첫 번에 바로 좋은 성적을 거두어서 특별승진을 했다. 약간의 운도 작용했지만, 여하튼 여기저기서 난리다. "그거 어떻게 준비했냐? 어느 학원에서 배웠냐? 얼마냐? 무슨 책으로 공부했냐? 스터디 그룹은 했냐? 언제부터 준비했냐? 평소에 준비하려면 뭐부터 해야 하나? 뭐가 제일 어렵더냐? 정리한 족보가 있을 텐데 술 얼마 사면 줄래? 너는 젊어서 됐지만 나같이 나이 먹어도 할 수 있겠냐?" 등등 질문이 빗발친다.

승진했더니 달라졌다는 소리가 제일 듣기 싫다. 일일이 성의껏 답해주려 노력하지만, 일하랴 대답하랴 술 마시랴 역부족이다.

'에라 모르겠다. 아예 준비하는 방법을 하나 써서 나눠주자. 그런데 내가 언제부터 준비했더라? 대략 1년 전 정도?' 보고서 클리닉 카페에 가입해서 박 고수에게 코치받은 것이 그때 같다. 생각을 정리하려니 기억이 가물거린다.

'뭐부터 시작해야 하지?'

역량은 며칠 만에 크게 좋아지지는 않는다. 그러나 향상이 불가능한 것도 아니다. 닥쳐서 급하게 배우려 하면 안 되지만 평소에 스스로 키우면 된다. 1년 전인데 뭐부터 시작하냐고? 당연히 기초 역량들, 즉 생각·이해·표현·연습의 역량부터 키우자.

생각의 역량 키우기 → 역량평가식으로 생각하기

우리 일상은 비슷하다. 그러나 생각하는 방법을 달리하면 일상도 좋은 연습 재료가 된다. 같은 일상이지만 다른 생각을 해야 남과 달라지기 때문이다. 역량은 '생각 정리하기'다. 따라서 필자는 회사에서든 집에서든 역량평가식으로 생각하기 연습을 권한다. 사실 연습이라고 표현했지만, 연습이 아니라 실제 그렇게 생각하는 것이다.

1) 인과관계 연습하기: 업무를 하다 보면 항상 문제가 생긴다. 그때마다 그 원인을 서너 가지 차원에서 분석해보자. 집안일도 마찬가지다. 아이들 성적이 떨어진다면 왜 그런지 원인을 서너 가지 생각해보자. 이런 원인분석 연습이 역량평가의 핵심인 분석능력을 키우는 손쉬운 방법이다. 수많은 기획보고서를 보면서 느꼈던 제일 큰 문제가 '문제와 원인을 구별하지 못하는 것'이었다. 원인분석이 안 되니까 해결 대안도 제대로 만들 수 없고, 당연히 추진계획도 중구난방이 될 수밖에 없다.

2) 두괄식 연습하기: 대학시절에 영어 작문 연습을 한다고 우리말을 할 때도 영어의 어순처럼 '주어–서술어–목적어'의 순서로 연습한 적이 있었다. 어색하기는 하지만 효과적이었다. 이 책에서 제일 많이 나온 말이 '주장–근거'라는 틀이다. 그만큼 역량

평가에서 필요한 사고방식이다. 그렇다면 업무적으로 보고할 때도 의식적으로 "제 생각은 ~ 습니다. 그 이유는 다음과 같이 세 가지입니다. 우선 논리적으로 ~하기 때문입니다. 그리고 통계를 보아도 ~하게 나타나고 있습니다. 그리고 과거에도 ~ 한 사례가 많습니다"라는 식으로 하는 것이다. 그런데 이것이 단순한 두괄식 화법만으로 끝나는 것이 아니다. 습관이 되면 두괄식 생각이 되고 스토리텔링이 된다. 근거를 몇 개 제시하려면 스토리로 정리해야 하기 때문이다.

이해의 역량 키우기 → 신문사설 쪼개서 줄 치며 읽기

역량은 결국 남이 쓴 글과 말을 가지고 내 생각을 정리해서 남에게 표현하는 능력이다. 이해와 표현이란 커뮤니케이션의 본질과 같다. 그렇다면 가장 기초가 '이해'다. 그래서 필자는 '신문사설 쪼개서 줄 치며 읽기'를 권한다. 사설은 논설위원이 언론사의 이름을 걸고 독자를 설득하는 글이고, 논설위원은 논리적으로 설명하는 글을 쓰는 사람들이다. 논설위원마다 다른 관점에서 논리적 설명을 한다. 같은 주제 다른 관점에 관한 이해의 역량을 키우는 데 최고의 재료다.

사실, 이 방법은 필자가 기존의 책과 인터넷 카페, 강의 등을 통해 많이 소개했지만 그런데도 다시 설명할 필요를 느낀다. 아직도 많은 사람이 어렵게 생각하기 때문이다. 카페에도 가끔 '어떻게 사설 읽기를 하나요?'라는 글이 올라온다. 그리고 그렇게 어려워하는 이유가 필자의 설명이 부족했기 때문이다. 그래서 이번에는 조금

〈표 10-1〉 신문사설 쪼개서 줄 치며 읽는 법

---

① 논조가 상반되는 2개의 일간지를 선택한다(귀찮으면 1개만 해도 된다).

② 각 신문의 사설 중 주제가 일치하는 1개의 사설을 선택해서 출력한다(일치하는 사설이 없으면 두 신문의 사설 중 하나만 읽어도 된다).

③ 읽으면서 주장, 근거, 사례를 다른 색깔펜으로 줄 치며 읽는다. 근거, 사례가 여러 개라면 근거 1, 사례 1-1, 사례 1-2, 근거 2 하는 식으로 번호를 붙인다.

④ 사설 밑에 '스토리'라고 적고 [주장]→[근거 1]→[근거 2]→[근거 3]이라고 키워드로 요약한다.

⑤ 사설 전체를 보지 않고 줄 친 부분 또는 ④번 스토리 요약만 보면서 말해본다. 말하면서 주장-근거(-사례)가 잘 연결되지 않으면 무엇이 이상한지 생각해보고 근거 찾기를 다시 한다.

⑥ 두 신문의 밑줄 친 부분을 비교하면서 어디에 차이가 있는지, 어느 사설이 더 논리적인지, 어떤 스토리를 썼는지 등을 비교한다.

⑦ '출력해서 줄 치며 쪼개서 읽는' 이 연습을 매일 한다. 그럴 시간이 없다면 그냥 읽기라도 매일 한다. 매일 할 수 없다면 최소한 일주일에 한 번은 한다.

더 쉽게 〈표 10-1〉과 같이 설명하고자 한다.

방법은 쉽다. 그리고 '주장-근거'의 틀도 이해가 된다. 그런데도 실제 해보면 어려워하는 것은 너무 형식적으로 생각해서 그렇다. 궁금해하는 사항들에 대해 몇 가지 Q&A로 생각을 정리해보자.

Q1) 책은 '두괄식'으로 말하라고 하는데 실제 사설에는 항상 '주장'이 마지막에 나와요.

A1) 사설은 '제목'이 주장입니다. 예를 들면 '지진 대비를 철저히 하라'는 식으로 주장을 제목에 씁니다. 따라서 제목 밑 첫 단락에서 대부분 상황설명(현황과 문제점)을 하고, 제목(주장)에 대한

이유, 즉 '근거'를 2~3개 대고(근거별로 사례 포함) 마지막에 주장을 재강조합니다. 형식을 보면 '양괄식'이지만, 논리구조는 '두괄식', 즉 주장→근거→사례이지요. 만약 사설 제목이 '지진 대비에 대한 우리의 입장'이라는 식이면 당연히 본문 처음에 '지진 대비를 서둘러야 한다'는 주장이 나오겠지요.

Q2) 주장은 알겠습니다. 그래도 '근거→사례' 순서라는데 '사례'가 먼저 나오는 경우도 있어요. 아예 근거만 있고 사례는 없는 경우도 많고요?

A2) 당연합니다. 쓰는 방법에 따라 사례를 먼저 들 수도 있고 안 들 수도 있지요. '사례'를 근거의 한 종류, 즉 경험적 근거로 보면 이해가 될 겁니다. 주장의 근거로서 통계적, 논리적 근거만 들 수도 있거든요. 그리고 '주장→근거→사례'의 순서가 쉽기 때문이지 반드시 그래야 하는 것은 아닙니다.

Q3) 근거와 사례를 몇 개 찾아야 하는데 어려워요. 방법이 있나요?

A3) 각각의 문장들을 보면서 찾으려고 하니까 어렵게 느껴집니다. 덩어리로 보면 쉬워집니다. 사설은 대부분 단락으로 구분되어 있습니다. 단락 단위로 키워드를 찾으면 그것이 곧 근거가 됩니다. 사례는 그것에 관련된 구체적인 케이스로 보면 됩니다. 즉 사례보다는 근거 찾기가 핵심이지요. 그래서 제가 위의 방법 ④처럼 맨 밑에 '스토리 요약하기'를 통해 자기가 찾은 주장→근거 1, 2, 3 등을 키워드로 정리하고 ⑤처럼 말로 다시 해보는 방법을 제시한 것입니다.

[사설 1] 일본 구마모토 지진 재앙, 남의 일이 아니다

〈~아니니 신경 써라〉〈주장〉

지난 주말 일본 구마모토(熊本)현과 남미 에콰도르에 강진이 잇따라 발생해 '지진 공포'가 확산되고 있다. 지난 14, 16일 규모 6.5와 7.3의 강진이 덮친 구마모토현에선 1,000여 명의 사상자와 20만 명의 이재민이 발생했다. 이번 지진은 2011년 3월 동일본 대지진 이후 일본에서 발생한 것 중 가장 강력하다. 더욱이 같은 환태평양 조산대 국가인 에콰도르에서도 16일 1979년 이후 최고로 센 규모 7.8의 강진으로 국가 비상사태를 맞았다.

전문가들은 '초대형 지진 도미노'의 전조가 아닌지 경계하고 있다. 일본과 동남아, 태평양 군도, 알래스카, 북·남미 해안으로 이어지는 '불의 고리'인 환태평양 조산대 곳곳에서 동시다발적인 강진이 극성을 부리고 있어서다. 14일 밤 구마모토 지진을 전후로 필리핀과 바누아투공화국 등 광범위한 지역에서 연쇄 지진이 발생하고 있다. (→ 여기까지는 상황 설명)

다행히 〈근거 1〉 한반도는 불의 고리에서 벗어나 있고, 그간의 피해도 경미하다. 하지만 지진 빈도는 잦아지고 있다. 〈사례 1〉 80년대 16건에서 2000년대 44건으로 늘었고, 2013년 한 해에만 91건이 발생했다. 올해도 17건이 감지돼 더 이상 안전지대가 아니라는 경고등이 켜졌다. 모든 가능성에 대비해 한반도 주변 지각구조 분석, 내진설계와 시공, 경보체계와 비상시스템 구축 등에 적극 나서야 하는 이유다.

그런데 〈근거 2〉 지진을 남의 나라 일로 여기는 탓에 정부 대책은 겉돌고 있다. 16일의 경우 남부 지방은 물론 충청·수도권까지 흔들림이 감지됐다는 〈사례 2-1〉 신고가 4,000건이나 접수됐는데도 '알림 시스템'이 없어 시민들은 영문도 모른 채 불안에 떨었다. 호우·대설 때처럼 전국적인 알림망을 구축해야 한다. 건축물 내진 성능도 촘촘히 정비할 필요가 있다. 88년에 6층 이상, 2005년에 3층 이상으로 〈사례 2-2〉 내진설계 의무 대상을 확대했지만, 기존 민간 건물은 대부분 무방비 상태다. 전국 건축물 10곳 중 7곳이 그렇다니 대형 지진을 맞을 경우 아찔하기만 하다. 1, 2층으로 한정한 민간 건축물의 내진 보강 지방세 감면 혜택을 전 층으로 확대하는 등 〈주장 재강조〉 국민안전처를 중심으로 실효성 있는 종합대책을 서둘러야 할 때다.

〈스토리〉 지진 재앙 남의 일 아니니 신경 써라(주장) → 한반도 지진 발생빈도가 잦아지고 있다(근거 1) → 지진을 남의 나라 일로 여겨서 정부 대책이 겉돈다(근거 2) → 정부는 실효성 있는 종합대책 마련해라(주장 재강조)

어떻게 하는지 방법은 실제 사례를 보면 훨씬 도움이 될 듯하다. 〈연습 10-1〉은 카페에 올라온 사설분석 요청에 대해 필자가 수정해서 올린 내용이다. 평가 1년 전이라면 당연히 이 연습이 기본이다. 좀 늦기는 했지만 말이다.

표현의 역량 키우기 → 쪼개 쓰기, 요약하기, 고쳐 쓰기

평가를 받기 위해서는 남의 것을 이해만 하면 안 되고 결국 내가 표현을 해야 한다. 표현은 말과 글로 하지만 논리적 글쓰기, 즉 보고서 연습이 되면 말도 자연히 된다. 이런 보고서 쓰기가 정책·기획업무 경험이 많은 사람은 익숙하다. 그러나 현업과 현장 위주로 해온 분들에게는 정말 어렵다. 기획보고시 연습을 하라는데 어떻게 할지 막막하고 결국 사설기관에 가서 배울 수밖에 없다. 이런 분들께 필자가 제시하는 방법이 몇 개 있다.

1) 쪼개서 따라 쓰기: 우선 보고서를 '쪼개서 따라 쓰기'다. 남이 쓴 잘된 정책보고서를 따라 내가 직접 써보는 것이다. 그런데 그냥 처음부터 밑으로 쭉 베껴 쓰기가 아니라 옆으로 '쪼개서' 따라 써야 한다. 〈표 10-2〉와 같이 정리했다.

말로 하니까 복잡해 보이지만 〈연습 10-2〉를 보면 쉽다. 한마디로 보고서 전체를 옆으로 분해해서 큰 목차부터 쓰는 것이다. 이 방법의 장점을 보자. 우선 덩어리와 곁가지를 구별해준다. 둘째, 덩어리 간의 연계성, 즉 스토리가 한눈에 보인다. 셋째, 서술 내용(콘텐츠)의 중요성 정도[본문(○, -)과 참고(※, *)]와 그 레벨[동일 레벨(○, ○)

《표 10-2》 보고서 쪼개서 따라 쓰기 방법

① 다른 사람, 다른 분야, 또는 다른 기관의 잘된 기획보고서를 구한다. 우리 회사 것도 좋지만, 낯선 것에 익숙해지는 것이 더 좋다.

② 보고서 중 가장 큰 대목차만(《연습 10-2》의 쓰기 1차의 I, II, III, IV 등) 골라서 다 쓴다.

③ ②번의 대목차별로 그 밑에 각각의 중목차만(쓰기 2차의 1, 2등) 써넣는다.

④ ③번의 중목차별로 그 밑에 각각의 소목차만(쓰기 3차의 □ □등) 써넣는다.

⑤ 이런 식으로 계속 밑의 수준으로 간다. 즉, □ 밑에 '○ 설명~'만 써놓고 → '- 설명'만 써놓고 → '참고자료(※ 또는 *)를 써 넣는다(쓰기4차).

⑥ 글자 크기, 모양 등 편집은 신경 쓰지 않는다. 표·그래프 등은 그리지 않고 그 자리에 제목만 넣는다.

⑦ 따라 쓴 보고서를 훑어보면서 생각을 정리한다. 스토리가 있는지, 어떤 스토리인지, 잘된 부분, 중복·누락·비논리적 부분 등을 생각해본다.

《연습 10-2》 남이 쓴 보고서 '쪼개서 따라 쓰기'

〈쓰기 1차〉

국방정책 홍보 활성화 방안

I. 검토배경

II. 실태분석

III. 홍보 활성화 방안

IV. 세부 추진계획

〈쓰기 2차〉

국방정책 홍보 활성화 방안

I. 검토배경

II. 실태분석
  1. 홍보 실태
  2. 홍보성과 미흡의 원인분석

III. 홍보 활성화 방안
  1. 홍보시기
  2. 홍보내용
  3. 홍보수단

IV. 세부 추진계획
  1. 추진 체계
  2. 예산·조직 확보 전략
  3. 정책 홍보·관리 전략
  4. 추진 일정

〈쓰기 3차〉	〈쓰기 4차〉

국방정책 홍보 활성화 방안

I. 검토배경

II. 실태분석

 1. 홍보 실태
- □ (양적 측면) 홍보물량 증가
- □ (질적 측면) 홍보성과 미흡

 2. 홍보성과 미흡의 원인분석
- □ 일회성 홍보로 지속적 관심 부족
- □ 나열식 콘텐츠로 관심유발 한계
- □ 일방형 매체로 쌍방소통 미흡

III. 홍보 활성화 방안

 1. 홍보시기(Timing)
- □ 전략적 시기 결정
- □ 단계적 홍보 추진

 2. 홍보내용(Contents)
- □ 메시지의 선택과 집중화
- □ 군에 대한 친근감 향상에 집중

 3. 홍보수단(Tools)
- □ 대상별 특성에 맞는 매체 선정
- □ 쌍방향 소통형 수단 적극 활용

IV. 세부 추진계획

 1. 추진 체계
- □ 국방정책 홍보 T/F 구성
- □ 국방정책 홍보 민관협의회 구성

(이하 예시 생략)

국방정책 홍보 활성화 방안

I. 검토배경
- ○ 최근 한반도 엄중한 안보상황을 ~
- ○ 특히 국방정책이 국민에게 ~

II. 실태분석

 1. 홍보 실태
- □ (양적 측면) 홍보물량 증가
  - ○ 최근 5년간 국방홍보 물량은 ~
  - ○ 주요 외국에 비해 ~
- □ (질적 측면) 홍보성과 미흡
  - ○ 군에 대한 친근감 조사결과 ~
  - ○ 특히 국산 방산무기 홍보가 ~

 2. 홍보성과 미흡의 원인분석
- □ 일회성 홍보로 지속적 관심 부족
  - ○ 홍보에 대한 전략적 마인드가 ~
  - ○ 훈련시기 등을 고려한 ~
- □ 나열식 콘텐츠로 흥미 유발 한계
  - ○ 콘텐츠도 단순 나열식으로 ~
  - ○ 드론, AI 등 첨단기술 관련 ~
- □ 일방형 홍보로 쌍방소통 미흡
  - ○ 보도자료 배포 위주의 ~
  - ○ SNS 홍보도 일방적인 ~

III. 홍보 활성화 방안

 1. 홍보시기

(이하 예시 생략)

과 종속 레벨(○, -)]도 보여준다. 정리하면 덩어리와 스토리, 콘텐츠의 구성 등이 일목요연하게 보이는 것이다.

만약 이렇게 옆으로 하지 않고 처음부터 아래로 쭉 쓰면 타이핑 연습에 불과하다. 덩어리식 사고가 익숙하지 않은 상태, 즉 이제 역량평가 준비를 시작하는 단계에서는 아무 생각 없이 베껴 쓸 확률이 높기 때문이다. 꼭 옆으로 쪼개서 써보자. 쓴 사람이 쓴 것보다 더 많은 것을 찾아낼 수 있다.

2) 따라 쓰고 요약하기: 기획보고서의 분량이 길면 따라 쓰기를 하고나서 1~3쪽으로 요약을 하자. 평가에서는 보고서도 대부분 3쪽 정도이고, 구두 발표는 2쪽, 현안업무처리는 0.5쪽~1쪽이기 때문이다. 쪼개쓰기는 논리적 구성의 연습이고, 요약하기는 핵심을 빨리 쓰는 연습이다. 요약은 할수록 단순해지기 때문에 더 본질적인 내용으로 쓸 수밖에 없다. 이 연습은 신문 사설을 쪼개서 읽기부터 하고 나서 해도 좋다. 신문사설은 기획보고서와 형식은 조금 다르지만, 대단히 논리적인 글이므로 이해 역량은 물론 표현 역량 키우기에도 좋은 재료가 될 수 있다. 중요한 것은 그냥 따라 쓰기에서 한 번 더 생각하기가 된다는 점이다. 플러스알파다.

3) 따라 쓰고 고쳐 쓰기: 따라 쓰고, 요약하기까지 했다면 한 번 더 해보자. 바로 고쳐 쓰기다. 따라 쓰기를 하다 보면 원 보고서의 목차가 앞뒤 안 맞는 구성일 수도 있고, 덩어리 내 부분의 스토리가 이상할 수도 있다. 또 문장이 어색할 수도 있다. 이럴 때 나름대로 수정해 보는 것이다.

예를 들어 〈연습 10-2〉에서 홍보 미흡의 원인이 홍보의 시기·내용·수단이라는 부분의 스토리로 정리되었다. 괜찮다. 그런데 쪼개서 따라 쓰다 보니 의문이 생긴다. '홍보성과가 미흡한 것은 직원들이 홍보에 대한 인식이 부족해서 그런 것 아닌가? 그리고 홍보 전문 인력이 없어서 그렇고. 그러니까 제대로 된 홍보 콘텐츠 개발이 안 되는 거잖아? 그런데 여기서는 시기·내용·수단만 이야기하고 있어.' 아무리 원문이 훌륭해도 나는 달리 생각할 수 있다. 논리구조는 각자 다르기 때문이다.

그러면 고민만 하지 말고 '따라 쓰기'나 '요약하기'를 한 후 내 생각대로 '고쳐 쓰기'를 해보자. 먼저 원인분석의 스토리를 '인식·인력·콘텐츠'로 살짝 바꿔보자. 그리고 국방정책의 콘텐츠를 전혀 몰라도 기존 보고서의 내용을 이 스토리에 맞게 재배치하면 충분하다. 만약 인식 부분에 내해 기존 보고서에서 진혀 언급이 없다면 나름대로 창작해서 채워 넣자. 그러면 홍보 활성화 방안도 바뀌고, 세부 추진계획도 고쳐진다. 당연히 검토배경도 수정된다. 같은 제목이지만 다른 스토리로 탈바꿈한 것이다. 따라 쓰기에서 요약하기로 그리고 다시 고쳐 쓰기로 플러스알파가 두 번이다. 두 배는 더 좋아지지 않을까?

연습의 역량 키우기 → 제3자의 눈으로 보기

평소 연습도 각자 스타일에 따라 독학형, 강의 선호형, 그룹 스터디형 등 다양하다. 따라서 어떤 스타일이 좋다고 얘기할 수는 없다. 다만 어떻게 해도 꼭 필요한 내용 몇 가지만 설명한다. 같은 자료를 보고도 다른 내용을 얻어가는 방법들이기 때문이다. 사실은 꼭 필요한데 필자가 응시자들에게 꼭 하라고 해도 잘 안 하는 내용들이기도 하다. 해보면 왜 하라고 하는지 알 텐데 안타까울 뿐이다.

1) 연습 재료 챙기기: 대략 평가받기 1년 전쯤 되어야 관심을 가지고 자료를 챙기기 시작한다. 대부분 유경험자의 조언이나 후기, 사설 기관의 코칭으로 시작하고 제일 중요시한다. 필요하다. 그런데 그 외에도 대단히 중요한데 의외로 놓치는 자료들이 있다. 대표적인 것이 각 기관의 역량평가 교육 자료다. 역량평가를 도입하면 대부분 사전 교육을 하기 때문에 그 자료가 남아있다. 올해 것이 없으면 이전 연도 것이라도 구하자. 왜냐하면 그 기관의 '역량평가 의도'가 가장 정확히 반영되어 있을 뿐 아니라 답과 힌트도 있기 때문이다. 여기서 평가방법·방향·강조점·유의사항 등을 꼼꼼히 숙지하자.

또 각 기관은 역량평가와는 별개로 기획·보고서·코칭·리더십 등 직무역량 관련 집체·사이버 교육 프로그램을 운영한다. 이 교육 자료들도 챙길 필요가 있다. 물론 본질을 잘 모르거나 스킬에만 치중된 내용도 있지만, 중요한 것은 '무엇을 얻을 것인가?'이기 때문이다. 대부분 스킬을 얻으려 한다. 역량평가의 역사가 길지 않은 상태에서 많은 자료가 기존의 리더십 코칭 스킬을 준용하고 있다. 이런 일반적 스킬이 마치 역량평가에도 적합한 것처럼 오해할 수 있다. 그러나 고수는 '문제를 해결하는 프레임'만 챙겨간다. 스킬이 아닌 스토리는 여기서도 얼마든지 얻을 수 있기 때문이다. 본문에서 제시한 필자의 스토리 중에도 상당수가 이 자료들에서 얻은 것이다. 예를 들면 4P(Product, Price, Place, Promotion) 또는

SMART(Specific, Measurable, Attainable, Relevant, Time-phased) 등이다. 스킬은 신경 쓰지 말고 이런 스토리만 챙겨보자.

괜찮은 기획보고서들은 어디서 얻을까? 물론 소속 기관도 좋다. 그러나 다양한 정책이 취합되는 중앙행정기관이나 헌법기관, 공공기관의 홈페이지에 가보라. 산해진미가 차려져 있다. 역량평가는 특정 분야의 전문지식이 아니라 문제해결의 과정을 평가한다. 따라서 다양한 분야의 정책이 모이는 기관에는 다양하고 수준 높은 기획보고가 있다. 쉽게 알 수 있는 기관들이다. 매일은 못 해도 매주는 들어갈 수 있다. 한두 개씩이라도 출력해서, 줄 치며 읽고, 따라 쓰고, 요약하고, 고쳐 쓰고, 말해 보자. 기초 역량이 튼튼해진다.

그리고 초·중등학생용 인문학·사회과학 서적도 좋다. 보고서 읽기도 바쁜데 인문학·사회과학이라니? 계속 기획보고서만 읽다 보면 머리가 땡해질 때가 있다. 그때 책장에 먼지 쓰고 놓여 있는 아이들용 철학책이나 사회과학책을 뒤적여 보자. 어차피 고등학생용만 되어도 머리가 아파서 못 읽지만, 초·중등용은 잘 읽힌다. 학창 시절 철학이 지루했던 것은 학생이었기 때문이다. 세월이 지난 지금 읽어 보면 그 개념들이 쏙쏙 들어온다. 글자로서가 아니라 현실을 실감나게 설명하는 개념이 되었기 때문이다. 그러면서 생각지도 못한 스토리를 얻게 된다. 예를 들면 필자가 인문학책에서 얻은 대표적인 스토리가 본문에서 제시한 '에토스(인간적 신뢰감), 파토스(감성적 호소력), 로고스(논리적 적합성)'이다. 기초 체력과 면역력 향상을 위해 홍삼을 먹는 격이다. 아직 1년이나 남지 않았는가?

유경험자의 조언이나 사설 기관의 자료도 좋지만, 그것은 각자의 입장에서 한 번 걸러졌기 때문에 주관이 개입될 수 있다. 그러나 위에서 말한 것들은 객관적 자료이다. 이것들을 제3자의 눈으로 냉정하게 보면서 내게 필요한 것만 얻는 것이 연습의 역량이다.

2) 말 없는 제3자: 동영상이다. 그룹스터디는 물론 혼자 연습할 때도 찍어보자. 물론 글쓰기는 찍을 수가 없지만 말하기 연습할 때는 꼭 찍자. 동영상은 말은 못 하지만 누구보다도 많은 말을 한다. 어떠한 감정이나 주관도 개입되지 않고 사실만을 정확히 말한다. 내가 나를 보아야 내가 얼마나 횡설수설하고 중언부언하는지 알 수 있다. 그래야 고칠 수 있고 바꿀 수 있고 나아질 수 있다. 그런데 대부분 동영상을 보면서 발음, 말하는 자세, 제스처 등에만 관심을 둔다. 고수는 말의 논리적 구성, 덩어리와 스토리, 주장-근거의 두괄식 화법, 짧게 말하기 등을 본다. 즉, 말을 보면서 내 생각이 어떻게 정리되었는지를 보는 것이다. 그룹스터디라면 다른 사람의 말을 보면서 나와 어디에서 얼마나 차이가 나는지를 비교한다. 독학은 비교할 수가 없을까? 아니다. 지난번의 나와 비교하면 된다.

3) 말하는 제3자: 누구라도 좋다. 다른 사람의 코멘트를 반드시 받자. 상급자이든 하급자이든 동료든 상관없다. 역량평가를 잘 알면 좋지만 몰라도 상관없다. 역량평가는 일상이기 때문이다. 상급자라면 그 위치가 주는 넓은 시야와 경험이 있다. 하급자라면 부하의 눈으로 보는 상급자의 역할을 평가받으면 된다. 사실 나도 모르는 사이에 나는 부하들로부터 항상 평가받고 있지 않은가? 동료는

나와 가장 비슷한 위치에서 비슷한 업무를 하는 사람이다. 업무협조나 업무처리 방식에 대해 아이디어를 구할 수 있다. 코멘트를 부탁할 때 역량평가 기법, 절차 등을 굳이 상세히 설명할 필요도 없다. 다만 한 가지 "내 말을(발표든 토론이든 설득이든) 듣고 한 번에 쉽게 이해가 되는지 평가자의 눈으로 봐 달라"는 부탁만 하면 충분하다. 그런데 창피하다고 이런 부탁을 잘 안 한다. 지금 창피당해야 나중에 평가에서 웃는다. 그리고 그들은 창피를 주지 않는다. 왜냐하면, 자기가 코멘트를 주는 사람으로 부탁을 받는 순간 왠지 자존감이 올라가고 책임감이 덩달아 생기기 때문이다. 걱정하지 말고 부탁하자.

역량평가는 모의상황이다. 즉, 일상의 연장이다. 1년 전부터 일상에서 기초 역량을 키워보자. 어떤 경험자의 후기를 인용해본다. 이분이 누구인지, 또 합격여부도 모른다. 그런데 필자의 머릿속에 다녀간 것처럼 생각이 같다.

"우리는 역량평가 방법과 유사한 현실 속에 직면한다. 그런데도 평가와 현실은 별개라고 생각한다. 내가 업무수행 과정에서 적용하는 프레임을 평가에서도 그대로 인용하면 된다. 수많은 공람문서 속에서 내가 참고할 만한 기획보고서를 찾아보고, 자필로 따라 써보고, 만약 부족한 것이 보인다면 자신의 프레임으로 재구성하는 노력도 해보자. 상사에게 보고하거나 민원인을 상대할 때 평가항목의 틀 안에서 생각하며 대처한다. 이런 일상을 지속한다면 역량평가 준비는 24시간 가능하다."

섬세함의 역량 키우기

박 국장이 특별승진한 지도 벌써 9개월이 지났다. 내년 역량평가가 3개월 앞이다. 다들 거의 패닉수준이다. '휴~. 작년에 되어서 정말 천만다행이다.' 안도의 한숨이다.

지난번에 준비방법 정리 자료를 뿌려서 잠시 잠잠한가 했더니 다시 시작이다.

"이제 얼마 안 남았는데 어떻게 해야 하냐? 알고 보니 전부 다 어디 어디를 다녔던데 네 자료 믿고 안 다닌 나만 불리한 것 아니냐? 지금이라도 다닐까? 그룹스터디를 하다가 깨졌는데 어떻게 하냐? 지금 와서 한다고 해도 안 될 것 같은데 차라리 다음번을 준비할까?"

질문의 소나기다. 한 번 더 정리해줘야 할 모양이다. 평가 3개월을 남겨둔 시점에는 무엇을 할 수 있을까?

콘텐츠와 스토리 모으기

1년 전부터 준비했다면 이제는 상당히 쌓였을 시기다. 읽었든 안 읽었든 여기저기서 구한 족보, 후기, 기출문제, 역량평가 교육자료, 리더십 교육자료, 연습평가지 등 자료들을 출력해서 모으면 내 키만큼은 될 듯하다. 그런데 콘텐츠와 스토리 모으기라니? 도대체 또 뭘 더 모으라는 것일까?

더는 벌리지 말고 쌓인 자료를 덩어리로 묶어서 콘텐츠와 스토리를 모으라는 말이다. 예를 들어 9개월 동안 모아놓은 자료가 100종이라고 치자. 종류별로 사전제시 자료(A), 본인이 연습해 본 자료(B), 코멘트 받은 자료(C) 등이 한 세트이니까 실제로는 300건이 넘는다. 여하튼 아무리 열심히 공부했어도 지금 그 상태로는 별 도움이 안 된다. 자료마다 콘텐츠와 스토리가 있지만 나열되어 있을 뿐 아직 내 것이 아니기 때문이다. 그러면 어떻게 묶을까? 〈표 10-3〉으로 정리했다.

시골에서는 겨울철 땔감을 가을부터 크기와 종류별로 차곡차곡 쟁여놓는다. 마찬가지로 쌓아놓은 자료의 핵심, 즉 콘텐츠와 스토리를 분야별로 차곡차곡 챙겨놓는 것이다. 예를 들어 경제 분야가 25개라면 단순한 25개의 제목 목록이 아니라 25개 자료의 핵심 콘

〈표 10-3〉콘텐츠와 스토리를 모으는 방법

① 100종류의 자료를 제목만 보면서 경제·사회·교육·문화·노동·환경 등 분야별로 분류한다. 이때 위의 A, B, C 자료를 한 세트로 챙긴다. 분류할 분야는 각자 정하면 된다.

② 모은 자료를 한 세트씩 속독하면서 핵심 콘텐츠와 스토리를 표시한다(A, B, C 자료에 상관없이 중요하고 잘 되었다고 생각되는 것들을 표시). 콘텐츠는 자료 내용을 설명하는 핵심 용어, 즉 예를 들어 '장애인 고용 활성화 방안' 자료라면 장애인 의무고용제, 고용부담금, 고용장려금, 장애인고용촉진기금 같은 용어들이다. 스토리는 이미 설명했다.

③ 〈연습 10-3〉처럼 목록을 만들어 ②번 내용을 키워드로 채워 넣는다.

〈연습 10-3〉 콘텐츠와 스토리 모음 리스트 예시

1) 고용·노동·사회 분야

연번	평가 방법	주제 (정책 레벨)	주요 콘텐츠	주된 스토리	어려웠던 점 / 잘된 점

1	보고서
	작성
		장애인 고용
		활성화
		
		(중앙부처)
			장애인 의무고용제
			고용부담금/고용장려금
			장애인고용촉진기금
			협의회(유관부처, 이해단체,
			지자체·주민)
				• 일자리 – 일할 사람 –
				  인프라·인식
				• 단기 – 장기
				• 양적 – 질적
				• 홍보시기 – 내용 – 방법
				• 의무고용 – 자발적 고용
				• ~
					• 장애인 고용 활성화?
					  vs. 의무교용제 활성화
					• 일자리 – 사람 – 연계
					  → 수요, 공급의 원리
					  → 활용 가능성↑

2	OP				
3	GD				

2) 교육 분야

연번	평가 방법	주제 (정책 레벨)	주요 콘텐츠	주된 스토리	어려웠던 점 / 잘된 점

1	OP	초중등학교
		인문교육
		활성화
		
		(교육청)
			인문학적 소양교육
			교육 프로그램
			교육과정 이수 의무제
			인문교육지원센터·인문
			교육지원단·지역인문교육
			발전협의회
			선도학교
			~
				• 교육 프로그램 –
				  지원체계 – 지역 인프라
				• 양적 – 질적
				• 지원센터 – 지원단 –
				  협의회
				• 프로그램 다양화 –
				  이수의무제
				• ~
					• 인문학적 소양교육
					  개념 정의?
					• 지원센터 – 지원단 –
					  협의회 스토리
					  → 활용 가능성↑

2	OP				
3	GD				

텐츠와 스토리가 정리되는 것이다. 원자료는 눈으로만 훑었다면 이 목록은 내 손으로 정리한다. 지금까지는 남의 자료였지만 이제부터는 내 자료다. 나만의 보물창고다. 손으로 줄 치며 읽고 타이핑하면서, 머리로 핵심을 뽑아내는 생각을 했기 때문이다. 이것이 목록을 반드시 만들어야 하는 이유다.

〈연습 10-3〉은 필자의 목록에 불과하다. 당연히 각자의 필요에 따라 수정·보완하면 된다. 예를 들어 '인상적 표현' 난을 추가해도 좋다. 멋진 문구가 아니라 논리적으로 잘 연결한 문구가 있으면 짧게 넣는 것이다. 또는 조언받은 내용을 기록하고 싶으면 별도로 추가하자. 아니면 아예 '분야'가 아니라 평가방법별로 목록을 만들 수도 있다. 보고서 작성, 구두 발표, 집단토론 이런 식으로 말이다. 이러면 평가방법의 특성을 잘 반영할 수 있다. 또는 제3장에서 보았듯이 스토리 특성별로 만들 수도 있다. 이렇게 하면 몇 개의 스토리로 다양한 분야에 범용적으로 적용하기가 쉽다. 어떤 방법이든 좋다. 본인의 논리 구조에 적합한 기준으로, 필요한 양식으로, 엑셀이든 한글이든 편리한 프로그램으로 만들면 된다. 그런데 이 방법이 너무 단순 무식한 방법으로 보일까?

고쳐 생각하기

아니다. 무식이 아니라 우직하다. 그리고 빨리 섬세해지는 길이다. 목록은 핵심 내용의 요약이다. 만들다 보면 분야별로 자주 나오는 콘텐츠와 스토리가 보인다. 예를 들어 고용·노동·사회 분야에 '부담금과 장려금'이라는 콘텐츠와 '수요와 공급'의 스토리가 자주 보인다. 그러면 그것들을 가지고 일상에 적용해보는 것이다. 신문에 고용 관련 기사가 나왔다, 또는 고용부에서 어떤 공문이 내려왔다, 그러면 읽어 보고 비판적으로 생각해보는 것이다.

'문제의 원인을 제도와 인식의 측면으로 분석했구나. 그런데 이 분야에서는 주로 "수요-공급"을 많이 쓰던데 이걸로 바꿔보자.' 또는 '대안이 별로네. 이 분야에서는 "부담금과 장려금"이 많이 나오던데 이 정책을 추가하면 안 되나?' 하는 식으로 고쳐서 생각하자. 즉, 보고서 고쳐 쓰기처럼 일상을 내가 익숙한 스토리로 고쳐 생각하는 것이다.

이 방법의 장점은 고쳐 생각하는 과정에서 콘텐츠와 스토리에 매우 섬세해진다는 것이다. 부담금과 장려금을 넣어서 고쳐 생각해 보았는데 잘 맞을 수도, 안 맞을 수도 있다. 그것이 관건이 아니라 다른 프레임과 콘텐츠로 바꿔 생각할 수 있는지, 그것의 적합성을 판단할 수 있는지가 중요하다. 고쳐 생각하려면 감각으로는 역부족이다. 익숙해지는 연습이 필요하다.

익숙함의 역량 키우기

다들 조용하다. 이제 한 달 남아서 그런지 서로 말도 안 하고 묻지도 않고 각자 준비에 몰두하고 있다.

오랜만에 유 팀장하고 한잔하고 있다. 유 팀장은 지난번 역량평가에서 4등을 해서 아깝게도 특별승진을 하지 못했다. 결국 다시 준비 중이다. 그래도 경험이 있고 원래 역량이 뛰어난 친구라 좀 여유가 있다.

"쉬면서 해. 지난번엔 4등이었으니까 이번엔 절반만 해. 2등."

"뭘 하기는 하는데 마음이 급해서 그런지 잘 안 돼. 자료는 산만큼 쌓였는데 산만하기만 해. 지금 뭘 해야 하지?"

"뭘 하긴? 이제는 익숙해져야지. 그러려면 정리를 해야 하고."

스토리에 익숙해지기

맞다. 지금부터는 익숙함의 역량이 필요할 때다. 그동안 준비했던 각종 콘텐츠와 스토리 들을 완전히 내 것으로 만들어야 한다. 평소와 달리 실전 상황이 되면 생각이 잘 안 된다. 급하면 이성이 급격히 마비되기 때문이다. 그래서 그동안 준비한 것들에 익숙해져서 거의 본능적으로 사용할 수 있게 해야 한다. 어떻게 하냐고? 우리에게는 이미 '목록'이라는 나만의 보물창고가 있다.

뭐든지 제목이 보이기만 하면 목록에 있는 스토리를 머릿속으로 적용해보자. 예를 들면 '한반도 통일 준비 시급하다'는 사설 제목이 보인다. 그러면 내용을 읽지 말고 정치 분야의 목록 중에서 일감으로 떠오르는 목록을 적용해보는 것이다. 정치·경제·사회·문화가 생각나서 적용했더니 주변국 협력, 통일비용, 사회적 혼란, 문화적 통합 등 쟁점이 쉽게 떠오른다. 그런데 '규제·지원'은 어색하다. 쟁점이 잘 안 나온다. '수요·공급'도 생각해보았지만 역시 쉽게 안 떠오른다.

'R&D 예산이 미래를 좌우한다'는 칼럼 제목이 보인다. '과학기술' 분야 목록에서 잘 안 떠오른다. 그런데 '예산'이란 말을 보니까 '예산배분의 기준'이 생각난다. 그것을 적용해보니까 괜찮다. 그러면서 생각을 더 확장해본다. 예산 말고 인력배분의 기준은? 업무분장의 기준은? 이렇게 하면서 이런 내용에 적합한 나만의 스토리를 미리 생각해보고 익숙하게 하는 것이다. 이런 것은 정치, 경제 등 분야별 목록으로 보면 잘 안 찾아질 수 있다. 이런 쪽이 나에게 더 필요할 것 같으면 목록을 스토리 특성별로 만들면 된다.

이 연습이 '고쳐 생각하기'와 다른 점은 속도에 있다. 고쳐 생각하기는 여유 있는 상황에서 일상적 과제(신문기사·업무자료 등)에 대해 전체를 읽어보고 적합한 스토리나 콘텐츠가 무엇인지를 섬세하게 분석하는 연습이라면, 이것은 순간적인 판단 연습이다. 제목만 보고 목록에서 적합한 스토리를 뽑아 머릿속으로 적용하는 것이다. 익숙한 스토리를 가능한 한 많이 만드는 것이 목적이다. 글로 써보면 더 좋겠지만 한 달 밖에 안 남았다. 많은 스토리에 익숙해지려면 시간이 부족하다. 그리고 실전에서도 탁 보고 척 나오려면 오히려 이 연습이 더 낫다. 한 번에 척 이어지지 않으면 잘 익숙해지지 않는다. 그러면 다른 것으로 바꿔보는 식으로 익숙한 스토리들을 뽑아내는 것이다.

곁가지도 챙겨놓기

고수가 되어갈수록 디테일에서 차이가 난다. 중수까지는 덩어리와 스토리 자체가 중요하지만, 고수가 되려면 곁가지도 챙겨야 한다. 아무리 황태와 콩나물이 좋아도 양념이 전혀 없으면 해장국이 맛없지 않은가? 상황별로 직질한 연결 문구를 미리 챙겨 놓는 것이다. 예를 들면 집단토론이라면 내용으로 끌고 가는 문구, 쟁점으로 쪼개는 문구처럼 말이다. 이런 기본연결 문구들은 이미 각각의 평가기법을 설명하는 챕터에서 많이 소개했다. 한 달 남은 시점에는 당연히 이 책에서 그런 문구들을 찾아서 나만의 목록을 만들고 몇 번씩 익숙해져야 할 시기다. 이 책의 독자는 이미 다 그렇게 했을 것으로 믿는다! 따라서 여기서는 난감한 상황에서 벗어날 때 사용하는 위기 탈출용 문구 위주로 소개한다. 다만 이 역시 필자의 예시일 뿐이다. 나만의 곁가지 멘트를 만들어야 한다. 〈연습 10-4〉에 힌트가 있다. 고수는 어떻게 위기에서 탈출하는가?

양자의 갈등을 조정하거나(1:2 상황) 상대방의 반대를 설득할 때(1:1 상황)

- 반대만 하면 결론을 낼 수 없음. 대안을 제시해야 수용이 가능

- '엉킨 실타래는 당기지 마라'는 속담. 너무 당기면 끊어짐. 실 머리를 풀어야

- 20%의 차이를 줄이려 하지 말고, 80%의 동심원을 확대해야

- 주장만 하면 이해할 수 없음. 근거를 말해야 이해가 되고, 이해가 되어야 내가 행동으로 해결할 수 있음

- 이 자리에 왜 왔는지 생각할 필요. 다툼인가, 승리인가, 문제의 해결인가? 무엇이 유리한지 냉정하게 생각할 필요

- 이익은 단기적일 수도 있지만, 장기적 이익도 고려해야

- 나눠야 키울 수 있고, 버려야 담을 수 있음

부족함을 인정해야 할 때

- 말씀하신 취지는 충분히 이해함. 그렇지 않아도 그 부분에 대해서는 정부가 문제 인식을 충분히 하고 있고, 해결방안을 고민하고 있음. 필요한 내용에 대해서는 계속 의견을 수렴하면서 검토하겠음

- 모든 면에서 완벽한 정책이라면 이상적이겠지만, 현실적으로는 여러 가지 제약이 있음. 햇볕이 있으면 그늘도 있음. 현재로서 우리가 해야 하는 것은 어떻게 하면 그늘의 범위를 좁히고 농도를 약하게 할지를 고민하는 것임

- 말씀하신 방법은 저희도 고려한 바 있었음. 그러나 형평성은 해결되지만 효율성에 문제가 있어서 대안으로 제시하기 곤란했음. 효율성 문제에 대한 대안이나 그 부분에 대한 논리적 근거를 생각하신 것이 있는지? 아니면 그 부분을 계속 같이 고민하고 의견을 나누면서 해결해 나갔으면 함

버리기의 역량 발휘하기

내일이다. 박 국장은 자기 일도 아닌데 괜히 떨리고 설렌다. 그 핑계 삼아 퇴근하면서 막걸리 한잔하러 간다. 예전에 갔던 해장국집이다.

"여기 황태 빨간 것 하나, 막걸리 한 통이요!"

"황태는 안 돼요."

"예? 황태가 왜 안 돼요? 옛날에는 했었는데?"

"잘 안 되는 건 안 하기로 했어요!"

"왜 잘 안 돼요? 맛있었는데?"

"뼈가 더 잘 팔려서요. 잘 팔리는 거 하기도 바빠요. 뭐 하실래요?"

"그럼 잘 되는 뼈 주세요. 그게 편하겠네요."

안 되는 것 안 하기

이제 하루 전, 지금까지 1년여 동안 준비해왔다. 인과관계와 두괄식만 생각하며 지냈다. 사설도 쪼개서 읽고 보고서도 쪼갰다. 따라 쓰고, 줄여 쓰고, 고쳐 썼다. 초등학생용 철학책은 없어서 사서 읽었고, 그룹 스터디하면서 찍은 동영상만 수십 편이다. 스토리를 모아서 목록도 만들었다. 익숙해지라고 입이 닳도록 중얼거리고 위기탈출용 멘트도 세 장이나 준비했다. 그런데 잘 안 되는 것은 결국 안 된다. 아무리 해도, 무슨 짓을 해도 익숙해지지 않는 것들이 있다. 그런 것은 목록에서 과감히 지우자. 마지막으로 목록을 한두 번 읽어보면서 버리기의 역량을 발휘하는 것이다. 괜히 하루 전에 안 되는 것 되게 한다고 스트레스 받지 말자. 안 하면 된다. 평가장에 가면 잘 되는 것만 하는데도 바쁘고, '지운 것 나오면 어쩌나?'라고 괜한 걱정할 필요도 없다. 나와도 충분히 해결할 수 있다. 1년 전부터 차분히 생각 정리하기를 해왔다면 내공이 쌓였을 것이다. 자신을 믿어라.

마음 편해지기

그렇다고 내려놓지는 말자. 내려놓으면 무너지기도 쉽다. 끝까지 들고 있되 편해지자는 말이다. 잊어버려도 된다. 내 머릿속의 역량만 기억하자. 갑자기 준비했던 스토리가 하나도 기억이 안 나도 상관없다. 언제라도 스토리를 만들어낼 수 있는 역량을 키우지 않았는가? 자신의 역량을 믿어라. 그래야 외워야 한다는 무게에서 벗어나고, 가벼워지고, 편안해질 수 있다. 참! 목록은 머리맡에 챙겨 놓자. 내일 아침에 잊어버리면 큰일이다.

초능력 발휘하기

이제는 박 국장이 도와줄 일은 없다. 실전이니까. 이제 각자가 실전에서 역량을 발휘할 뿐이다. 그래도 기왕이면 초능력을 발휘해보자.

어려울수록 본질로 돌아가기

평가는 항상 사람을 당황스럽게 만든다. 예상 문제는 실전에서는 안 나오고 항상 전년보다 어렵게 문제가 나온다. 그래도 신경 쓸 것 없다. 변형되고 엉키는 것은 모양이지 본질이 아니다. 본질은 바꿀 수 없기 때문이다. 그래서 그럴수록 본질로 돌아가야 한다.

집단토론 시간이다. 사전 검토 자료를 보니 황당하다. 전혀 듣지도 보지도 못한 주제에 희한한 유형의 토론을 요구한다. 하수들은 '역시 나는 안 돼. 운도 없다니까!'라며 한숨만 쉬기 쉽다. 이럴 때일수록 본질로 돌아가라. 어떤 유형이든지 토론은 토론일 뿐이다. 이럴 때는 '본질이 뭐더라? 주로 무엇을 평가하지? 기획력도 필요하지만, 상대적으로 조정력 위주야. 토론은 형식이 아니라 내용이야. 그러면 쟁점을 어떤 스토리로 나누지? 그리고 어떤 기준을 세워야 합리적일까?'라고 생각해보자.

잠깐 멍했던 머리가 맑아지고 역량이 발휘된다. 준비했던 목록이 머릿속에 펼쳐지고, 그동안 해온 연습도 생각이 난다. 그러면서 생각지도 못한 남과 다른 창의적 대안도 나온다. 초능력이 발휘되고 결과는 남과 차별화된다. '유형'은 그릇에 불과하다. 물그릇이 아무리 천차만별이라도 담긴 것은 물이다. 물그릇이 아니라 물을 마시는 방법에 집중하자.

급할수록 끝까지 생각하기

평가장에 가면 자투리 시간이 있다. 이때 엉뚱하게 시간을 버리는 경우가 많다. 우선 시작 전 대기시간이 있다. 마음이 급해서 예상문제를 한두 개 복습하는 경우가 있는데, 위험할 수 있다. "평가 대기시간에 복습한 자료에서 유사한 과제가 제시된 경우도 있음. 이런 경우 아는 과제가 출제되어 쉬울 거라고 생각하면 오산. 오히려 아는 문제라고 과제 숙지를 등한시해서 방향설정에 애먹었고, 질의응답 때도 가장 힘든 요인이 되었음." 어느 분의 후기다. 흥분하면 실제 과제가 잘 안 보인다. 이 시간에 차라리 구두 발표든 뭐든 그 평가기법의 본질을 다시 상기하자. 그래야 조금 있다 펼쳐질 실제 과제에 집중할 수 있다.

그리고 과제를 검토하고 발표든, 질의응답이든, 토론이든, 역할연기든 실제 행동을 하기 전에도 몇 분 자투리 시간이 있다. 이때 대부분 '과제가 너무 어려워서 사전 검토 시간에 망쳤어'라고 한탄을 한다. 아니다. 참을성의 역량을 발휘해서 끝까지 생각하자. 과제를 다시 보고 내 논리의 허점이나 판단의 근거를 다시 생각하자. 토

<표 10-4> 1년 간 '일상에서 준비하기' 방법 정리

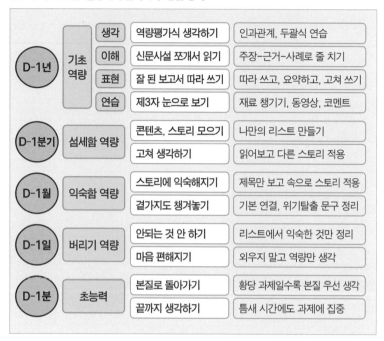

D-1년	기초 역량	생각	역량평가식 생각하기	인과관계, 두괄식 연습
		이해	신문사설 쪼개서 읽기	주장-근거-사례로 줄 치기
		표현	잘 된 보고서 따라 쓰기	따라 쓰고, 요약하고, 고쳐 쓰기
		연습	제3자 눈으로 보기	재료 챙기기, 동영상, 코멘트
D-1분기	섬세함 역량		콘텐츠, 스토리 모으기	나만의 리스트 만들기
			고쳐 생각하기	읽어보고 다른 스토리 적용
D-1월	익숙함 역량		스토리에 익숙해지기	제목만 보고 속으로 스토리 적용
			결가지도 챙겨놓기	기본 연결, 위기탈출 문구 정리
D-1일	버리기 역량		안되는 것 안 하기	리스트에서 익숙한 것만 정리
			마음 편해지기	외우지 말고 역량만 생각
D-1분	초능력		본질로 돌아가기	황당 과제일수록 본질 우선 생각
			끝까지 생각하기	틈새 시간에도 과제에 집중

론을 위해서 합리적 기준을 한두 개 더 생각해 볼 수도 있다. 행동할 때까지 생각하자. 그러면 더 깔끔히 정리되고 더 좋은 아이디어가 나온다.

발표하고 질의응답을 하는데 평가자가 갑자기 쿡 찌른다. 급하다고 툭 대답하지 말자. 복잡한 질문일수록 잠깐이라도 생각을 정리하고 대답하자. 글은 도구를 거쳐 나오고 지울 수 있지만, 말은 바로 나오고 지울 수도 없다. 잠깐이라도 끝까지 생각하면 생각이 정리된다. 생각하면 이루어진다.